Deutschlands Niedergang

20.11.2024

Herbert Thomas, Ph.D.

Deutschlands Niedergang

Die Ursache, politische Handlungsunfähigkeit, Ausbeutung der Mittelschicht und Wege aus der Krise

Herbert Thomas, Ph. D.

1te Auflage 2024

Inhaltsverzeichnis

1. Einführung

Ein Buch über den Niedergang Deutschlands? Wie können wir vom Niedergang Deutschlands reden, wenn es doch, wie unter anderem unser Bundeskanzler Olaf Scholz feststellte, ein reiches Land ist (1) (2)? Auf der anderen Seite teilen viele engagierte Bürger das Gefühl eines Landes, in dem nichts mehr geht und die Probleme immer größer werden. Der Berliner Flughafen oder Stuttgart 21 stehen wohl sinnbildlich für das Gefühl, dass „Made in Germany" und deutsche Gründlichkeit der Vergangenheit angehören und zunehmend durch Dilettantismus ersetzt werden. Selbst unsere Automobilindustrie, die jahrzehntelang für erstklassige Technik aus Deutschland stand, hat seit dem Dieselskandal einen bitteren Beigeschmack. Hinzu kommen verschleppte Probleme wie die unkontrollierte Zuwanderung, die unsere Städte und Gemeinden über die Grenzen ihrer Belastbarkeit strapazieren.

Ein flüchtiger Blick

Wie immer können wir eine Situation unter verschiedenen Blickwinkeln betrachten. Daraus ergeben sich dann unterschiedliche Schlussfolgerungen. Schauen wir zunächst auf das Hier und Jetzt. Um eine Aussage über den Wohlstand unseres Staates treffen zu können, orientieren wir uns am Bruttoinlandsprodukt (BIP). Diese Statistik ermöglicht einen Vergleich der Wirtschaftskraft verschiedener Nationen und ist ein weitverbreiteter Indikator für den Wohlstand eines Staates. In der weltweiten Rangliste der Staaten mit dem größten Bruttoinlandsprodukt nimmt Deutschland im Jahr 2022 den vierten Platz ein (3). Das BIP der USA liegt bei über 25 Billionen US-\$, das Chinas bei über 18 Billionen US-\$, das Japans bei rund 4,2 Billionen US-\$ und das Deutschlands bei knapp 4,1 Billionen US-\$. Indien liegt mit knapp 3,5 Billionen US-\$ an fünfter Stelle. Bei ca. 200 Staaten auf der Erde ist der vierte Platz eine sehr gute Position und unterstützt die Aussagen, dass unser Staat wohlhabend ist. Darüber hinaus verfügt er über eine im weltweiten Vergleich gute Infrastruktur, ein gutes Bildungssystem, ein gutes Gesundheitssystem, ein Mindesteinkommen (Bürgergeld) der Bevölkerung, das etwa dem 15- bis 20-fachen der internationalen absoluten Armutsgrenze von 2,15 US-\$ pro Tag entspricht (4), ein Rentensystem, das es allen Bürgern ermöglicht, spätestens mit 67 Jahren nicht mehr zu arbeiten, und eine leistungsfähige Wirtschaft. Betrachtet man die aktuelle Situation, so scheinen dies wahrlich nicht die Attribute eines Staates im Niedergang zu sein.

Ein Blick hinter die Fassade

Schaut man jedoch genauer hin und betrachtet den Zustand all dieser Errungenschaften, so zeigen sich Risse in der Fassade des vermeintlichen Wohlstands und die prekäre Situation Deutschlands wird deutlicher. So warnt unter anderem etwa der erfolgreiche Sachbuchautor Marc Friedrich vor einer Deindustrialisierung und Insolvenzwelle infolge hoher Energiepreise und einer überstürzten Energiewende (5). Wie die „Deutsche Wirtschaftsnachrichten" berichtet, warnt der weltgrößte Rückversicherer (Munich Re) vor einem Niedergang Deutschlands (6). Spiegel Wirtschaft beklagt, dass deutsche Großkonzerne bei Wachstum und Gewinn nicht mehr mithalten können (7). Europa verliert nach Ansicht des KI-Investors Fabian Westerheide den Anschluss an die Weltspitze im Bereich der Künstlichen Intelligenz (KI), wie der „Background Tagesspiegel" berichtet (8). Deutschland habe viele Chancen verpasst und auch die aktuelle Regierung (SPD, Grüne, FDP) habe andere Prioritäten als den Technologiestandort zu retten. Dies ist nur ein kleiner Auszug aus den warnenden Worten der Experten.

Tatsache ist: In sehr vielen Bereichen, auch jenseits der Wirtschaft, gibt es durchaus Anzeichen für einen Niedergang:

- Die Leistungen unserer Schüler liegen insgesamt nur im OECD-Durchschnitt (9)
- Unsere Infrastruktur als Grundlage wirtschaftlicher Wettbewerbsfähigkeit ist in fast allen Bereichen marode, nicht mehr zeitgemäß oder hat sich seit der Jahrtausendwende verschlechtert (10)
- Die Sozialsysteme sind überlastet (11) und stellen den größten Einzelposten im Staatshaushalt dar (12)
- Spitzenpositionen in Zukunftstechnologien werden meist von anderen Staaten eingenommen (13)
- Die Reallöhne sind seit Jahrzehnten kaum gestiegen (von 1991 bis 2023 insgesamt nur um rund 7%) (14) (15)
- Unsere Planungs- und Genehmigungsverfahren für Projekte sind viel zu langwierig (Beispiele: Berliner Flughafen (16), Windkraftanlagen mit durchschnittlichen Planungs- und Realisierungszeiten von sieben Jahren (17)). Zudem dauern Projekte in der Umsetzung fast immer deutlich länger als geplant und verursachen meist erhebliche und ungeplante Mehrkosten
- Abwanderung von Parteien der Mitte zu ideologischen Parteien am rechten und linken Rand des Spektrums

- Letztendlich beginnt derzeit ein massiver Abfluss von Investitionen aus Deutschland (18).

Viele Bürger spüren diesen Niedergang Deutschlands seit vielen Jahren, können ihn aber nicht durch Wahlen umkehren. Die Stimmung ist schlecht und das Gefühl der Ohnmacht, womöglich schon gemischt mit Wut oder Resignation, scheint bei vielen Menschen in Deutschland vorhanden zu sein, wobei der Umgang mit dieser Ohnmacht unterschiedlich ist. Allgemeine Politikverdrossenheit, Engagement in Bürgerinitiativen, Demonstrationen gegen dies und jenes oder die Wahl der AFD und anderer populistischer Parteien sind wohl Ausdruck einer allgemeinen Unzufriedenheit mit dem Zustand unseres Landes, seiner Entwicklung und der scheinbaren Unfähigkeit der Politik.

Ein Blick in die Zukunft

Die Liste der Verfallserscheinungen ließe sich noch lange fortsetzen. Das wirklich Traurige dabei ist jedoch: Diese Erkenntnisse sind nicht neu! Sie zeichnen sich seit vielen Jahrzehnten ab. Bislang waren sie nicht so offensichtlich, weil selbst geringe Wachstumsraten einer starken Wirtschaft immer noch einen kleinen Wohlstandszuwachs brachten. Dieser wurde von unseren Politikern großzügig für Wahlgeschenke und zur Umverteilung zulasten der Mittelschicht genutzt. Zudem sparte die Politik in Bereichen wie der Verteidigung oder der Infrastruktur, deren langsamer, aber stetiger Verfall über Jahrzehnte von Medien und Öffentlichkeit weitgehend unbemerkt blieb. Die Zeichen konnten daher lange Zeit ignoriert oder schön geredet werden. Dass es uns momentan noch relativ gut geht, ist zugleich das große Problem. Wir leben noch von dem Wohlstand, den mehrere Generationen von uns erarbeitet haben, und das täuscht uns darüber hinweg, dass der Niedergang längst begonnen hat. So erklärt sich auch die Diskrepanz zwischen dem, was wir einerseits als reiches Land wahrnehmen, und den bereits sichtbaren Rissen andererseits. Während beispielsweise unsere Verkehrsinfrastruktur über ein gut ausgebautes Schienen- und Straßennetz verfügt, sind gleichzeitig viele Brücken oder Bahnstrecken marode oder stillgelegt. Während wir in Deutschland eine gute Verfügbarkeit von Schulen haben, lässt die Ausstattung oft zu wünschen übrig und die Ergebnisse des Lernprozesses sind mittelmäßig. Und während wichtige Zukunftsinvestitionen für nicht finanzierbar erklärt werden, zeigen wir uns außenpolitisch großzügig. Wir leben sozusagen in einem ehemals prunkvollen Schloss, dessen Bausubstanz jedoch bereits Verfallserscheinungen zeigt.

Obwohl der Substanzverlust bereits besorgniserregend ist, mag dies für unverbesserliche Optimisten immer noch als Jammern auf hohem Niveau erscheinen. Neben der Betrachtung des Istzustandes können und müssen wir aber noch einen Schritt weiter gehen und einen Blick in die Zukunft wagen. Denn letztendlich ist nicht der Istzustand für die Beurteilung der Situation relevant, sondern die Entwicklung, die unser Staat in den nächsten Jahrzehnten womöglich nehmen könnte. Wendet man den Blick vom Hier und Jetzt ab und betrachtet stattdessen die aktuellen Entwicklungen, so sieht unsere Zukunft gar nicht mehr so rosig aus.

Um diesen Blick auf den zukünftigen Wohlstand zu wagen, greifen wir wieder auf das BIP zurück. Bei Wikipedia finden wir eine Statistik über die Entwicklung des Bruttoinlandsprodukts für viele Länder in den Jahren zwischen 1960 und 2020 (3). Aus dieser Statistik geht hervor, dass Deutschland 1970 noch das zweithöchste BIP hinter den USA erwirtschaftete. Inzwischen sind wir auf den vierten Platz abgerutscht. Betrachtet man die gleiche Statistik kaufkraftbereinigt, so liegt Deutschland bereits an fünfter Stelle (19). Beides erscheint auf den ersten Blick nicht unbedingt besorgniserregend. Anders sieht es aus, wenn man die Entwicklung des BIP in den letzten 50 bzw. 20 Jahren im Vergleich zu anderen Staaten analysiert. Unter den Top 20 Nationen dieser Statistik haben sich nur Frankreich und Italien in den letzten 50 Jahren schlechter entwickelt als Deutschland - ein starkes Indiz für den bereits sehr lange anhaltenden Niedergang. Dies bestätigt auch das Gefühl vieler Beschäftigter, dass vom Wohlstand am Ende des Tages immer weniger übrig bleibt. Während China sein BIP in diesem Zeitraum um den Faktor 160 (!) gesteigert hat, liegt diese Rate in Deutschland bei knapp 18. Auch im Zeitraum von 2000 bis 2020 liegt Deutschland mit diesem Entwicklungsfaktor zwar noch vor Mexiko, Italien, Frankreich, Großbritannien und Japan, allerdings auch nur auf Platz 14 der derzeit stärksten 20 Nationen! Extrapoliert man die jeweilige BIP-Entwicklung der letzten zehn Jahre, also von 2010 bis 2020, in die Zukunft, so wird China bereits zwischen 2030 und 2040 das Doppelte des BIP der USA erreichen. In diesem Zeitraum wird Deutschland auch beim BIP von Indien überholt. Gegen 2050 werden auch Südkorea, Vietnam und Bangladesch an uns vorbeiziehen. Selbst wenn wir die Kaufkraftverhältnisse berücksichtigen, wird Deutschland bereits bis 2040 auf Platz sieben zurückfallen.

Nun sind Zukunftsprognosen aber genau das: Prognosen. Ob sie so eintreffen oder nicht, hängt stark vom Handeln aller Akteure ab. Zudem sind die geopolitischen Verschiebungen der letzten Jahre (Corona, Krieg in der Ukraine, Chinas Machtansprüche, Auswirkungen der zunehmenden Migration oder des Klimawandels) in diesen Szenarien nur teilweise berücksichtigt und können das Gesamtbild in den nächsten 15 bis 20 Jahren stark beeinflussen. Auch wirtschaftspolitische Korrekturen sind nicht berücksichtigt. Jeder Staat hat die Möglichkeit, durch geeignete vorausschauende Maßnahmen die Entwicklung zu seinen Gunsten zu verändern. Umgekehrt führt ein passiver Umgang mit den Herausforderungen der Zukunft sicher nicht zu einer besseren Entwicklung. Auch im Jahr 2023 liegt Deutschland beim Wirtschaftswachstum der G-20-Staaten nur auf dem drittletzten Platz vor Argentinien und Saudi-Arabien (20). Während Indien um 7,8%, China um 5,2% und die USA um 2,5% zulegten, schrumpfte die deutsche Wirtschaft um 0,3%. Die Zeichen stehen also derzeit nicht gut, dass Deutschland die Auswirkungen der Krisen gut oder gar besser als andere große Wirtschaftsnationen bewältigen wird. Vielmehr ist mit einer weiteren Verschlechterung der Entwicklung zu rechnen, die die obigen Prognosen für die nächsten 10 bis 20 Jahre nach unten korrigieren könnte.

Ist das Glas halbvoll?

Nicht wenige werden jetzt die Frage aufwerfen, was denn so schlimm daran sei, wenn Deutschland im internationalen Vergleich nicht mehr an der Spitze steht. Warum muss es immer der erste Platz sein? Ist nicht auch ein vierter oder gar zehnter Platz eine hervorragende Leistung, die Anerkennung verdient? Diese recht populäre Art der Fragestellung lässt selbst die oben dargestellten Zukunftsszenarien nicht gravierend und bedeutsam erscheinen, da sie eine positive Grundstimmung impliziert: „Wir sind doch immer noch gut", eine gern genutzte Sichtweise unserer politischen Führung. Gleichzeitig ignoriert sie aber die Richtung, aus der wir uns einem Platz nähern. Wären wir vor zehn oder zwanzig Jahren ein relativ ärmeres Land auf Platz 20 oder 30 gewesen und hätten wir uns heute auf Platz 4 verbessert, dann wäre die positive Grundstimmung der Frage durchaus legitim. Wenn wir aber von einem Spitzenplatz kommen, diesen verloren haben und Gefahr laufen, weitere Plätze zu verlieren, dann ist diese Frage eine Verharmlosung und ein Verschließen der Augen vor negativen Entwicklungen. In diesem Fall ist der Verlust der Spitzenposition der Beginn einer sich verschlechternden Entwicklung. Dies ist auch kein vorübergehender Vorgang, wie die Entwicklung des BIP über die letzten Jahrzehnte anschaulich belegt. Vielmehr, und das ist eine grundlegend wichtige Erkenntnis, haben wir es mit einem dauerhaften systemischen Problem zu tun: „Etwas ist faul im Staate Dänemark."

Unsere Situation ist vergleichbar mit einem startenden Flugzeug, das seinen Antrieb verliert. Während es trotz des Triebwerkausfalls anfangs noch schnell steigt, verliert es immer mehr an Geschwindigkeit, bis es schließlich seinen höchsten Punkt erreicht hat und mit zunehmender Geschwindigkeit zu Boden stürzt. Bildlich gesprochen befinden wir uns im langsamen Sinkflug des Flugzeugs, kurz nach dem höchsten Punkt. Die Höhe des Flugzeugs ist für die Beurteilung der aktuellen Situation ebenso irrelevant wie die noch langsam sinkende Geschwindigkeit. Entscheidend sind der Verlust des Antriebs und die nachweisbare Beschleunigung in die falsche Richtung. Gelingt es uns nicht, die Ursache für den Triebwerksausfall zu finden und zu beheben, wird sich der Absturz beschleunigen.

Konsequenzen

Die zu erwartenden Verschiebungen in der BIP-Rangliste deuten auf größere Macht- und Wohlstandsverschiebungen in der Welt hin. Beides wird zwangsläufig auch spürbare Auswirkungen auf den Zustand unserer Freiheit und Demokratie haben. Die Anzeichen dafür sind seit vielen Jahren immer deutlicher erkennbar. Eine schwache Wirtschaft erhöht die politische Abhängigkeit von anderen Nationen und Wohlstandsverluste waren noch nie gut für den demokratischen Prozess. Wir sind daher gut beraten, diese Szenarien ernst zu nehmen und uns intensiv mit ihnen auseinanderzusetzen.

Die Suche nach der Ursache

Wenn wir uns den Erkenntnissen der Statistik stellen und den beginnenden Niedergang Deutschlands als Tatsache anerkennen, stellt sich zwangsläufig die Frage nach den Ursachen und nach möglichen Lösungsansätzen. Letztere können aber nur generiert werden, wenn die wahren Ursachen für die aktuelle Situation identifiziert werden. Alle bisherigen Erklärungsversuche sind zumindest unbefriedigend. Dies liegt sicherlich auch daran, dass jeder Experte in seinem Bereich nach einer Erklärung sucht. Als Bildungsexperte werden die Ursachen im Lehrermangel, den fehlenden finanziellen Mitteln und eventuell der fehlenden Integration oder der unzureichenden Digitalisierung gesucht. Bei der Infrastruktur wird auf die Schuldenbremse der vergangenen Jahre verwiesen, die entsprechende Projekte verhindert habe. Die jahrzehntelange Schwäche in Forschung und Entwicklung sollte durch die Identifizierung und Förderung von Exzellenzzentren beseitigt werden; doch waren diese Maßnahmen zielführend? Das Erstarken populistischer Gruppierungen wird von Politikern der etablierten Parteien nach jeder neuen Wahlschlappe analysiert, um dann bei der nächsten Wahl noch schlechter abzuschneiden. Diese Entwicklung allein auf die Migrationsproblematik zu reduzieren, wird ihr sicherlich nicht gerecht. Sportfunktionäre und Sozialverbände beklagen fehlende finanzielle Unterstützung. Wirtschaft und Umweltverbände fordern Subventionen und staatliche Förderung. Die Armut in Deutschland scheint zu explodieren, weil es immer noch Eliten und Großverdiener gibt und wir eine immer höhere „relative" Armut in Deutschland messen (2). Diese Art der Ursachenforschung ist zu oberflächlich und zu sehr an einzelnen Zusammenhängen orientiert, ohne das Gesamtbild zu berücksichtigen. Wenn man mit Krankheitssymptomen zu verschiedenen Fachärzten geht, werden auch die Erklärungsversuche meist aus dem Fachgebiet des jeweiligen Arztes kommen. Liegt die Ursache in seinem Fachgebiet, wird er sicher die richtige Diagnose stellen können. Wenn aber die Symptome über das Fachgebiet hinausgehen und eine tiefer liegende Kernursache haben, muss der Facharzt fast zwangsläufig versagen. Die eigentliche Ursache solcher Probleme kann nur bedingt durch die Betrachtung spezifischer Symptome gefunden werden. Um den wahren Kern des Niedergangs zu beschreiben, reichen die bisherigen Erklärungen nicht aus.

Um dem Rätsel auf die Spur zu kommen, werden wir einige große gesellschaftliche Bereiche untersuchen. Dabei richten wir unser Augenmerk auf die Entwicklungen, die zur gegenwärtigen Situation geführt haben, und auf die Prozesse, die jeweils dafür verantwortlich sind. Um ein grundlegendes Systemversagen auf seine Ursache zurückzuführen, müssen Gemeinsamkeiten in all diesen Bereichen gefunden werden. Lassen sich diese zudem auf einen Faktor reduzieren, so handelt es sich mit hoher Wahrscheinlichkeit um die grundlegende Ursache des Problems.

Zur Bestätigung stellt sich dann die Frage, ob diese vermeintliche Grundursache auch über das Potenzial zur Beeinflussung einer ganzen Nation verfügt. Es gibt sicherlich nicht viele Vorgänge, die eine ganze Gesellschaft so stark beeinflussen können. Was also ist so mächtig? Zentral ist auch die Frage, welche Veränderungen überhaupt stattgefunden haben? Schließlich verfügte Deutschland einmal über eine extrem hohe Leistungsfähigkeit, für die wir weltweit Anerkennung und Respekt erhielten. Da sich dies inzwischen geändert hat, muss der Grund für unsere frühere Stärke heute merklich schwächer geworden sein.

Die entscheidende Frage ist allerdings, ob wir diesen Prozess umkehren können oder ob der Weg in eine ärmere Gesellschaft unwiderruflich vorgezeichnet ist. Da der starke Antrieb im Laufe der Zeit offensichtlich schwächer geworden ist, sollte es uns doch möglich sein, ihn auch wieder zu alter Stärke zurückzuführen und damit unseren Niedergang nicht nur zu stoppen, sondern umzukehren. Das wäre doch der Schlüssel, um unseren Wohlstand für die nächsten Generationen zu erhalten. Damit könnten wir unser Schicksal selbst in die Hand nehmen - eine durchaus hoffnungsvolle Möglichkeit. Dies setzt jedoch ein gutes Verständnis der Mechanismen voraus, die für Erfolg und Misserfolg verantwortlich sind.

Unsere Ohnmacht oder: Warum passiert nichts?

All diese Erkenntnisse wären jedoch wertlos, wenn wir nicht entsprechend handeln würden. Nur wenn wir den Hebel umlegen und den Motor unseres Wohlstands wieder stärken, können wir auch auf eine Umkehr unseres Niedergangs hoffen. Gelingt es nicht, rechtzeitig umzusteuern, werden sich die Entwicklungen in den nächsten Jahren und Jahrzehnten fortsetzen und möglicherweise sogar beschleunigen. Unsere Handlungsspielräume würden bei einer länger anhaltenden schlechten wirtschaftlichen Entwicklung immer enger, ein Umsteuern schwieriger, langwieriger und schmerzhafter. Die dann notwendigen Anpassungsprozesse würden umso mehr Kraft kosten und den individuellen Wohlstand einschränken.

Die Relevanz von Umsetzungs- und Handlungsfähigkeit lässt sich eindrucksvoll an Thilo Sarrazins vor knapp 15 Jahren erschienenem Buch „Deutschland schafft sich ab" demonstrieren (21). Sein Buch wurde millionenfach gelesen und heftig diskutiert, letztlich aber in die „rechte Ecke" gedrängt und ignoriert. Doch wenn wir es heute zur Hand nehmen, stellen wir fest, dass Herr Sarrazin schon damals das Thema Migration und seine möglichen zukünftigen Entwicklungen zwar unbequem explizit, aber in vielen Punkten durchaus korrekt beschrieben hat. Seit dem Erscheinen des Buches haben sich die Probleme freilich rapide verschärft und sind in der Gesellschaft deutlich spürbarer geworden, sodass sie heute viel gravierender und drängender sind als damals. Frühzeitige Konsequenzen aus Sarrazins Thesen hätten dem Steuerzahler sehr viele Milliarden erspart und die AFD wäre womöglich nie so stark geworden.

Eine wichtige Frage lautet daher: Warum hat dieses Buch nicht zu einem Veränderungsprozess geführt? Warum wurden nicht schon vor mehr als zehn Jahren konsequente Schritte unternommen, um die Migrationsproblematik in geordnete Bahnen zu lenken? Eine mögliche Erklärung wäre natürlich, dass die Thesen und die Schlussfolgerungen des Buches falsch waren. Aber das ist zumindest angesichts der realen Entwicklung der letzten zehn Jahre und der aktuellen Migrationsprobleme nicht wirklich plausibel. Angesichts der großen Resonanz auf das Buch kann es auch nicht daran liegen, dass die Thesen einfach nicht bekannt wurden. Offensichtlich stehen wir hier vor dem Dilemma, dass eine negative Entwicklung frühzeitig erkannt, aber von unseren Politikern jahrelang ignoriert wurde. Man stelle sich zum Vergleich vor, dass bei einem Patienten Krebs im Frühstadium diagnostiziert wird, die Ärzte aber nur zuschauen, wie sich der Krebs weiter ausbreitet, ohne einzugreifen. Niemand hätte Verständnis für ein solches Verhalten. Und doch beobachten wir genau diese Handlungsunfähigkeit bei vielen aktuellen Problemen in der Politik. Die Klärung dieser Fragen ist auch für das vorliegende Buch über den aktuellen Niedergang Deutschlands von großer Bedeutung. Schließlich soll dieses Buch nicht nur anklagen und mahnen; das wäre zu einfach, zu banal und letztlich auch nicht zielführend. Darüber hinaus gibt es zahlreiche Publikationen, die auf spezifische Missstände aufmerksam machen. Dieses Buch soll vielmehr dazu anregen, zielgerichtete Veränderung herbeizuführen. Dies kann jedoch nur geschehen, wenn eine sachliche Diskussion entsteht und entsprechende Maßnahmen nicht nur möglich, sondern auch umgesetzt werden. Wir werden daher auch der Frage nachgehen, warum die Analysen von Thilo Sarrazin vor zehn Jahren – und viele andere warnende Kommentare zu Problemfeldern davor und danach - so wenig Wirkung gezeigt haben und wie wir heute vielleicht eine angemessene politische Reaktion erreichen können. In diesem Zusammenhang werden wir diverse Hemmnisse aufzeigen, die zielgerichtete politische Reaktionen verzögern oder gar verhindern.

Lösungen

Gegen Ende des Buches wollen wir einige Maßnahmen vorstellen, die Lösungen in den betrachteten Themenschwerpunkten aufzeigen können. Diese grob skizzierten Ansätze sollen auch dazu dienen, wieder einmal „outside the box" zu denken und den Finger in die Wunde zu legen. Vieles davon und durchaus auch einige der Erkenntnisse, die wir im Laufe des Buches gewinnen werden, werden Widerspruch hervorrufen, weil auch viele aktuelle Grundwerte unserer Gesellschaft durchaus kritisch hinterfragt werden. Dies scheint in den letzten Jahren viel zu wenig geschehen zu sein und ist daher durchaus beabsichtigt. Ein kritisches Hinterfragen bisheriger Wertmaßstäbe wird oft schon im Keim erstickt, was durchaus zur Auffassung vieler Bürger beiträgt, ihre eigene Meinung dürfe nicht mehr geäußert werden, nur weil sie dem Zeitgeist widerspreche.

In diesem Buch befassen wir uns speziell mit den Problemen in Deutschland. Die Probleme sind aber nicht auf Deutschland beschränkt, sondern in Variationen in vielen Staaten der EU, ja der westlichen Demokratien vorhanden. Das Kernproblem wirkt sich folglich deutlich breiter aus, als es hier behandelt wird. Die hier dargestellten Erkenntnisse und Wirkungsmechanismen gelten weltweit, nur ihre Intensität und Ausprägung unterscheiden sich von Nation zu Nation.

2. Bereiche des Niedergangs

Die Suche

Bereits in der Einführung haben wir einige Auswirkungen des deutschen Niedergangs behandelt. Doch wie konnte es so weit kommen? Deutschland, das Land der Dichter und Denker, weltweit berühmt für die feinste Technologie, befindet sich für jeden im In- und Ausland spürbar im Niedergang. Wir wollen dem Rätsel auf den Grund gehen. Suchen wir nicht oberflächlich nach der Ursache in einzelnen Feldern des Niedergangs, sondern suchen den gemeinsamen Nenner, die Grundursache, so müssen wir diese Grundursache als Auslöser für alle Problemfelder identifizieren können. Sie muss dabei sowohl den zeitlichen Verlauf als auch das Ausmaß erklären (22).

Die Methodik

Wir werden daher konkrete Entwicklungen aus verschiedenen Lebensbereichen herausgreifen und nach gemeinsamen Ursachen suchen. Dabei kann es hilfreich sein, unseren Leistungsstand über einen längeren Zeitraum mit dem anderer Staaten zu vergleichen. Schließlich bietet sich so ein objektiver Maßstab zur Beurteilung unserer heutigen Situation. Wenn unsere Leistungen im Vergleich zu anderen Nationen nachlassen, bestätigt sich der Eindruck des Niedergangs. Im Folgenden sollen daher die Prozesse untersucht werden, die zu den desolaten Zuständen in vielen Bereichen unseres gesellschaftlichen Lebens geführt haben. Dabei werden wir auch den langen Zeitraum darstellen können, in dem sich die Veränderungen entwickelt und zu dem heutigen Zustand geführt haben.

2.1 Bildung

Faktenlage:

Beginnen wollen wir unsere Untersuchung mit dem deutschen Bildungssystem, das über viele Jahrzehnte ein Garant für den wirtschaftlichen Erfolg Deutschlands war.

Der PISA Schock

Als Maßstab wollen wir zunächst die Ergebnisse der PISA-Studien seit dem Jahr 2000 heranziehen. Die Ergebnisse der ersten PISA-Studie lösten in Deutschland Entsetzen aus. Bis dahin galt das deutsche Schulsystem als Weltklasse und Vorbild für fast alle anderen Nationen. Doch nur Bayern lag knapp über dem OECD-Durchschnitt. Das Schlusslicht Bremen lag mehr als 10% darunter. Nach Angaben des deutschen Schulportals liegt Deutschland in der PISA-Studie 2018 in den drei sogenannten Kompetenzbereichen Lesen, Mathematik und Naturwissenschaften leicht über dem Durchschnitt und hat sich damit seit 2000 leicht verbessert. In einer Pressemitteilung (149/2019) des Bundesministeriums für Bildung und Forschung heißt es dazu: „Deutschland stabil über OECD-Durchschnitt", was fälschlicherweise ein durchweg positives Abschneiden suggeriert (23). De facto rangiert Deutschland seit mehr als zwei Jahrzehnten im Mittelfeld. Da die Bildung unserer Bevölkerung einer der ganz wenigen Standortvorteile Deutschlands ist, verheißt dieses mittelmäßige Abschneiden für die Zukunft nichts Gutes.

Soweit die „gute" Nachricht, wenn man ein mittelmäßiges Ergebnis in einem so wichtigen Bereich als gut bezeichnen will.

Nun zu den weniger guten Nachrichten (24):

- Die Leseleistungen sind 2018 auf das Niveau von 2009 zurückgefallen
- Etwa jeder fünfte 15-Jährige hat das Leseniveau eines Grundschülers
- Auch in Mathematik verfügt ein Fünftel der 15-Jährigen nur über rudimentäre Kenntnisse
- Der Leistungstrend in Mathematik ist negativ
- In den Naturwissenschaften ist Deutschland nun wieder hinter die Leistungen von 2006 zurückgefallen.
- Auch hier scheitern rund 20% der Schüler bereits an den Mindestanforderungen
- Die Leistungsunterschiede korrelieren stark mit der sozialen Herkunft
- Der Abstand von Kindern mit direktem Migrationshintergrund zu den Besten hat sich weiter vergrößert
- Die Leistungsunterschiede zwischen Jungen und Mädchen haben sich angeglichen, allerdings vor allem durch das schlechtere Abschneiden der zuvor Besseren
- Etwa jedes vierte Schulkind wird mindestens einmal pro Monat schikaniert.

Hinzu kommt, dass viele Schüler über einen hohen Leistungsdruck in der gymnasialen Oberstufe klagen.

Inflation der Genialität

Schauen wir uns neben diesen Informationen aus der PISA-Studie noch einige andere Daten an. Laut Statista.com besuchten im Schuljahr 2022/23 knapp 2,3 Millionen Schüler ein Gymnasium, während nur etwa 750.000 eine Realschule und etwa 350.000 eine Hauptschule besuchten (25). Wir haben also bei einem insgesamt mittelmäßigen Bildungsniveau in Deutschland etwa dreimal so viele Gymnasiasten wie Realschüler und etwa doppelt so viele Realschüler wie Hauptschüler. Dabei war das Gymnasium früher *das* Synonym für exzellente Bildung.

Im Durchschnitt erreichen etwa 7,5% der Hauptschüler keinen Abschluss. Die oben erwähnte PISA-Studie geht in den Bereichen Lesen, Mathematik und Naturwissenschaft von ca. 20% der Schüler auf Grundschulniveau oder mit rudimentären Kenntnissen aus. Folglich erreicht also mehr als jeder zehnte Schüler einen Hauptschulabschluss auf der Basis von Grundschulkenntnissen!

Im Jahr 2022 besuchten etwa 45% der Schüler nach der Grundschule ein Gymnasium. Zum Vergleich die Quote der Studienberechtigten in der Vergangenheit: In den 1990er-Jahren lag sie noch bei etwa 35%, 1970 bei knapp 15% und 1950 sogar nur bei 5% (26). Diese explosionsartige Entwicklung spiegelt sich auch in den Studentenzahlen wider. Waren 1960 noch rund 250.000 Studenten eingeschrieben, so waren es 1990 bereits knapp 1,5 Millionen, um 2022/23 mit knapp 3 Millionen einen vorläufigen Höhepunkt zu markieren (27) (28).

Problembeschreibung

Für den Bildungsbereich lässt sich folgende Problembeschreibung zusammenfassen:

- Der Anteil der Gymnasiasten in den drei Schultypen liegt über 60%. Im Jahr 1950 war der Anteil der Gymnasiasten noch deutlich geringer, seitdem ist er kontinuierlich gestiegen. Da das dreigliedrige Schulsystem einmal „leistungsgerecht" konzipiert war, stellt die heutige Situation ein unrealistisches Bild der tatsächlichen Leistungsverteilung unserer Schüler dar

- Die Leistungen der deutschen Schüler liegen im Bereich des OECD-Durchschnitts. Trotz aller Anstrengungen seit der ersten PISA-Studie konnte die Leistung der Schüler in den letzten zwei Jahrzehnten nur unwesentlich und nicht stabil verbessert werden. Dies ist ein starkes Indiz für falsche Korrekturmaßnahmen, die nicht an den eigentlichen Ursachen ansetzen

- Es gibt immer mehr Abiturienten und immer mehr mit sehr guten Abschlüssen. Das entspricht nicht der Normalverteilung von Leistung und Intelligenz. Offensichtlich entsprechen Leistung und Notendurchschnitt nicht mehr der realen Verteilung. Sehr gute Noten bedeuten zwar immer noch bessere Leistungen als befriedigende, aber es gibt im Verhältnis viel zu viele sehr gute Leistungen. Dies wird in der Regel auch von den Ausbildungsbetrieben und Hochschulen bestätigt, die zunehmend schlechtere Eingangsvoraussetzungen konstatieren
- Die Hochschulreife ist heute für fast jedes zweite Kind eine realistische Perspektive, da etwa jedes zweite Kind nach der Grundschule auf ein Gymnasium wechselt und die meisten von ihnen auch das Abitur absolvieren.

Erklärung:

All diese Entwicklungen sind durchaus logisch nachvollziehbar.

Hürden

Nimmt man das Jahr 1950 mit einer Gymnasialquote von knapp 5% als Ausgangspunkt, so lassen sich zwei mögliche Gründe für die damalige Situation ausmachen. Zum einen waren die Aufnahmeprüfungen für das Gymnasium so hoch, dass nur 5% aller Grundschüler diese Prüfung bestanden. Zum anderen erlaubte die finanzielle Situation der Eltern trotz guter schulischer Leistungen der Kinder oft nicht den Besuch des Gymnasiums.

Separierung

In den 50er und 60er-Jahren war der Besuch eines Gymnasiums das Sprungbrett in gut bezahlte Berufe. „Normale" Arbeiterfamilien konnten sich den Besuch eines Gymnasiums häufig nicht leisten, was klassischerweise zu einer Zweiklassengesellschaft ohne nennenswerte Durchlässigkeit führte. Wer reich war und es sich leisten konnte, seinem Nachwuchs das Gymnasium zu finanzieren, ebnete auch seinen Kindern den Weg zu diesem Reichtum. Wer dagegen nicht über das nötige Geld verfügte und auf das Einkommen seiner Kinder aus Arbeit oder Ausbildung angewiesen war, hatte kaum eine Chance dazu. So ist es wahrscheinlich, dass selbst sehr begabte und fleißige Schüler in den 50er-Jahren aus finanziellen Gründen kein Abitur machen konnten. Letzteres war sicherlich ein unhaltbarer Zustand, sollte es doch unsere Aufgabe als Gesellschaft sein, jedem im Rahmen seiner individuellen Fähigkeiten die bestmögliche Ausbildung zu ermöglichen. Damals wie heute muss daher gelten, dass entsprechend begabten und leistungswilligen Schülern bei entsprechendem Interesse der Besuch eines Gymnasiums ermöglicht wird.

Veränderung

Was hat sich also zwischen den 50er-Jahren und heute verändert, um diesen drastischen Anstieg der Abiturientenzahlen zu erklären? Eine Steigerung der Intelligenz oder eine deutliche Verbesserung der pädagogischen Arbeit scheidet als Ursache eher aus, denn dann würde der Leistungsvergleich in der PISA-Studie deutlich positiver ausfallen. Das seit mehr als zwei Jahrzehnten konstante Mittelmaß deutet im Gegenteil auf eine ineffektive Implementierung nachhaltiger pädagogischer Methoden hin.

Wesentlich wahrscheinlicher ist eine Zunahme der finanziellen Möglichkeiten, die es mehr Kindern ermöglicht, eine schulische und akademische Laufbahn einzuschlagen. Diese Vermutung wird auch durch die Entwicklung des Bruttoinlandsproduktes pro Kopf gestützt. Während das reale Bruttoinlandsprodukt pro Kopf nach Angaben von Statista.com im Jahr 1950 noch bei ca. 4.250 $ und im Jahr 1970 bei ca. 12.000 $ lag, lag es 2020 bei etwa 41.000 € (29) (30). Dies entspricht einem jährlichen Zuwachs von etwa 3,4% seit 1950, während die Zahl der Studenten um mehr als 4% pro Jahr gestiegen ist. Mit zunehmendem Wohlstand der Gesamtbevölkerung stieg dann auch die Zahl der Abiturienten, da mehr Eltern ihren begabten Kindern eine gymnasiale Ausbildung finanzieren konnten. Der anfängliche Anstieg der Gymnasiasten dürfte also bei gleichbleibenden Leistungsanforderungen auf der Grundlage der verbesserten finanziellen Möglichkeiten der Eltern erfolgt sein. Diese Entwicklung kann aber nicht erklären, warum heute nahezu jedes zweite Kind das Potenzial für ein Hochschulstudium aufweisen sollte.

Bildungsziel: Masse statt Klasse

Die Leistungsbeurteilung für den Besuch des Gymnasiums fand damals wie heute am Ende der 4. und 5. Klasse statt, eine Praxis, die zwar durchaus kritisch gesehen werden kann und definitiv besser gelöst werden könnte, aber dennoch eine Leistungsselektion darstellt. Ein erklärtes Ziel der Bildungspolitik war es, die Durchlässigkeit des Bildungssystems zu erhöhen (31). Die Vorselektion der Kinder nach schulischen Leistungen am Ende der Grundschule wurde zunehmend als Blockade im Bildungssystem kritisiert und schließlich stark gelockert, sodass die Anzahl der Gymnasialschüler weiter steigen konnte. Damit ist nicht mehr die Leistung das wichtigste Auswahlkriterium für den Besuch eines Gymnasiums, sondern der Geldbeutel und die Ambitionen der Eltern.

Der Nimbus von lukrativen Berufen und vorprogrammiertem Wohlstand galt und gilt. Der Drang zum Gymnasium war und ist daher ungebrochen und wird nur noch selten durch die finanziellen Möglichkeiten der Eltern begrenzt. Die enorme Explosion der Abiturientenzahlen ist daher wohl auf eine Kombination aus abgesenkten Zugangsvoraussetzungen und erleichterten finanziellen Möglichkeiten zurückzuführen. Die Gymnasien sehen sich daher mit einer wachsenden Zahl von Schülern konfrontiert, die den hohen Anforderungen des Gymnasiums leistungsmäßig nicht gewachsen sind.

Die anormale Normalverteilung
Die Intelligenz folgt wie vieles in der Natur einer Normal- oder Gaußverteilung (32).

Normalverteilung der Intelligenz

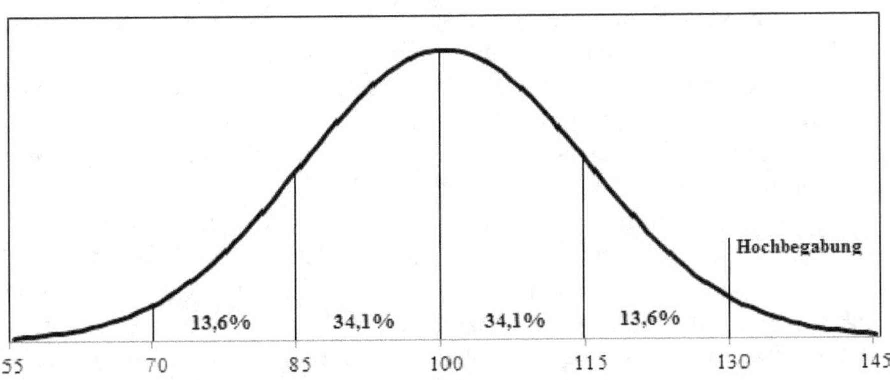

Abbildung 1: Normalverteilung der Intelligenz

Ohne an dieser Stelle näher auf diese Verteilung eingehen zu wollen, zeigt sie, dass sich sehr viele Menschen im Mittelfeld (der Bereich um den Intelligenzquotienten 100) befinden. In der Abbildung sind rund 34% der Menschen etwas intelligenter als der Durchschnitt (Intelligenzquotient zwischen 100 und 115) und ebenfalls rund 34% etwas weniger intelligent als der Durchschnitt (Intelligenzquotient zwischen 85 und 100). Ein Intelligenzquotient von mehr als 130 kennzeichnet den Bereich der „Hochbegabung", indem sich jedoch nur knapp über 2% der Menschen befinden. Je weiter eine Leistung von der Mitte entfernt ist, desto weniger Personen finden sich in einer Gruppe mit vergleichbarer Leistung. Mit anderen Worten: Es gibt nur sehr wenige wirklich leistungsstarke und nur sehr wenige wirklich leistungsschwache Personen. Demzufolge gibt es eine große Zahl von Schülern, die etwa durchschnittliche Leistungen erbringen. Geht man nun von hohen Leistungsanforderungen für das Gymnasium aus – und diese Schulform wurde ja explizit konzipiert, um eine Gruppe von leistungsstarken Kindern bestmöglich zu fördern – so ist ein Besuch des Gymnasiums für fast jeden zweiten Schüler ausgeschlossen. Dies würde nämlich zwangsläufig einen sehr hohen Anteil an überdurchschnittlich begabten Schülern erfordern, wie die Normalverteilung deutlich zeigt. Würde jedes zweite Kind nach Intelligenzkriterien auf das Gymnasium gehen, würden durchschnittlich begabte Schüler mit einem Intelligenzquotienten von 100 parallel zu hochbegabten Schülern mit einem Intelligenzquotienten von 130 oder mehr unterrichtet.

Manchmal erklärt die Theorie doch die Praxis

Und genau das ist zu beobachten. Neben den wenigen Schülern, die zu Recht am Gymnasium sind und dort sehr gute Leistungen erbringen können, gibt es sehr viele Schüler mit durchschnittlichem Leistungsniveau, für die die Anforderungen des Gymnasiums grundsätzlich zu hoch sind. Es ist daher nicht wirklich überraschend, dass sich diese Schüler durch die Leistungsanforderungen zu sehr unter Druck gesetzt fühlen. Eine Reduzierung der Leistungsanforderungen ist dennoch nicht der richtige Weg, um auf diese Überlastung zu reagieren.

Warum gelingt es dennoch so vielen Schülern, die Hochschulzugangsberechtigung zu erlangen? Ein Grund dafür ist sicherlich, dass viele Schüler in der gymnasialen Oberstufe zur Kompensation schlechter Ausgangsvoraussetzungen sehr hohe Anstrengungen unternehmen, um den Abschluss doch noch zu erreichen. Hier sind Fleiß und Disziplin die bestimmenden Faktoren und die erbrachten Leistungen verdienen durchaus Respekt.

Was nicht passt, wird passend gemacht

Dennoch beklagen die Hochschulen das niedrige Eingangsniveau der Studienanfänger, was darauf hindeutet, dass neben dem Fleiß noch ein anderer Effekt wirkt. Würde man strenge Leistungsanforderungen an die Hochschulzugangsberechtigung stellen, würden sehr viele Schüler diese nicht erreichen und die Schule ohne Abitur verlassen. Würde das Abitur nur für die besten 15 oder 20 Prozent erteilt, müsste mehr als jeder zweite Schüler scheitern, was sich ebenfalls aus der Normalverteilung ergibt. Da dies nicht der Fall ist, spricht vieles für eine Absenkung der Anforderungen, wie sie bereits beim Hauptschulabschluss zu beobachten ist, wo etwa jeder zehnte Schüler den Abschluss auf dem Niveau eines Grundschülers abschließt. Vertreter dieser These sind u.a. Hans Peter Klein (33), Wolfgang Kühnel (34) oder auch der Präsident des Deutschen Lehrerverbandes, Heinz-Peter Meidinger (35). Ein ähnliches Ergebnis kann auch durch Hilfen bei der Abiturvorbereitung erreicht werden, die ein gutes Abschneiden begünstigen (z.B. durch Musterprüfungen).

Dies erklärt sehr plausibel, warum es heute auffallend mehr Einser-Abiturienten gibt als früher. Schüler, deren Leistungen früher für ein gutes, aber nicht für ein hervorragendes Abitur ausreichten, erzielen heute exzellente Ergebnisse, während gleichzeitig sehr viele andere Schüler eher überfordert sind.

Die Kehrseite

Der Trend zum Gymnasium führte im Laufe der Zeit zu einem Rückgang der Schülerzahlen an Haupt- und Realschulen. Diese sind inzwischen so niedrig, dass eine Zusammenlegung der beiden Schulformen und damit der Übergang zu einem zweigliedrigen Schulsystem propagiert wird. Unsere guten Vorsätze, jedem das Abitur zu ermöglichen, erweisen uns nun einen Bärendienst. Nicht nur die Leistungen unserer Abiturienten sinken, es fehlen auch die Haupt-und Realschüler, die einen Ausbildungsberuf erlernen (können). Da inzwischen jeder halbwegs begabte Schüler sein Glück am Gymnasium sucht, verbleiben vermehrt unterdurchschnittlich Begabte an den Haupt- und Realschulen. Diese sind dann häufig den kognitiven Anforderungen einer Ausbildung nicht gewachsen.

Einheitsförderung

Warum aber sinkt das Leistungsniveau sowohl am Gymnasium als auch an den anderen Schulen? Das ist eine wichtige Frage, deren Beantwortung zum einen die Ursachen für den Niedergang Deutschlands erhellt, zum anderen aber auch die aktuellen Tendenzen zur Verbesserung der Situation ad absurdum führt. Beleuchten wir eine ähnliche Situation im Sport, wobei Fußball als die in Deutschland am weitesten verbreitete Sportart wohl das beste Beispiel darstellt. Die Mannschaften haben einen Kader von ca. 25 Spielern, mal etwas mehr, mal etwas weniger. Die genaue Anzahl ist irrelevant. Neben dieser A-Mannschaft gibt es den „Nachwuchs", der ebenfalls vom Verein trainiert wird. Was würde nun passieren, wenn wir alle Nachwuchsspieler so trainieren würden wie die A-Mannschaft? Einerseits werden der A-Mannschaft Trainingsinhalte vermittelt, die für die Nachwuchsspieler nicht unbedingt relevant sind, da sie die Grundlagen noch nicht vollständig verinnerlicht haben. Umgekehrt werden den Nachwuchsspielern Inhalte vermittelt, die für die A-Mannschaft nicht mehr anspruchsvoll sind. Auch die Intensität und der Umfang des physischen

Trainings sind für die Nachwuchsspieler zu hoch. Man müsste also die Nachwuchsspieler überfordern oder die Trainingsintensität der A-Mannschaft reduzieren. Beide zusammen können nicht mehr optimal auf ihrem Fitness- und Leistungsniveau trainiert werden. Natürlich könnte man die A-Mannschaft und den Nachwuchs gemeinsam, aber mit unterschiedlicher Intensität trainieren. Dies ist aber nur möglich, wenn das Training getrennt und dem jeweiligen Leistungsstand angepasst wird. Letztlich sind die beiden Mannschaften damit wieder getrennt. Diese Problematik besteht generell, wenn individuelle Fähigkeiten optimal entwickelt und verbessert werden sollen. Zur Veranschaulichung kann man sich auch einen Weltklasse-Pianisten vorstellen, der mit einem Anfänger „trainiert" wird. Der Anfänger wäre mit allen Übungen des Weltklasse-Pianisten völlig überfordert. Umgekehrt würden die Übungen für den Anfänger den Weltklasse-Pianisten in keiner Weise fordern, sodass er seine Fähigkeiten mit der Zeit sogar verlieren würde.

Genau das haben wir mit dem „Abitur für alle" gemacht. Eine Schulform, die speziell darauf ausgerichtet ist, sehr gute Schüler auf ihrem Niveau optimal weiter zu fördern, wird mit Schülern überschwemmt, die dieses Niveau einfach nicht aufweisen. Und wir erleben den gleichen Effekt: Die guten Schüler sind unterfordert und können ihr Leistungspotenzial nicht entfalten, die anderen sind überfordert und können dem Leistungsdruck nicht standhalten. Beide Gruppen leiden darunter und werden nicht bestmöglich gefördert. Und da die ehemaligen Leistungsträger der Haupt- und Realschulen auf das Gymnasium abwandern und dort überfordert sind, fehlen sie den adäquaten Schulen, sodass auch hier das Niveau sinkt. Es wäre fatal, jetzt Haupt- und Realschulen zusammenzulegen, weil wir damit diesen Zustand der suboptimalen Förderung der Schüler zementieren würden.

Ein Grundprinzip zur Erzielung optimaler Leistungen ist die leistungsgerechte Förderung. Je breiter das Spektrum der gleichzeitig zu fördernden Leistungen ist, desto schlechter wird das Gesamtergebnis. Dies betrifft vor allem die außergewöhnlich guten und die besonders schlechten Leistungsniveaus.

Gut gemeint ist nicht gut gemacht

Dieses Beispiel weist auf ein häufiges Problem hin: Aus einem guten Ansatz, allen begabten Schülern unabhängig von den finanziellen Möglichkeiten der Eltern das Abitur zu ermöglichen, wird schnell ein Problem, wenn man das Leistungsprinzip vergisst und nur noch allen Schülern das Abitur ermöglichen will. Der Wert des Abiturs wird durch die Angleichung im Zuge der Ausweitung auf immer mehr Schüler reduziert.

Dass dies nicht auf höchstem, sondern eher auf mittlerem Niveau geschieht, liegt angesichts der obigen Feststellungen zur effektiven Kompetenzförderung auf der Hand. Auf die katastrophalen Folgen einer zunehmenden Angleichung wird weiter unten noch näher eingegangen.

Die Goldmedaille für alle

Wenn jeder zweite Schüler die Möglichkeit bekommt, ein Gymnasium zu besuchen, wo bleibt dann das Besondere? Ist es dann überhaupt noch notwendig, sich anzustrengen und Leistung zu erbringen? Unbestritten ist es ein hoher Aufwand für die Schüler, deren schulische Leistungen gerade so oder eher nicht für ein Abitur ausreichen. Die anderen jedoch schaffen diesen Sprung ohne große Anstrengung. Den meisten Schülern wird damit die Botschaft vermittelt, dass Anstrengung nicht notwendig ist, um zu den Besten zu gehören. Fleiß, Interesse, Neugier und Disziplin sind nicht notwendig, um etwas „Besonderes" zu erreichen. Man lernt: Im Leben kann man ohne Anstrengung außergewöhnliche Belohnungen erhalten.

Im realen Leben erfordern außergewöhnliche Fähigkeiten jedoch ein extrem hohes Maß an Fleiß, Interesse und Disziplin. Ohne diese Grundeigenschaften sind überdurchschnittliche Leistungen nicht erreichbar.

Wird den Schülern das Erreichen hoher Ziele „ohne" Anstrengung ermöglicht, werden wichtige Werte für das Erreichen hoher Leistungsniveaus nicht vermittelt.

<u>Ursachen</u>

Für diese Fehlentwicklungen lassen sich im Wesentlichen folgende Ursachen identifizieren:

- In den 1950er und 60er-Jahren war das Abitur eine außergewöhnliche Leistung, die mit sehr viel Mühe und/oder Intelligenz errungen werden musste. Das Prädikat „Abitur", das einigen wenigen vorbehalten war, wird heute an fast die Hälfte der Schüler vergeben. Ein erstrebenswertes Ziel, in diesem Fall das Abitur, wird also auch ohne außergewöhnliche Leistungen ermöglicht. Das wäre so, als würde man jeden zum Weltmeister erklären, der das Leistungsniveau von vor 100 Jahren erreicht. Vermeintliche „Spitzenleistungen" werden so ohne Anstrengung und Mühe erreichbar und verlieren zunehmend an Wert
- Wir erwecken den Anschein von Exzellenz durch die vielen Abiturienten, werden aber im internationalen Vergleich der PISA-Studie auf den Boden der Tatsachen zurückgeholt. Die Ursache dafür liegt in einem generellen Streben nach Angleichung, die immer zu reduzierten Leistungen führt. De facto wird Klasse durch Masse ersetzt

- Statt einer optimalen Förderung der Schüler, wie sie früher durch ein leistungsadäquates System gewährleistet werden konnte, wird heute versucht, die unterschiedlichsten Niveaus gleichermaßen zu unterrichten. Damit wird allerdings das zu erwartende Leistungsniveau der Schüler nur weiter abgesenkt
- Das staatliche Ziel, möglichst viele Schüler zum Abitur zu führen, ist grundsätzlich falsch. Falsche Ziele führen zwangsläufig zu falschen Ergebnissen. Dabei ist ja grundsätzlich nichts falsch daran, die Schüler bestmöglich zu fördern und möglichst vielen ein Abitur zu ermöglichen. Dies muss jedoch auf einem Weltklassenniveau erfolgen. Ein Absenken der Anforderungen ist definitiv der falsche Weg.

Messung und Ziele sind relevant

Hemmende Faktoren sind vor allem eine verzerrte oder schlicht falsche Leistungsmessung (über Masse statt Klasse), eine massive Angleichung durch Einheitsunterricht sowie eine Zielerreichung / Belohnung auch ohne Erfüllung hoher Maßstäbe. Die oben beschriebenen Probleme sind eine klare Folge dieser Punkte. Problematisch an dieser historischen Entwicklung ist das Versäumnis, eine adäquate Leistungsmessung für den Besuch der verschiedenen Schulen und deren Abschluss beizubehalten. Das hätte den Drang zum Gymnasium kanalisiert und nur den wirklich guten Schülern, unabhängig von den finanziellen Möglichkeiten der Eltern, diesen Zugang gewährt. Alle Entwicklungen laufen im Kern darauf hinaus, dass Leistungsstandards ignoriert werden. Diese Ursache beschreibt die Problematik der gegenwärtigen Bildungssituation recht genau. Es ist zu befürchten, dass die aktuellen Auswirkungen erst der Anfang einer katastrophalen Entwicklung sind, da die eigentlichen Probleme zumindest im öffentlichen Diskurs überhaupt nicht thematisiert werden.

2.2 Forschung und Entwicklung

<u>Faktenlage:</u>

Wahre Spitze

In der Forschung können wir Spitzenleistungen anhand von Nobelpreisträgern analysieren. Je nach Zuordnung der Staatsangehörigkeit gibt es etwa 90 Deutsche, die einen der insgesamt über 600 vergebenen Nobelpreise erhalten haben. Das ist eine stolze Quote. Sie zeigt, dass wir immer noch ein Land der Spitzenforschung sind.

Doch sehen wir uns diese Zahlen etwas genauer an. Summiert man für jedes Jahrzehnt die Anzahl der an deutsche Wissenschaftler vergebenen Nobelpreise und verbindet diese mit einer linearen Trendlinie, so erkennt man bereits einen abnehmenden Trend. Demnach gingen zu Beginn des letzten Jahrhunderts etwa zehn Nobelpreise pro Dekade nach Deutschland, heute sind es „nur" noch etwa sechs.

Erfindergeist

Ein weiterer Vergleichsmaßstab sind die Patentanmeldungen. Hier liegt Deutschland noch hinter den USA auf Platz zwei, knapp vor Japan und China. Betrachten wir hier die Megatrends Künstliche Intelligenz, Quantencomputing, Batterietechnologie und Wasserstoffindustrie.

Unter den zehn größten Patentinhabern im Bereich Künstliche Intelligenz befindet sich kein deutsches Unternehmen, während unter den 20 aktivsten Patentanmeldern 12 japanische Unternehmen zu finden sind (36). Dieser extrem wichtige Zukunftssektor wird von amerikanischen, japanischen und chinesischen Konzernen dominiert. Im Bereich der Computertechnologie registrierte das Deutsche Patentamt einen Rückgang der Patentanmeldungen in Deutschland, während die ohnehin weit führenden Vereinigten Staaten und China ihre Anmeldungen steigern konnten (37). Dieser Trend zieht sich durch den gesamten Bereich der digitalen Technologien. Dazu die DPMA-Präsidentin Eva Schewior: „Wenn wir bei den digitalen Schlüsseltechnologien den Anschluss verlieren, wird unsere Innovationskraft in allen Branchen leiden (38)."

Im Bereich des Quantencomputing sind die USA führend, gefolgt von China, Japan, Kanada und diversen anderen (39). Deutschland liegt etwa an siebter Stelle.

Bei der Batterietechnologie liegt die Republik Korea vor Japan und Deutschland (40). China belegt den vierten Platz und liegt damit noch vor den Vereinigten Staaten. Die geringste Dynamik unter diesen Ländern weist Deutschland auf. Während die Anmeldungen in Deutschland im Vergleich zum Vorjahr nur um 11% zunahmen, betrug der Anstieg in Korea fast 70% und in China und den USA über 40%.

Im Bereich der Wasserstofftechnologie liegt die EU knapp vor Japan auf Platz eins, wobei Deutschland innerhalb der EU eine führende Position einnimmt (41). Insgesamt ist Japan jedoch die führende Nation.

Licht und Schatten

Welche Schlussfolgerungen lassen sich daraus ziehen? Zum einen ist Deutschland bei einigen Zukunftstechnologien noch in der Weltspitze vertreten, bei der wohl wichtigsten Zukunftstechnologie, der künstlichen

Intelligenz oder ganz allgemein der digitalen Technologie, aber weit abgeschlagen. Das enorme Potenzial der KI, Produktivität und Fortschritt in den unterschiedlichsten Bereichen explosionsartig zu steigern, wird also von den USA und China genutzt, während wir ins Hintertreffen geraten. Angesichts der schier unvorstellbaren Produktivitätsfortschritte, die durch KI möglich werden, ist jedes Versäumnis auf diesem Gebiet ein auf Jahrzehnte oder Jahrhunderte nicht wieder gutzumachender Nachteil. Andererseits zeugt die relative Stärke bei den Patentanmeldungen von einer soliden Basis an hochwertiger Forschungsaktivität in Deutschland, wie übrigens auch die Zahl der Nobelpreise nahelegt. Der Forschungsstandort Deutschland kann somit im internationalen Vergleich derzeit durchaus – noch - mithalten, ohne jedoch in wichtigen Zukunftsfeldern Spitzenplätze zu belegen.

Kleine Änderung, große Wirkung

Dies ist sicherlich auch auf eine Initiative der damaligen Bundesbildungsministerin Edelgard Bulmahn (SPD) aus dem Jahr 2004 zurückzuführen, Eliteuniversitäten in Deutschland zu identifizieren und diese bevorzugt finanziell zu fördern (42). Bereits in den 1980er-Jahren forderte die FDP die Gründung privater Hochschulen zur Eliteförderung. Dieser Vorstoß stieß allerdings bei der SPD (seinerzeit unter Willy Brandt) auf wenig Gegenliebe, da die gezielte Förderung einer Elite einen Angriff auf den Sozialstaat darstelle (43).

Elite fördern?

Die Eliteuniversitäten müssen zunächst mindestens zwei Exzellenzcluster gewinnen, mit denen international wettbewerbsfähige Forschungsschwerpunkte gefördert werden (44). Des Weiteren wird die Förderung wissenschaftlicher Nachwuchskräfte bewertet. Dazu zählen ausschließlich angehende Doktoranden, nicht aber Studenten. Zudem müssen die Universitäten ein ambitioniertes Zukunftskonzept präsentieren. Bei der Auswahl der Eliteuniversitäten stehen also die Forschung und die wissenschaftliche Arbeit im Vordergrund. Über die Qualität der Ausbildung für die Studenten sagt diese Bezeichnung nur bedingt etwas aus. Der Status einer Eliteuniversität wird nach sieben Jahren erneut überprüft, sodass neue Universitäten hinzukommen oder andere ihren Status verlieren können (44).

Natürlich gibt es auch kritische Stimmen zu diesem Konzept. So haben sich Studentenvertreter verschiedener Hochschulen ablehnend zu diesem System geäußert, da sie die Gefahr einer Zwei-Klassen-Gesellschaft befürchten, in der vor allem die Eliteuniversitäten eine signifikante Förderung erhalten (44). Dieser Vorwurf zeigt sehr schön, wie weit das Anspruchsdenken in unserer Gesellschaft bereits verbreitet ist. Es ist nicht mehr normal, dass bessere Leistungen auch besser belohnt werden als schlechtere. Mit welcher Legitimation verlangen die Schlechteren die gleiche oder zumindest eine ähnliche Förderung wie ihre überlegenen Kollegen? Es ist doch gerade diese Differenzierung, die eine stärkere Förderung der Besseren rechtfertigt. Statt die Förderung der Besseren zu kritisieren, sollten die Kritiker ihr Augenmerk darauf richten, durch eigene Leistung in den Genuss einer besseren Förderung zu gelangen. Eine besondere Belohnung für erbrachte Leistung auch für diejenigen zu fordern, die eben keine besondere Leistung erbracht haben, entspricht aber leider dem Zeitgeist. Diese Forderungsmentalität unabhängig von erbrachten Leistungen begegnet uns in vielen Bereichen.

Kritisiert wird auch der spezifische Forschungscharakter der Eliteuniversitäten, die die Fördermittel naturgemäß primär in die Forschungsbereiche der Exzellenzcluster investieren. Andere Wissenschaftsbereiche einer Eliteuniversität werden dagegen auch dort eher vernachlässigt. Auch hier zeigt sich das Prinzip der Förderung von Bereichen, die sich durch Leistung hervorgetan haben.

Grundsätzlich ist hier eher die Bezeichnung „Elite-Universität" zu kritisieren, obwohl der Begriff prägnant ist. Schließlich wird ja nicht die Universität als Ganzes gefördert, sondern nur besondere Kompetenzen in einem Forschungsbereich. Ein Begriff wie Kompetenz- oder Exzellenzzentren wäre vielleicht passender gewesen. Zudem wäre der Begriff Elite vermieden worden, der im deutschen Sprachgebrauch inzwischen eine nahezu rassistische Konnotation erhalten hat und allein schon deshalb auf Widerspruch stößt.

In der Forschung haben wir also vor knapp zwanzig Jahren eine gezielte Förderung von Forschungsaktivitäten an Standorten mit ausgewiesener Kompetenz eingeführt. Was sollte denn die Alternative sein? Soll jede Universität ohne nennenswerte Kompetenz genauso gefördert werden wie die Spitzenuniversitäten, die an vorderster Front der Forschung stehen? Schaut man sich die Zahl der möglichen Universitäten und Kompetenzzentren an, wird die Unbezahlbarkeit dieser Idee schnell deutlich. Wäre mit diesem Gießkannenprinzip eine höhere Leistungsdichte zu erwarten? Womöglich ja, aber zu einem unbezahlbaren Preis. Die Effektivität dieses Gießkannenprinzips ist naturgemäß als eher gering einzustufen. Die Förderung von Personen (oder Universitäten), die nachweislich die höchste Wahrscheinlichkeit haben, exzellente Leistungen zu erbringen, ist sicherlich wesentlich sinnvoller als die Förderung einer breiten Masse ohne Leistungsnachweis, auch wenn dies für die Betroffenen sicherlich schwer zu akzeptieren ist.

Problembeschreibung:

Wir können die Problembeschreibung in der Forschung wie folgt zusammenfassen:

Die Grundlagenforschung ist in Deutschland nach wie vor auf einem hohen Niveau

Bei der Spitzenforschung in zukunftsrelevanten neuen Technologien ist leider ein negativer Trend zu verzeichnen.

Erklärung:

Genies, wohin man blickt

Im Prinzip haben wir in der Forschung eine ähnliche Situation wie in der Schule. Schließlich beenden heute deutlich mehr Schüler ihre Schullaufbahn mit dem Abitur und strömen nun an die Hochschulen. Insofern haben wir hier eine vergleichbare Situation: Wir haben eine Flut von Studenten, die den Leistungsanforderungen in vielerlei Hinsicht nicht gewachsen sind. Die Leistungsunterschiede zwischen den Studenten sind sehr groß, was zwangsläufig zu einer Absenkung des Niveaus führt. Die Folgen sind jedoch nicht so gravierend wie in der Schule, da inzwischen viele Studiengänge angeboten werden, die eine gewisse Leistungsverteilung zulassen.

Der große Zustrom an Studenten fordert auch die Hochschulen, die immer mehr Studenten einen Studienplatz bieten wollen und müssen. In der Folge platzen die Hörsäle aus allen Nähten und der Wohnraum wird für die Studenten unerschwinglich. Die Masse an Studenten erfordert nun auch eine entsprechende Masse an Professoren, was wiederum zu einem Absinken des Leistungsniveaus führt. Ein sinkendes Leistungsniveau wirkt sich aber auch auf die wissenschaftliche Forschung aus, deren Qualität dann ebenfalls sinkt. Das Credo eines „Abitur für alle" hat durchaus Auswirkungen bis in die wissenschaftliche Forschung. Die Auswirkungen sind nur deshalb nicht so massiv, weil das Studium einen eher individuellen Charakter hat, bei dem das eigene Lernen stärker im Vordergrund steht und sich daher ein niedrigeres Leistungsniveau weniger auf die individuellen Fähigkeiten auswirkt, als dies in einem Klassenverbund der Fall ist.

Ursachen:

Für diese Fehlentwicklungen lassen sich im Wesentlichen folgende Ursachen identifizieren:

- Positiv zu bewerten ist die Einführung von Eliteuniversitäten
- Die Auswirkungen des „Abiturs für alle" erreichen auch die Hochschulen und die Forschungsaktivitäten. Aufgrund des unterschiedlichen

Charakters des Studiums sind die Auswirkungen jedoch nicht so prägnant.

Von allen untersuchten Bereichen weist die Forschung in Deutschland als einzige eine gezielte Kompetenzförderung auf. Die Kritik, dass nun Leistungsnachweise für den Erhalt von Fördergeldern notwendig sind und Hochschulen ohne diese weniger gefördert werden, zeigt nur zu deutlich die verbreitete Anspruchshaltung, auch ohne Leistung gefördert zu werden.

2.3 Mindestlohn, Lohnforderungen und Besteuerung

Faktenlage:

Wir können alle diese Themen in einem Komplex zusammenfassen, da die Probleme und ihre Auswirkungen ähnlich sind.

Politisch motivierte Mindestlöhne

Beginnen wir mit dem Mindestlohn, der sich in den letzten Jahren wie folgt entwickelt hat und aus dem sich folgende Lohnsteigerungsraten errechnen lassen (45):

- 2015: 8,5 €/Std
- 2017: 8,84 €/Std - ca.: 1,98%/a
- 2019: 9,19 €/Std - ca.: 1,96%/a
- 2020: 9,35 €/Std - ca.: 1,74%/a
- 2021: 9,5 €/Std - ca.: 1,60%/a
- 2022: 9,82 €/Std - ca.: 3,37%/a
- Okt 22: 12,00 €/Std - ca.: 22,2%/a (9-Monatszeitraum)

Die Veränderung der Nominallöhne beliefen sich dagegen auf (14):

- 2017 zu 2015: 2,40%
- 2019 zu 2017: 2,85%
- 2020 zu 2019: -0,7%
- 2021 zu 2020: 3,1%
- 2022 zu 2021: 2,6%
- 2023 zu 2022: 5,6%

Die Lohnzuwächse des Mindestlohns blieben somit in den Jahren 2015 bis 2019 hinter der allgemeinen Lohnentwicklung zurück, erfuhren aber insbesondere durch die politische Entscheidung der Bundesregierung im Jahr 2022 einen drastischen Anstieg. Vergleicht man die Lohnzuwächse zwischen den Jahren 2015 und 2023, also inklusive der politisch erzeugten Sondereffekte, so ergeben sich für den Mindestlohn Zuwächse von 4,4% pro Jahr und für den generellen Lohn von 2,6% pro Jahr.

Auf A folgt B

Schauen wir uns parallel – und als extremes Beispiel - die Tarifforderungen der EVG im Jahr 2023 an. Gefordert wurde eine Entgelterhöhung von 12%, mindestens aber 650 €/Monat. Aus der Entgelttabelle der EVG, gültig ab dem 01. Januar 2022, ergibt sich ein monatliches Mindesteinkommen von ca. 2150 € (46). Die Forderungen der Gewerkschaft EVG beinhalten also eine prozentuale Lohnerhöhung von 30% (!) in den untersten Einkommensgruppen. Erst ab einem Einkommen oberhalb von 5.400 € greift die Forderung nach 12% mehr Lohn. Alle Einkommen darunter sollen nach dem Willen der EVG deutlich höhere prozentuale Erhöhungen erhalten. Die EVG-Forderung ist sicherlich eine Extremposition, aber die Tarifforderungen der Gewerkschaften sind seit vielen Jahren, wenn nicht Jahrzehnten, mit Sonderregelungen für prozentual höhere Einkommensverbesserungen der unteren Einkommensgruppen verbunden. Diese sind im Jahr 2023 sicherlich in erster Linie auf die massive Erhöhung des Mindestlohns zurückzuführen und sollten die dadurch entstandenen Lohnverzerrungen ausgleichen. Durch die Anhebung des Mindestlohns sind viele Geringverdiener, die zuvor über dem Mindestlohn lagen, plötzlich auf dieses Niveau abgerutscht. Dies ist eine politisch gewollte Ausnahmesituation, die zu einem insgesamt höheren Lohnniveau führen soll. Die Produktions- und Dienstleistungskosten sowie die Inflation in Deutschland werden dadurch sicherlich steigen. Gleichzeitig spült diese Einkommenserhöhung durch die rund 6,6 Millionen Begünstigten knapp 3 Mrd. Euro zusätzlich in die Staatskassen. In etwa gleicher Höhe profitieren auch die Sozialkassen davon. Politisch gesehen handelte es sich bei der Erhöhung des Mindestlohns um eine Anhebung der Steuer- und Sozialeinnahmen, da sie entweder von den Unternehmen absorbiert werden musste (der Effekt einer direkten Steuererhöhung) oder über Preiserhöhungen an die Bevölkerung weitergegeben wurde (eine Art Mehrwertsteuer für alle Konsumenten). Letztlich kam die Erhöhung des Mindestlohns einer Steuererhöhung für alle gleich. Die nun zwangsläufig folgenden massiven Lohnerhöhungen der unteren Einkommensgruppen führen zu weiteren zusätzlichen Milliardenbeträgen für den Staatshaushalt und die Sozialkassen. Da die Arbeitgeber diese Kosten mit Sicherheit nicht absorbieren werden und können, werden sich diese höheren Löhne in höheren Kosten für Produkte und Dienstleistungen niederschlagen oder zur Schließung von Unternehmen führen. Die Folgen sind eine höhere Inflation und eine Verschlechterung der Wettbewerbsfähigkeit der deutschen Wirtschaft im internationalen Vergleich. Interessant ist, dass die Inflation nun als Begründung für weitere Lohnforderungen insbesondere der unteren Einkommensgruppen herangezogen wird, eine Spirale, die sich beliebig fortsetzen lässt.

Der arme Staat

Werfen wir nun einen Blick auf unser progressives Steuersystem und was es mit den von der EVG geforderten Lohnerhöhungen macht. Dazu verwenden wir den Brutto-Netto-Rechner des Handelsblattes mit Steuerklasse 1 (47). Natürlich hängen die realen Zahlen von der individuellen Situation der Beschäftigten ab. Dennoch lassen sich aus dieser vereinfachten Berücksichtigung von Steuern und Sozialabgaben interessante Schlüsse ziehen. Bei einem Einkommen von ca. 2.150 Euro monatlich wurde eine Erhöhung von 30% gefordert. Damit kommen die Beschäftigten mit dem niedrigsten Einkommen in der EVG auf knapp 2.800 Euro im Monat, was einer Bruttolohnerhöhung von 650 Euro entspricht. Aufgrund der Steuerprogression erhöhen sich die Steuer - und Sozialabgaben, sodass von diesen 650 Euro nur ca. 380 Euro beim Arbeitnehmer verbleiben. Die restlichen ca. 270 Euro bzw. ca. 42% der Lohnerhöhung wandern in den Staatssäckel und tragen zur Finanzierung der Sozialsysteme und des Staatshaushaltes bei. Demgegenüber erhält der Arbeitnehmer mit einem Monatseinkommen von 5.400 Euro eine Erhöhung von 12%, sodass er dann ein Bruttoeinkommen von ca. 6.050 Euro erzielt. Netto erhöht sich das Einkommen dieser Beschäftigten um rund 350 Euro; also nicht nur prozentual, sondern auch absolut weniger als bei ihren Kollegen mit dem niedrigsten Lohn in der EVG. Von der Lohnerhöhung verbleiben nach Abzug von Steuern und Sozialabgaben rund 54%, 46% fließen also in die Sozialsysteme und den Staatshaushalt. An der Lohnerhöhung verdienen also Staat und Sozialsysteme zu fast 50% kräftig mit.

Problembeschreibung:

Die politisch durchgesetzte massive Erhöhung des Mindestlohns und die darauf folgenden Tarifforderungen der Gewerkschaften führen zu beträchtlichen Einkommenssteigerungen im Niedriglohnbereich zulasten des Mittelstandes und der Wettbewerbsfähigkeit der Unternehmen in Deutschland, was aber im Sinne der viel beschworenen Einkommensgerechtigkeit durchaus beabsichtigt ist. Letztlich ist die Erhöhung des Mindestlohns aber nicht wirklich ein soziales Projekt, sondern eine Möglichkeit, die Einnahmen des Bundes und der Sozialkassen zu erhöhen, ohne unpopuläre Steuererhöhungen vornehmen zu müssen. Wenn man die unteren Einkommen besserstellen wollte, hätte man auch die Steuern und Sozialabgaben für die unteren Einkommen senken können. Damit wären Unternehmen und Konsumenten nicht zusätzlich belastet worden. Allerdings hätte die Politik dann nicht einfach weiter mehr Geld ausgeben können, sondern unpopuläre Wege finden müssen, um im Bundeshaushalt zu sparen oder die Staatsverschuldung weiter zu erhöhen.

Die Mär von den benachteiligten unteren Einkommensgruppen

Die höheren Einkommensgruppen werden bei Tarifabschlüssen benachteiligt und zahlen mehr Steuern und Sozialabgaben, profitieren aber nicht von den zahlreichen staatlichen Unterstützungsmaßnahmen für Geringverdiener. Dennoch hält sich hartnäckig das Argument, das Wirtschaftswachstum gehe an den unteren Einkommensgruppen vorbei. Tatsächlich hat sich die Situation der oberen Einkommensgruppen in Relation zu den unteren in den letzten Jahrzehnten kontinuierlich verschlechtert.

Ausgenommen von der Wirkung der Tarifabschlüsse sind natürlich die außertariflich Beschäftigten. Ihr Gehalt wird individuell ausgehandelt. Dabei steht immer ein einzelner Arbeitnehmer der Position des Arbeitgebers gegenüber. Ohne außerordentliche Fähigkeiten ist es für den einzelnen Arbeitnehmer schwierig, Lohnerhöhungen in der Größenordnung einer Gewerkschaft durchzusetzen, geschweige denn überproportionale Lohnerhöhungen. Jeder Einzelne ist „ersetzbar", nicht aber eine ganze Belegschaft. Die Benachteiligung der höheren Einkommen gilt also meist auch für den außertariflich Beschäftigten. Es bleibt nur eine sehr kleine Gruppe von Beschäftigten, die hohe effektive Lohnsteigerungen durchsetzen können. Während wir also eine breite Masse an unteren Einkommen haben, die seit vielen Jahren relativ hohe Reallohnzuwächse realisieren, werden die höheren Einkommen im Verhältnis dazu benachteiligt. Mit dem Fingerzeig auf die wenigen sehr hohen Einkommen wird dieses System nach wie vor vehement verteidigt.

Der Sog zur Unterschicht

Was bewirken nun diese Tarifforderungen der EVG? Vergleichen wir einmal das Verhältnis der Bruttolöhne der unteren Einkommensgruppen mit der Einkommensgruppe der Gutverdiener. Letztere verfügen sicherlich über eine langjährige Ausbildung. Dieses Verhältnis betrug 2022 noch 2,51 (5.400€/2.150€). Entsprechend den Tarifforderungen der EVG sinkt dieses Verhältnis nun für 2023 auf 2,16, beim Nettolohn sinkt dieses Verhältnis sogar noch stärker. Die Leistung, die die höheren Lohngruppen in ihre Ausbildung gesteckt haben, wird also ab 2023 deutlich geringer honoriert.

Setzen wir diese differenzierte Lohnforderung noch fünf Jahre lang fort, erreichen wir eine Angleichung zwischen den Gutverdienern und den untersten Einkommensgruppen der EVG! Aus einem ehemaligen Gutverdiener würde dann ein Geringverdiener und aus einem Mitglied der Mittelschicht dann ein Mitglied der Unterschicht.

Der Untergang der Mittelschicht

Schon unser Steuersystem, aber auch die gewerkschaftlichen Sonderforderungen im unteren Einkommensbereich führen zwangsläufig zu einem Verlust der Mittelschicht. Wenn die Mittelschicht (die oberen, aber nicht die höchsten Einkommen) seit vielen Jahren faktisch geringere Lohnzuwächse verzeichnet, rutschen immer mehr Menschen aus der Mittelschicht in die unteren Einkommensbereiche ab. Dieser Prozess führt zu einer Zweiklassengesellschaft, in der einige ganz wenige ihr Einkommen steigern können, während die breite Masse in die unteren Einkommensgruppen abrutscht.

Leistungsanreize ade

Der Aufwand für eine bessere Ausbildung ist hoch und erfordert jahrelangen Verzicht. Um im Berufsleben oder als Selbstständiger voranzukommen, ist auch ein hohes Engagement erforderlich, das mit einer 35-Stunden-Woche nicht vereinbar ist. Doch die damit verbundenen finanziellen Vorteile gegenüber denen, die diesen Aufwand scheuen, werden immer geringer, siehe das Verhältnis der Bruttolöhne bei der EVG. Die Lohnvorteile (brutto) eines Akademikers gegenüber ungelernten Mitarbeitern liegen bei einem Faktor 2 oder 3. Um diesen Mehrverdienst zu erreichen, sind acht oder mehr Jahre zusätzlicher Ausbildungsaufwand notwendig (3 Jahre Gymnasium und ca. 5 Jahre für Bachelor und Master). In diesen Regionen wird meist bereits der Steuerhöchstsatz fällig und die Sozialabgaben sind auch deutlich höher, sodass nach Steuern und Abgaben der Einkommensvorteil noch einmal schrumpft. Während dieser Ausbildungszeit verdient ein ungelernter Mitarbeiter bereits Geld, während die Schüler und Studenten von einer geringen Unterstützung der Eltern, von BAföG (Geld, das zurückgezahlt werden muss) oder von einem Minijob leben. Mit den finanziellen Mitteln können sich Studenten eine Mietwohnung mit etwa 10 m² und ein Essen in der Mensa leisten. Finanzielle Unterstützung vom Staat, wie z.B. für die Wärmepumpe, gibt es für Gutverdiener in der Regel nicht. Will der Akademiker sein Einkommen verbessern, reicht dazu ein 35-Stunden-Job nicht aus. Die Arbeitgeber erwarten dafür ein hohes Engagement, das meist in Verbindung mit permanenter Erreichbarkeit oder auch vielen unbezahlten Überstunden einhergeht. Auch bei der Berechnung der Rente fehlen die acht Ausbildungsjahre, in denen keine Rentenpunkte erworben wurden. Und während die ungelernten Mitarbeiter jährlich sehr hohe Lohnsteigerungen erwarten können, sind die Tarifabschlüsse bei der Mittelschicht deutlich niedriger. Berücksichtigt man alle diese Punkte, schwindet der Lohnvorteil, der durch viel Aufwand und Vorleistung erzielt wurde. Wenn heute Akademiker in MINT-Fächern fehlen, braucht sich niemand darüber wundern. Nicht viel besser ergeht es den selbstständigen Handwerksmeistern. Früher stellte dies eine attraktive Alternative zu einem akademischen Abschluss dar. Doch auch hier haben wir einen hohen Ausbildungsaufwand, der aber immerhin in der Regel vergütet wird. Doch die Einkommensperspektive rechtfertigt heute nicht mehr die damit verbundenen Risiken einer Selbstständigkeit, was sicherlich auch ein Grund für die schwierige Suche nach geeigneten Betriebsnachfolgern ist. Diese Entwicklung mag im Sinne der viel zitierten „Einkommensgerechtigkeit" von vielen begrüßt werden. Ein Leistungsanreiz ist damit aber weder für eine akademische noch für eine handwerkliche Ausbildung verbunden. Im Gegenteil: Die Engagierten und Talentierten dienen vor allem als willige Opfer, wenn es darum geht, der Politik mehr finanzielle Mittel zur Verfügung zu stellen. Leistung lohnt sich in Deutschland nicht mehr.

Viel Einkommen ohne Kompetenzen

Auf der anderen Seite lässt es sich auch gänzlich ohne Anstrengung gut leben. Ein ungelernter Arbeiter verdient heute den Mindestlohn von 12,50 € pro Stunde, unter Umständen durchaus auch etwas mehr. Das macht dann bei einer 35-Stunden-Woche immerhin über 1.800 € oder bei einer 40-Stunden-Woche über 2.050 € brutto und bietet bereits alle Sozialleistungen sowie mindestens vier Wochen Urlaub. Und wenn es einem nicht mehr passt, gibt es ja Arbeitslosengeld, mit dem man sich auch ein Jahr lang über Wasser halten kann. Für Mitbürger, denen selbst dieser Aufwand zu viel ist, bietet der Staat ein Rundum-sorglos-Paket an, das sich Bürgergeld nennt. Damit kann man zwar keine großen Sprünge machen, muss dafür aber auch keinerlei Leistung erbringen.

Letzteres stellt auch eine Entkoppelung von Leistung und Entlohnung dar. Ohne jegliche Qualifikation (nicht einmal rudimentäre Deutschkenntnisse) oder Engagement ist der Mindestlohn zu zahlen. Leistung durch Ausbildung oder Arbeitseinsatz ist in diesem Bereich völlig irrelevant. So mancher Jugendliche wird sich fragen, ob schulische Leistung und Ausbildung überhaupt notwendig sind. Doch auch jenseits des Mindestlohns werden die besonderen Kenntnisse der Ausgebildeten im Verhältnis dazu immer weniger honoriert und ein großer Teil der zusätzlichen Verdienstmöglichkeiten wird sofort von den Steuer- und Sozialabgaben aufgezehrt. Die Motivation, sich besondere Kompetenzen durch eine umfangreiche und anspruchsvolle Ausbildung anzueignen, wird dadurch stark reduziert. Auch ohne Leistung oder Kompetenzen kommt man in Deutschland über die Runden.

... und dann waren es nur noch zwei

Die Umverteilung führt uns zunächst in eine Dreiklassengesellschaft: Da ist zunächst eine kleine Minderheit, die sehr reich ist. Dann gibt es eine große Zahl von Bürgern, die sich aufgrund der Umverteilung abrackern können, wie sie wollen und trotzdem keinen wirklichen Wohlstand für sich erreichen. Letztlich gibt es eine sehr große Gruppe, die ohne Leistung ein erträgliches Auskommen erzielt. Viele Bürger werden gar nicht mehr den Versuch unternehmen, durch Leistung eine eigene Existenz aufzubauen. Wenn wir unsere derzeitige Politik fortsetzen und auch die Sonderforderungen für die unteren Einkommensgruppen weiter fortsetzen, rutschen wir in eine Zweiklassengesellschaft. Der Aufwand, eine Position im Mittelstand zu erhalten, wird immer höher, die Vorteile immer niedriger. Immer weniger Menschen werden den hohen Aufwand aufbringen wollen, um möglicherweise in den Mittelstand vorzudringen. Tummeln sich aber nur wenige engagierte Menschen im Mittelfeld, wird auch das Leistungsniveau der Elite sinken. Die Leistungsfähigkeit des ganzen Landes sinkt.

Die Frage muss erlaubt sein, ob „soziale Gerechtigkeit" darin bestehen soll, möglichst viele Einkommen auf niedrigem Niveau zu halten, oder ob „soziale Gerechtigkeit" darin besteht, den Weg zum Aufstieg für alle zu ermöglichen.

Ziele und Maßnahmen korrelieren nicht

Für die weitere Entwicklung unseres Landes ist das alles nicht hilfreich. Einerseits wollen wir als Gesellschaft die Leistungsträger hervorbringen, die unsere Unternehmen im globalen Wettbewerb konkurrenzfähig halten. Andererseits reduzieren wir aber permanent die Motivation, solche Leistungsträger hervorzubringen. Zudem wächst mit der derzeitigen Fokussierung auf Erwerbslose und Geringverdiener die Gefahr, die auch in anderen Industrieländern heiß begehrten Leistungsträger an das Ausland zu verlieren. Erst recht ist dieses Umfeld nicht geeignet, ausländische Spitzenkräfte nach Deutschland zu holen (Stichwort: Fachkräftemangel). Die wirklich herausragenden Leistungsträger werden einen großen Bogen um Deutschland machen, weil die persönlichen Vorteile durch Leistung in anderen Ländern deutlich attraktiver sind. Zudem besteht die Gefahr, dass immer weniger Leistungsträger innerhalb Deutschlands nachkommen.

Wie aber wollen wir wettbewerbsfähig bleiben, wenn es uns nicht mehr gelingt, Leistungsträger selbst hervorzubringen, sie zu halten oder sie gar nach Deutschland zu locken? Die aufkeimende Ausländerfeindlichkeit in Deutschland trägt sicherlich zur Verschlimmerung der Situation bei, ist letztendlich aber ebenfalls ein Ergebnis dieser Sozialpolitik.

Für die Lohnentwicklung lässt sich folgende Problembeschreibung zusammenfassen:

- Das Mindesteinkommen in Deutschland ist in den letzten Jahrzehnten deutlich gestiegen. Dies ist insbesondere auf die politisch gewollte Einführung und die ebenfalls politisch gewollte Erhöhung des Mindestlohns um über 20% im Oktober 2022 zurückzuführen
- Die Lohnforderungen der Gewerkschaften gehen in die gleiche Richtung. Ausgehend von der EVG-Entgelttabelle belaufen sich die Lohnforderungen in den unteren Einkommensgruppen auf Erhöhungen von 30%(!)
- Unser Staat profitiert stark von diesen Lohnerhöhungen, während die Kosten in erster Linie von den Unternehmen und über höhere Preise von allen Konsumenten getragen werden
- Während die Löhne der unteren Einkommensgruppen mit hohen prozentualen Nettozuwächsen rasch steigen, sind bei den mittleren Einkommen deutlich geringere prozentuale Nettozuwächse zu verzeichnen. Dies führt zwangsläufig zu einer zunehmenden Angleichung der mittleren an die unteren Einkommen. Der Effekt führt zu einer zunehmenden Ausdünnung der mittleren Einkommen und damit der Mittelschicht
- Nicht zuletzt führen die hohen Löhne in den unteren Einkommensgruppen zu einer massiven Verschlechterung der Wettbewerbsposition im internationalen Wettbewerb. Ausländische Anbieter mit deutlich niedrigeren Löhnen sind gegenüber den heimischen Produzenten klar im Vorteil, während der Export von Waren aus Deutschland ins Ausland zunehmend erschwert wird.

Erklärung:

Diese Entwicklung ist seit Jahrzehnten zu beobachten, scheint sich allerdings in den letzten Jahren beschleunigt zu haben. Politische Maßnahmen und gewerkschaftliche Tarifforderungen gehen dabei Hand in Hand. Der Mittelstand, jahrzehntelang als Garant des deutschen Wirtschaftswunders gefeiert, verkommt zum Geldgeber politischer

Umverteilungsbemühungen. Begründet wird diese Entwicklung mit der seit langem angestrebten „sozialen Gerechtigkeit" oder auch der „Einkommensgerechtigkeit". Auch hier zeigt sich eine historische Entwicklung, die über Jahrzehnte zur heutigen Situation geführt hat.

Phönix aus der Asche

Am Ende des Zweiten Weltkrieges lagen weite Teile Deutschlands in Schutt und Asche. Viele Betriebe und Existenzen waren zerstört. Die Menschen hatten viel Armut, Leid und Zerstörung erlebt – natürlich in ganz Europa und darüber hinaus, nicht nur in Deutschland. Im Bestreben, wieder eine eigene Existenz aufzubauen, begann der große Wiederaufbau. Dies gelang erstaunlich schnell und die Menschen kehrten zu einem Stück Normalität zurück. Aber immer noch dominierte der Wille für sich selbst eine Existenz aufzubauen, ja ein Stück Wohlstand für sich selbst zu schaffen – die sogenannten Wirtschaftswunderjahre. Etwa 20 Jahre nach Kriegsende waren bereits viele Spuren des Krieges beseitigt und Wohlstand für viele Bürger erreicht.

Wenn es dem Esel zu wohl wird...

In den 1960er-Jahren entstanden Gegenbewegungen wie die Friedensdemos, die 68er-Bewegung, der Bericht des Club of Rome aus dem Jahr 1972 (48) und die Anti-Atomkraft-Bewegung (49). Diese Protestbewegungen bildeten die Grundlage für tiefgreifende Veränderungen in der gesellschaftlichen Einstellung zu sozialen, politischen, wirtschaftlichen und militärischen Fragen. So führten die Friedensdemonstrationen zu einer zunehmenden Ablehnung militärischer Mittel zur Friedenssicherung. Die 68er-Bewegung richtete sich unter anderem gegen den Kapitalismus und forderte mehr soziales Engagement. Der Bericht des Club of Rome stellte die Nachhaltigkeit des Wachstums und damit des Fortschritts infrage. Die Anti-Atomkraft-Bewegung forderte den Ausstieg aus der friedlichen Nutzung der Kernenergie. Insbesondere die Ablehnung des Kapitalismus als zentrales Ziel der 68er-Bewegung sowie die durch den Bericht des Club of Rome aufgeworfene Frage nach den Grenzen des Wachstums begründeten eine Strömung gegen Fortschritt und Wirtschaftswachstum und für sozialere bzw. sozialistische Wirtschaftsstrukturen. Obwohl die ursprünglichen Forderungen nach einem radikalen Umdenken scheiterten, überdauerte und verfestigte sich die Grundhaltung. Diese Strömungen prägen den öffentlichen Diskurs bis heute und haben in den letzten Jahrzehnten sogar an Dominanz gewonnen. Auch die Anti-Atomkraft-Bewegung der 1960er-Jahre behauptete sich und führte schließlich zum endgültigen Atomausstieg in Deutschland im Jahr 2023. Die

Friedensdemonstrationen der 1960er-Jahre bewirkten im Laufe der Jahrzehnte eine Vernachlässigung der Bundeswehr und des Verteidigungshaushaltes. Der Bericht des Club of Rome gilt nach wie vor als Grundlage zur Ablehnung des wirtschaftlichen Wettbewerbs und als starke Triebfeder für den Umweltschutz.

Überdauern

Insbesondere die 68er-Bewegung und der Bericht des Club of Rome bilden in unserem Kontext die Basis für das Verständnis der politischen Entscheidungen der letzten Jahrzehnte, die einerseits verstärkt auf die Umsetzung der sozialen und ökologischen Forderungen dieser Bewegungen abzielten, andererseits das Wirtschaftswachstum vernachlässigten. Aus dem Wirtschaftswunder entwickelten sich die Gegenbewegungen, die unser politisches Handeln bis heute maßgeblich bestimmen. In dieses Bild passen die Bestrebungen nach Umverteilung, nach sozialistischen Elementen in der Wirtschaftspolitik mit immer mehr Vorgaben, Richtlinien und Bürokratie, nach Angleichung und die Ablehnung des Wettbewerbs, der immer mit Gewinnern und Verlierern assoziiert wird.

Die Masse entscheidet

Eine weitere Komponente erklärt die politischen und gewerkschaftlichen Bestrebungen, die unteren Einkommensgruppen zu begünstigen. Dies hat ganz einfach mit der quantitativen Verteilung zu tun. Die unteren Einkommensgruppen bzw. die Gruppen ohne Einkommen stellen quantitativ die größte Wählerschaft sowohl für die politischen Parteien als auch für die Gewerkschaftsvertreter dar. Parteien und Gewerkschaften werden es schwer haben, Entscheidungen gegen die Interessen dieser Gruppen zu treffen. Solange sich an dieser Machtkonstellation nichts ändert, werden sich die Bestrebungen zur Umverteilung von Einkommen fortsetzen. Da diese Gruppen permanent wachsen, wächst ihre Macht und die Umverteilung wird sich womöglich sogar beschleunigen.

Ursachen:

Diese Fehlentwicklungen lassen sich auf folgende Ursachen zurückführen:

- Eine Umverteilung zugunsten der unteren Einkommensgruppen und der Einkommenslosen, wodurch das Ziel der individuellen Wohlstandsmehrung durch Leistung insbesondere für die mittleren Einkommensgruppen erschwert wird
- Durch die Besserstellung der unteren Einkommen bei den Tarifverhandlungen in den letzten Jahrzehnten sinkt der Nutzen höherer

Leistungen für die mittleren Einkommen. Der Leistungsanreiz für eine längere Ausbildung, ein höheres berufliches Engagement und erst recht das Risiko einer Existenzgründung schwindet

- Wohlstand und Leistungsniveau entwickeln sich unabhängig voneinander. Engagement ist zwar noch notwendig, um individuellen Wohlstand zu generieren, dieser ist aber teilweise von der individuell erbrachten Leistung entkoppelt.

Alle drei Ursachen bilden eine Barriere für die persönliche Wohlstandsentwicklung durch Leistung. Der Aufbau persönlicher Kompetenzen, sei es akademischer oder handwerklicher Natur, wird durch die seit Jahrzehnten erfolgende tarifliche Benachteiligung immer unattraktiver. Unser Steuersystem trägt ebenfalls dazu bei, die Früchte der Arbeit zu reduzieren, indem durch die kalte Steuerprogression immer höhere Steuersätze bereits bei relativ niedrigen Einkommen zu zahlen sind. Umgekehrt werden die Einkommensverhältnisse komplett ohne Leistungserbringung oder für Tätigkeiten mit geringsten Anforderungen an Qualifikationen immer besser. Doch auch berufliches Engagement ist weitgehend ohne Auswirkungen auf die Wohlstandsentwicklung, werden doch über die Tarifverträge Löhne unabhängig vom Engagement festgelegt.

Alle diese Vorgänge hemmen Engagement und Leistungsbereitschaft.

2.4 Bürgergeld und Co. - Sozialleistungen

Faktenlage:

Ausgaben für Soziales

Beginnen wir mit einem historischen Vergleich der Sozialleistungen in Prozent des BIP zwischen 1960 und 2022, wobei wir für 1960 nur die Daten für Westdeutschland verwenden, was aber an der Aussage nichts ändert. Im Jahr 1960 wurden 18,3% des BIP für Sozialleistungen ausgegeben, im Jahr 2020 waren es 32,8%, also ein Anstieg um 80% (50). Im Jahr 2022 entfielen 50,1% aller Ausgaben des Bundeshaushalts auf die Bereiche: Soziale Sicherung, Familie, Jugend, Arbeitsmarkt. Im Jahr 1960 wurden dagegen 12 Milliarden für Sozialleistungen im Bundeshaushalt vereinbart, was etwa 30% des Bundeshaushalts ausmachte (51).

Die Zahlen zeigen einen deutlichen Anstieg der Sozialausgaben seit den 1960er-Jahren. Jeder zweite Euro, der in Deutschland an Steuern und Abgaben gezahlt wird, wird demzufolge vom Staat umverteilt. Damit steht dem Staat, aber auch den Erwerbstätigen, zwangsläufig weniger Geld für andere wichtige Aufgaben zur Verfügung.

Förderung der Erwerbslosigkeit

In einer Pressemitteilung des Deutschen Bundestages vom 11.11.22 wird im Zusammenhang mit dem Bürgergeld darauf hingewiesen, dass im Rahmen der Haushaltsberatungen für das Jahr 2023 im Bereich Arbeit und Soziales der höchste Nachschlag aller Ressorts vorgesehen ist (52). Die Zuschüsse für Unterkunft und Heizung belaufen sich auf 10,4 Mrd. Euro. Die Verwaltungskosten für die Durchführung der Grundsicherung für Arbeitsuchende betragen 5,25 Mrd. Euro und die Ausgaben für das Arbeitslosengeld II (ALG II) und das Bürgergeld belaufen sich auf 23,7 Mrd. Euro. Die Gesamtkosten für das Bürgergeld belaufen sich damit auf rund 39 Mrd. Euro. Davon profitieren ca. 4 Millionen Bürgergeldempfänger, was im Durchschnitt Kosten von ca. 10.000 € pro Empfänger bedeutet, ohne die Zahlung an die Krankenversicherung hinzuzurechnen.

Seit 2020 werden jährlich mehr als 100 Milliarden Euro aus dem Bundeshaushalt für die Aufrechterhaltung des Rentenniveaus aufgewendet. Der gesamte Bundeshaushalt beläuft sich auf etwa 475 Milliarden Euro. Fasst man Bürgergeld und Rente zusammen, so stehen für diese beiden Bereiche im Bundeshaushalt knapp 150 Milliarden Euro zur Verfügung. Das sind rund 30% des gesamten Etats. Damit fließt etwa ein Drittel der Steuereinnahmen des Bundes direkt in die Finanzierung von Erwerbslosen.

Die Ausgaben des Staates für Pensionen stiegen seit 1991 von 18,6 Milliarden auf etwa 80 Milliarden im Jahr 2022 (53). Dies entspricht einem durchschnittlichen Anstieg von 5,0% (!) pro Jahr. Zum Vergleich: Die Reallöhne stiegen in einem vergleichbaren Zeitraum insgesamt um etwa 12%– also um ca. 0,4% pro Jahr (15). Wenn sich diese Entwicklung so fortsetzt, werden wir bereits in 14 Jahren jährliche Pensionsausgaben von 160 Milliarden Euro haben. Die Nominallöhne sind zwischen 1991 und 2019 um 60,7% gestiegen, was einem Anstieg von 1,77% entspricht (15). Damit stiegen die Pensionen pro Jahr etwa dreimal so schnell wie die Einkommen der Erwerbstätigen. Betrachtet man die Zahl der Versorgungsempfänger im öffentlichen Dienst und hier nur die Zahlen für den Landes- und Kommunalbereich, so ist zwischen 1990 und 2022 eine Erhöhung von 545.000 auf 1.137.000 festzustellen (54). Dies entspricht einer jährlichen Erhöhung der Empfänger um 2,3%. Während der Anstieg im kommunalen Bereich bei etwa 0,9%/Jahr liegt, beträgt er im Landesbereich sogar 2,6%. Daraus ergibt sich, dass zum einen die Zahl der Versorgungsempfänger zunimmt und zum anderen die Versorgungsempfänger auch unter Berücksichtigung der gestiegenen Anzahl höhere Steigerungsraten als die Erwerbstätigen erhalten haben.

Vom Lohn der Leistung

Offensichtlich geben wir als Gesellschaft enorm viel Geld aus, um Menschen ohne Arbeit zu finanzieren. Dabei steigen die Zahlungen im Bereich der Renten und der Pensionen weiterhin überproportional stark an. Die Entwicklung des Bürgergeldes ist dagegen schwieriger zu prognostizieren. Geht man von den grob ermittelten 10.000 € Unterstützung für Bürgergeldempfänger pro Jahr aus, so entspricht dies ca. 850 €/Monat. Um diesen Betrag netto zu verdienen, muss eine Person knapp 12.000 €/Jahr oder 1.000 €/Monat verdienen. Bei einem Mindestlohn von 12 € entspricht dies einer Arbeitszeit von rund 83 Stunden. Mit anderen Worten: Ein Vollzeitbeschäftigter mit Mindestlohn arbeitet die ersten 83 Stunden pro Monat umsonst. Ein regulärer Arbeitsplatz mit 35 Wochenstunden und Mindestlohn bringt etwa 1.750 € brutto. Wählen wir einen im Internet verfügbaren Brutto-Netto-Rechner aus, verbleiben von einer Vollzeitstelle mit Mindestlohn nach Abzug von Steuern und Sozialabgaben noch 1.350 € (47). Das sind gerade einmal 500 € mehr als das Bürgergeld. Dafür muss ein Arbeitnehmer freilich etwa 150 Stunden im Monat arbeiten. Aus Arbeitnehmersicht stellt sich die Rechnung dann wie folgt dar: 850 € ohne Aufwand oder 500 € mehr für 150 Stunden Aufwand. Die erzielbaren Zusatzeinkünfte von 500 € erfordern also einen Aufwand von 150 Stunden bzw. einen Verdienst von 3,30 €/Stunde. Dabei ist die Steuerbelastung mit 1.100 Euro noch relativ gering. Die Belastung durch die Renten-, Kranken- und Pflegeversicherung beläuft sich dagegen bereits auf über 4.000 Euro und macht damit bereits 3/4 der Abgabenlast aus. Insgesamt beläuft sich die Abgabenlast eines Vollzeitbeschäftigten mit Mindestlohn auf 25%. So mancher Mindestlohnempfänger wird sich zu Recht fragen, ob der Aufwand den Nutzen rechtfertigt, die obige Frage verneinen und sich bewusst für das Bürgergeld entscheiden. Umgekehrt ist die „Verlockung" für Bürgergeldempfänger, eine Vollzeitbeschäftigung zu suchen, reichlich begrenzt. Deutlich attraktiver ist es, den Lebensunterhalt über einen Minijob oder Schwarzarbeit aufzustocken. Auf diese Weise kann mit wesentlich geringerem Aufwand ein höheres Nettoeinkommen erzielt werden.

Die Relativität der Armut

Schon in der Einleitung haben wir eine weltweit gültige Definition der WHO für absolute Armut in Höhe von etwa 2 €/Tag erwähnt. Multiplizieren wir diese 2 € mit 30, so erhalten wir ein monatlich verfügbares Einkommen von 60 € als absolute Armutsgrenze. Unterhalb und an dieser Grenze leben etwa 700 Millionen Menschen, das ist fast jeder zehnte Erdenbürger. Welche Strahlkraft muss unser Bürgergeld wohl auf all diese Menschen ausüben, das etwa das Zehnfache ihres Einkommens darstellt, ohne dass sie dafür arbeiten müssen? So ungefähr muss das Schlaraffenland aussehen. Stellen Sie sich vor, Sie verdienen jetzt 1.000 € pro Monat und in den USA würden Sie 10.000 €/Monat bekommen, ohne zu arbeiten. Alles, was Sie tun müssen, um diese 10.000 € zu bekommen, ist, in die USA zu kommen und Asyl zu beantragen. Selbst wenn Sie kein Asyl bekommen, ist ihre Bleibeperspektive sehr hoch. Das wäre sicherlich auch für viele Deutsche eine verlockende Perspektive. Warum sollte das bei Migranten aus extrem armen Ländern anders sein? Zudem ist eine gute medizinische Versorgung gewährleistet, da auch die GKV vom Staat getragen wird. Auch in den kommenden Jahren werden die Ausgaben für die Finanzierung von Langzeitarbeitslosigkeit (Pensionen, Renten, Bürgergeld, Asylhilfen) also stark steigen.

Problembeschreibung:

Wir erleben also nicht nur eine kontinuierliche Ausdünnung der Mittelschicht zugunsten der unteren Einkommen, sondern eine ebenso eklatante Belastung der unteren Einkommen im Vergleich zu Erwerbslosen.
Wir können hier folgende Probleme identifizieren:
- Prozentual steigende Ausgaben für Sozialleistungen auch im Bundeshaushalt
- Etwa 30% des Bundeshaushaltes werden für die Finanzierung von „Arbeitslosigkeit" (Rente, Pensionen und Bürgergeld) verbraucht
- Pensions- und Rentenansprüche werden in den kommenden Jahren weiterhin kräftig steigen und den Bundeshaushalt zusätzlich belasten
- Trotz kräftiger Steigerungen des Mindestlohns sind die Leistungen für die Erwerbslosen (Arbeitslosengeld, Bürgergeld, Renten und Pensionen) bereits so hoch, dass Arbeit zum Mindestlohn in Relation zum notwendigen Aufwand für viele nicht mehr lukrativ ist.

Erklärung:

Wir können hier die Erklärung direkt aus dem letzten Kapitel übernehmen. Es sind die gleichen Grundhaltungen, die zu immer höheren Sozialleistungen und damit zu immer stärkeren Umverteilungsmaßnahmen führen.

Ursachen:

Ursachen für diese Fehlentwicklungen sind:
- Eine erhebliche Umverteilung von den Erwerbstätigen zu den Erwerbslosen.

- Ein relativ komfortables Leben wird ohne Teilnahme am Arbeitsprozess möglich. Damit ermöglichen wir einen passiven Lebensstil.

Wie bei der Lohnentwicklung sehen wir auch hier eine substanzielle Umverteilung von den Erwerbstätigen zu den Erwerbslosen, die noch dazu in den nächsten Jahren weiter zunehmen wird. Damit wird die Motivation, die eigene Lebenssituation durch Anstrengung und Leistung zu verbessern, bei den Leistungsempfängern stark reduziert. Dies mag für den davon profitierenden Bürger ein durchaus erstrebenswertes Ziel sein. Für die Entwicklung unserer Gesellschaft im internationalen Vergleich ist dies jedoch eine desaströse Entwicklung. Es ist zu vermuten, dass sich die Spirale von immer mehr Erwerbslosen und der dadurch ausgelösten steigenden Belastung der Erwerbstätigen weiter fortsetzen wird. Dafür würden allein schon die Renten- und Pensionslasten sorgen. Hinzu kommen nun die beschriebenen Effekte der Erwerbstätigen mit niedrigem Einkommen, die sich bewusst für den arbeitsfreien Bezug des Bürgergeldes entscheiden. Zusätzlich wird das System durch den starken Zustrom von Migranten ohne besondere Kenntnisse belastet.

Bei weiter steigenden Sozialausgaben des Staates besteht die Gefahr, in eine entsprechende Spirale notwendiger Umverteilungsmaßnahmen zu geraten, die von den verbleibenden Erwerbstätigen nicht mehr geleistet werden können. Einer zunehmenden Zahl von Leistungsempfängern stehen dann immer weniger Leistungserbringer gegenüber. Das ist exakt die Situation, die wir heute in unserem Rentensystem erleben. Beim Rentensystem wird die Situation durch den demografischen Wandel verursacht. Im Gegensatz dazu ist es hier die massive Umverteilung.

Da der Aufbau von Wohlstand für die arbeitende Bevölkerung zunehmend schwieriger wird, stellt sich für viele Menschen zunehmend die Frage, welchen Aufwand sie noch bereit sind, für dieses ferne Ziel zu betreiben.

2.5 Krankenversicherung

Faktenlage:

Ein verordnetes 2-Klassen-System
In Deutschland gibt es ein zweigeteiltes Krankenversicherungssystem, in dem jeder Bürger entweder gesetzlich oder privat versichert sein muss. Die gesetzliche Krankenversicherung (GKV) ist dabei die Standardversicherung, die für ca. 90% aller Versicherten gilt. Oberhalb einer bestimmten Einkommensgrenze steht es den Bürgern frei, in die private

Krankenversicherung (PKV) zu wechseln. Diese ist für jüngere und alleinstehende Versicherte mit relativ hohem Einkommen günstiger als die GKV, da die Beitragssätze unabhängig vom Einkommen immer gleich sind. Zudem bietet die PKV Gesundheitsleistungen an, die in der GKV nicht enthalten sind oder über Zusatzbeiträge zusätzlich erworben werden müssen. Mit zunehmendem Alter und für verheiratete Versicherte, erst recht mit Kindern, wird die PKV allerdings sehr schnell wesentlich teurer als die GKV, zumal für jede Person im Haushalt eine Zusatzversicherung abgeschlossen werden muss, was bei der GKV nicht der Fall ist. Um ausufernde Kosten in der PKV im Alter zu vermeiden, wurde eine Altersrückstellung eingeführt, die in jüngeren Jahren aufgebaut wird und die Kostenexplosion im Alter abfedern soll (55). Dennoch wird die PKV für viele ihrer darin gefangenen Mitglieder im Alter unbezahlbar, sodass sie gerade im Alter, wenn die Versicherungsleistung häufiger in Anspruch genommen werden muss, auf einen Basistarif wechseln müssen, der für sehr viel Geld nur noch die Basisleistungen der GKV bietet (55). Die Höhe der Altersrücklagen ist für die Versicherten nicht ersichtlich und geht zudem bei einem Wechsel in eine andere PKV zumindest teilweise verloren. Ein Wechsel in die GKV ist nur extrem eingeschränkt und ab einem bestimmten Alter gar nicht mehr möglich. De facto wird damit ein Wechsel von der PKV in die GKV oder in eine andere PKV unterbunden, wodurch eine künstliche Monopolstellung gesetzlich vorgeschrieben wird. Die Versicherten sind damit auf Gedeih und Verderb der einmal gewählten Versicherung ausgeliefert.

Auch im Rentenbezug sind Privatversicherte deutlich benachteiligt, da sie im Gegensatz zu gesetzlich Versicherten nur einen geringeren Zuschuss zu den Krankenversicherungsbeiträgen erhalten. Letzteres führt über den langen Zeitraum des Rentenbezuges zu einer hohen finanziellen Mehrbelastung der privatversicherten Rentner, die schon so manchen trotz hoher früherer Erwerbseinkommen im Alter unter die Armutsgrenze geführt hat. Die mögliche Differenzierung zur GKV wird somit so wenig lukrativ und erstrebenswert wie möglich gestaltet, um den Angleichungsprozess – ganz im Sinne der Sozialverbände - möglichst perfekt zu halten.

Noch mehr Umverteilung

Die GKV basiert auf dem Solidarprinzip, bei dem sich die Beitragssätze an der Höhe des Einkommens orientieren, was im Übrigen wiederum die Mittelschicht stärker belastet und damit durchaus ein Element der Umverteilung darstellt. Der Beitragssatz ist zunächst als fester Prozentsatz des Einkommens festgelegt, die einzelnen Krankenkassen können aber auch Zusatzbeiträge erheben, um besondere Leistungen zu finanzieren. Die

Leistungen sind überwiegend gesetzlich festgelegt. Da die GKV Körperschaften des öffentlichen Rechts sind, dürfen sie im Gegensatz zu den PKV keine Gewinne erwirtschaften. Die GKV ziehen die Beiträge der Versicherten ein und regeln die Bezahlung der erbrachten Leistungen. Diese wiederum werden von den Kassenärztlichen Vereinigungen mit den Vertragsärzten abgerechnet.

Problembeschreibung:

Fest in staatlicher Hand – Fortschritt: Fehlanzeige

Die vielen regulatorischen Eingriffe machen ein effektives System unwahrscheinlich. In keinem anderen gesellschaftlichen Bereich wird die Veränderung so stark gehemmt. Bei der GKV haben wir sogar bewusst jede Leistungskomponente von vornherein ausgeschlossen, indem wir ein Solidarprinzip eingeführt haben, bei dem die höheren Einkommen wieder stärker belastet werden. Es gibt keinen anderen Lebensbereich, in dem wir nicht für Waren und Dienstleistungen bezahlen müssen, auch nicht für andere Versicherungsleistungen. Bei einer Kfz-Versicherung z.B. führt der Versicherer zunächst eine Risikoanalyse durch. Wie teuer ist das Auto und wie hoch kann folglich der Schaden am Fahrzeug sein? Wie viel fährt der Versicherte und wie erfahren ist er? Fährt er viel, ist die Wahrscheinlichkeit eines Unfalls höher. Handelt es sich um einen jungen männlichen Fahrer, ist mit einer höheren Unfallwahrscheinlichkeit zu rechnen. Auch der Fahrzeugtyp wird bei der Unfallwahrscheinlichkeit berücksichtigt, ebenso die Region, in der das Fahrzeug zugelassen ist. Will sich der Fahrer gegen alles versichern, so muss er eine höhere Prämie zahlen, als wenn er nur den Schaden des Unfallgegners begleichen will. All diese Berechnungen des Risikos und damit der Beitragshöhe gibt es in der Krankenversicherung nicht. Stattdessen gibt es einen Einheitspreis, der in keiner Relation zu den Risikofaktoren des Versicherungsnehmers steht.

Auch die von den Versicherten verursachten „Schäden" haben keinen Einfluss auf den vom Versicherten zu zahlenden Preis. Hat man hingegen mit dem Auto einen Unfall, steigen die Beitragssätze. Fährt man viele Jahre unfallfrei, sinken die Beiträge kontinuierlich.

Auch bei den Leistungen gibt es keine großen Unterschiede. Jeder Versicherte hat Anspruch auf die gleichen Leistungen, die im Wesentlichen zwischen den Leistungserbringern (in Form der Kassenärztlichen Vereinigungen) und den Krankenkassen festgelegt werden.

Aber auch auf Seiten der Ärzte und Krankenhäuser gibt es eine Einheitslösung. Jeder Vertragsarzt erhält Fallpauschalen pro Patient oder ein festes Einkommen. Die Qualität der Arbeit und der tatsächliche Aufwand werden nicht berücksichtigt. Zudem erscheint das System betrugsanfällig, da die Überprüfung der abgerechneten Pauschalen zumindest schwierig ist. Ein guter Arzt, der sehr schnell die Ursache einer Erkrankung findet und behebt, wird genauso bezahlt wie ein weniger guter Arzt, der zunächst viele Untersuchungen durchführt und unnötige oder falsche Maßnahmen ergreift. Auch ohne entsprechende Absicht (die nicht unterstellt werden soll!) führt das System zu einer finanziellen Bevorzugung eher weniger guter Ärzte. Eine Einschränkung erfährt das System nur insofern, als sich die Qualität eines Arztes ggf. durch Mundpropaganda herumspricht und schlechtere Ärzte ggf. seltener aufgesucht werden. Für den Patienten ist es jedoch in der Regel nur eingeschränkt möglich, die Qualität der ärztlichen Leistung akkurat einzuschätzen.

Hier lassen sich folgende Probleme identifizieren:

- Die Beitragssätze zur GKV orientieren sich ausschließlich am Einkommen des Versicherten (eine weitere Umverteilung von den Einkommensstarken zu den Einkommensschwachen)
- Die Leistungen und die Zahlungen der Krankenkassen dafür an die Kassenärztlichen Vereinigungen sind weitgehend standardisiert.
- Die Eigenverantwortung für die eigene Gesundheit spiegelt sich nicht in den Beiträgen wider
- Im Bereich der PKV wird durch das faktische Wechselverbot jeglicher Wettbewerb unterbunden.

Erklärung:

Das Gesundheitssystem existiert seit 150 Jahren und wurde nahezu ohne Einschränkungen konzipiert. Daran hat sich in den letzten Jahrzehnten im Grunde nicht viel geändert. So haben wir im Bereich der gesetzlichen Krankenversicherung ein Schlaraffenland geschaffen, in dem jeder alles haben kann und nur die „Allgemeinheit" zahlt. Zur „Allgemeinheit" gehören auch hier nur die Erwerbstätigen. Für Bürgergeldempfänger, die in der GKV versichert sind, übernimmt das Jobcenter die Krankenversicherungsbeiträge in voller Höhe, für PKV-Versicherte nur einen Teil (56). Allerdings müssen auch Geringverdiener einen Beitrag zur Kranken- und Pflegeversicherung von über 200 € zahlen. Unabhängig vom individuellen Lebensstil hat jeder die gleichen Ansprüche. Das Solidarprinzip führt zu einer strikten Reglementierung aller beteiligten Parteien am Gesundheitssystem.

Ursachen:

Wir können folgende grundlegende Ursachen für diese Fehlentwicklungen ausmachen:

- Unterschiede in Angebot, Leistung und Verhalten werden unterbunden. Leistungen und Kosten sind nahezu identisch und durch die Akteure nicht beeinflussbar.
- Beeinflussbare individuelle Risiken werden nicht berücksichtigt.

Waren bereits in den vorhergehenden Bereichen große Angleichungsbestrebungen zu erkennen, so wurde im Bereich der Krankenversicherung durch staatliche Regulierung eine nahezu unvorstellbare Perfektion der Angleichung erreicht. Jegliche individuelle Differenzierungsmöglichkeit wurde zugunsten staatlicher Regulierung beseitigt. Nicht zuletzt haben wir durch einheitliche Vorgaben auch Anpassungen der Ärzteschaft, der Versicherer oder der Versicherten an das System weitgehend verhindert, was zwangsläufig zu einer Hemmung jeglichen Fortschritts führt. Das Ergebnis entspricht in etwa unseren Erwartungen: Krankenhäuser und Ärzte klagen über zu geringe Einnahmen (schließen oder wandern ins Ausland ab), die Kassenbeiträge steigen moderat, aber auf hohem Niveau, und die Patienten müssen sich mit dem begnügen, was ihnen als Einheitsbrei angeboten wird. Die Wahl zwischen GKV und PKV (als potenzieller Leistungsunterschied) besteht nur für einen begrenzten Personenkreis, gilt nur in eine Richtung und kommt jeden Patienten in der PKV langfristig sehr teuer zu stehen. Die Folgen des Solidarprinzips und massiver ordnungspolitischer Eingriffe zeigen sich par excellence am Krankenversicherungssystem unseres Landes. Nutznießer dieser Regelung sind primär die Erwerbslosen und Geringverdiener (durch niedrige Beitragssätze) sowie die Menschen, die keine Eigenverantwortung für ihre Gesundheit übernehmen.

2.6 Wirtschaft und Randbedingungen

Faktenlage:

Enzyklopädie der Standortnachteile
Über die wirtschaftlichen Randbedingungen in Deutschland ließe sich sicherlich ein ganzes Buch schreiben, noch dazu kein kleines. Seien es die höchsten Strompreise der G-20-Staaten (Strompreise in Deutschland ca. 5 x so hoch wie in China oder Indien) (57), Fachkräftemangel, Mindestlohn, marode Infrastruktur, hohe Bürokratie, Lieferkettengesetz, lange Genehmigungsverfahren, Arbeitsrecht, Steuerlast: Die Liste möglicher negativer Rahmenbedingungen für die deutsche Wirtschaft ist durchaus lang und viel diskutiert.

Auf der Suche nach den Ursachen des deutschen Niedergangs wollen wir uns hier ausschließlich auf einen Aspekt beschränken, der weitgehend unbeachtet geblieben ist und doch grundlegend für unsere Probleme ist. Es geht um das zunehmende Diktat von Interessengruppen und Bürgerinitiativen und die daraus resultierenden politischen Entscheidungen.

Ist das noch Demokratie?

Obwohl Bürgerinitiativen und „Aktivisten" von unserer Gesellschaft als lebendiges Demokratieverständnis wohlwollend betrachtet werden, sind sie doch der Ursprung vieler unserer Probleme. Nun, diese Aussage bedarf sicherlich der Untermauerung, widerspricht sie doch eklatant unseren verankerten Wertvorstellungen. Listen wir doch einmal einige wenige Bürgerinitiativen „dagegen" auf:

- Tagebau Hambach
- Kohleverstromung
- Kernkraft
- Windenergie
- Stromtrassen (aktuell Suedlink)
- CCS (Carbon Capture and Storage)
- Fracking
- Geothermie
- Freiflächensolaranlagen
- Bürgerinitiative „Bad Lauterberg" gegen Talsperren
- Pumpspeicherwerk Schmalwasser

Neben diesem Block der "Gegen"-Bürgerinitiativen, die sich auf Umweltschutzmaßnahmen beziehen, gibt und gab es in Deutschland unzählige weitere Bürgerinitiativen, die sich gegen die unterschiedlichsten Vorhaben richten.

- BER (Berliner Flughafen)
- Stuttgart 21
- Tesla-Werk
- BMW-Werk für Elektroauto-Batterien Dingolfing (Lebenswerter Gäuboden)
- TTIP
- Fluglärm beim Ausbau von Flughäfen
- Straßenlärm bei bestehenden oder dem Bau neuer Straßen
- Neue Zugverbindungen
- Güterzüge
- 5G Mobilfunkstandard

Bereits der erste Block der aufgeführten Bürgerinitiativen zeigt die Problematik auf. Während der Ausstieg aus den fossilen Energieträgern auf breite Zustimmung stößt, werden nahezu alle alternativen Energiequellen durch Bürgerinitiativen landauf, landab behindert. Während die Politik einerseits durch Ausstiegsbeschlüsse aus der Kernenergie und den fossilen Energieträgern die konventionelle Energieerzeugung auch auf Betreiben von Bürgerinitiativen und Umweltverbänden gezielt demontiert, ist sie andererseits nicht in der Lage, die notwendigen Alternativen gegen den Widerstand von Bürgerinitiativen zügig aufzubauen.

Der zweite Block betrifft den Auf– und Ausbau von Infrastruktur und Wirtschaftsprojekten. Auch hier findet sich kaum ein Bereich, der vor Bürgerinitiativen sicher ist. Kein Straßenausbau, kein Schienenausbau, kein Schienengüterverkehr, dafür teure Lärmschutzmaßnahmen an bestehenden Straßen und Schienenverbindungen, kein Flughafen (-ausbau), kein 5-G-Netz, keine Handelsabkommen und keine Wirtschaftsprojekte, selbst wenn sie eine Schlüsselindustrie in Deutschland betreffen und es sich um eine „umweltfreundliche" Technologie handelt, die ausgebaut werden soll.

Lokal dominiert demokratisch

Es zeigt sich, dass in Deutschland die Entscheidung über die Realisierung von Projekten ausschließlich aufgrund lokaler Bedürfnisse getroffen wird. Nicht mehr das demokratisch gewählte Parlament entscheidet maßgeblich, sondern zunehmend persönliche Wünsche, die sich über die Ziele der Mehrheit hinwegsetzen. Diese Interessen fließen zunehmend auch in politische und administrative Entscheidungen ein. Welcher Politiker setzt sich dem Risiko aus, sich gegen Bürgerinitiativen und Umweltverbände durchzusetzen, welcher Verwaltungsbeamte erteilt eine Genehmigung ohne mehrfache Absicherung durch Gutachten und Gegengutachten?

Interessengruppen dominieren Demokratie

Auch die Gesetzgebung hat sich in den letzten Jahrzehnten diesem Klima angepasst. Zwei Beispiele sollen dies verdeutlichen:

So schlägt die EU-Kommission im Jahr 2022 neue Grenzwerte für Luftschadstoffe vor (58). Unter anderem soll der Grenzwert für Stickoxide von 40 Mikrogramm auf 20 Mikrogramm reduziert werden. Eine ausgewogene und umfassende Recherche zur Entstehung des alten Stickoxidwertes von 40 Mikrogramm und seiner gesetzlichen Verankerung im Jahr 2010 findet sich in einem Bericht von Correctiv (59). Die durchaus berechtigten Fragen zur Relevanz dieses Grenzwertes werden dort gut beschrieben. Insbesondere wird deutlich, dass dieser Grenzwert zwar auf

Empfehlung der WHO festgelegt wurde, jedoch kein eindeutiger Zusammenhang zwischen der Stickoxidbelastung und Lungenerkrankungen oder gar Todesfällen nachgewiesen werden konnte. Im Jahr 2010 wurde letztendlich ein sehr strenger Grenzwert festgelegt, der sicherstellen sollte, dass auch bei älteren Menschen, Asthmatikern und Kindern gesundheitliche Folgen einer Dauerbelastung sicher ausgeschlossen werden können. Dazu ein Vergleich. Am Arbeitsplatz gilt ein Wert von 950 Mikrogramm als sogenannter Schichtmittelwert (60). Laut Thomas Gebel, Professor für Toxikologie, wird die Differenz mit dem Schutz vulnerabler Personengruppen und der unterschiedlichen (Lebens-) Expositionsdauer begründet (61). Eine mehr als 20-fache Verschärfung der Stickoxidkonzentration in Innenstädten gegenüber der am Arbeitsplatz ist damit aber schlichtweg nicht zu rechtfertigen. Selbst wenn ein Stadtbewohner 80 Jahre seines Lebens an der am stärksten belasteten Stelle der Stadt wohnt und nie umzieht, ist seine gesamte Expositionszeit etwa zehnmal so lang wie die eines Arbeiters (bei 45 Arbeitsjahren und 220 Arbeitstagen pro Jahr). Die maximale Belastung an diesem Ort müsste dann bei 95 Mikrogramm liegen und nicht bei 40, geschweige denn noch weiter darunter. Außerdem räumt Thomas Gebel in Bezug auf die Belastung von Asthmatikern am Arbeitsplatz ein: „Im Prinzip ist das – wie gesagt, es handelt sich um ganz, ganz wenige Personen, die hier betroffen sind – eigentlich nicht ein großes Problem."

Bemerkenswert ist auch die Art und Weise, wie die Schadstoffe in den Städten gemessen werden. Wir messen die Stickoxidkonzentration an den Orten mit der höchsten Konzentration in einer Stadt und setzen dort den Grenzwert so niedrig an, dass selbst vulnerable Gruppen gesundheitlich geschützt sind. Ein Bereich von wenigen hundert Metern innerhalb einer Stadt erzwingt deutschlandweit Investitionen in Milliardenhöhe, die weit über die Grenzen der Messstationen hinausgehen. Hinzu kommt der Wertverlust von Dieselfahrzeugen in Höhe von mehreren Milliarden Euro. Ein lokal sehr begrenztes Problem, das nur sehr wenige Menschen überhaupt betreffen kann, wird als Aufhänger für Investitionen herangezogen, die viele Milliarden Euro verschlingen. Ist das sinnvolle Politik? Wären nicht ebenso eng begrenzte Maßnahmen wesentlich effektiver und kostengünstiger gewesen? Hier wurde viel Geld für wenig Wirkung ausgegeben, während wir gleichzeitig unsere Staatsverschuldung ausweiten und angeblich kein Geld z.B. für unsere Schulen haben.

Ein weiteres Beispiel ist Stuttgart 21, wo für ca. 15 Millionen Euro rund 6000 europaweit streng geschützte Zauneidechsen umgesiedelt werden mussten: Stückpreis für die Umsiedlung ca. 2.500 €. Hätte man das Geld nicht besser einsetzen können? Laut Artensteckbrief der Landesanstalt für

Umwelt Baden-Württemberg ist die Art in Deutschland weit verbreitet und „scheint der Erhalt der Zauneidechse in Baden-Württemberg gesichert" (62).

Kosten in Millionenhöhe und eine jahrelange Bauverzögerung entstanden der Bahn durch die Präsenz des Juchtenkäfers (63). Im Gegensatz zu den Zauneidechsen sind diese Käfer aber tatsächlich in ihrem Bestand stark gefährdet.

Hamsterrad

Diese Beispiele sollen nur zeigen, dass solche sicherlich gut gemeinten gesetzlichen Vorgaben aus Brüssel (und Berlin) zum Teil erhebliche Kostensteigerungen und Terminverschiebungen zur Folge haben. Problematisch sind dabei nicht einmal die direkt verursachten Mehrkosten, sondern die immer wiederkehrenden langwierigen, gesetzlich vorgeschriebenen Prüfverfahren, die die Planungszeiten und -kosten für jedes Projekt gewaltig in die Höhe treiben. Ändern sich die Vorschriften während der Planungsphase, müssen diese auch berücksichtigt werden. So reiht sich zur Wahrung aller Interessen Prüfung an Prüfung und wir verharren in einer konstanten Dauerschleife von Prüfungen. Strikte Umweltauflagen ohne Kosten-Nutzen-Abwägung bezahlen wir alle mit höheren Preisen, höheren Steuern und Abgaben an den Staat und schlechteren Rahmenbedingungen für unsere Wirtschaft. Dabei geht es nicht darum, sich gegen den Umweltschutz zu positionieren, sondern die Frage zu stellen, wie er auch unter ökonomischen Gesichtspunkten bestmöglich realisiert werden kann, eine Sichtweise, die heute keine Relevanz mehr zu haben scheint. Umweltschutz nach dem Motto „koste es, was es wolle" werden wir uns nicht mehr lange leisten können. So sind die getroffenen Ausgleichsmaßnahmen der Bahn für die Ausbreitung des Juchtenkäfers sicherlich günstiger als eine Verzögerung des Bauvorhabens um mehrere Jahre (64).

Ideologie über Demokratie

Der Einfluss der Umweltlobbyisten auf die Politik führt aber auch ganz konkret zu massiven staatlichen Eingriffen in den Wettbewerb. So wirkt sich das generelle Verbot von Gas- und Ölheizungen z.B. negativ auf den Wettbewerb aus. Das Verbot von Verbrennungsmotoren stranguliert bereits jetzt die Weiterentwicklung dieser Technologie, die durch den Einsatz alternativer und umweltfreundlicher Energieträger (E-Fuels, Biodiesel u. Ä.) durchaus eine sinnvolle Alternative hätte darstellen können. Durch die Einführung von HVO-Diesel an den Tankstellen kann der CO_2-Verbrauch von Dieselmotoren um rund 90% gesenkt werden (65). Betrachtet man die gesamte CO_2-Bilanz einschließlich der CO_2-Emissionen für die Herstellung der Fahrzeuge, so spricht *derzeit* wenig für batteriebetriebene Fahrzeuge. Das von der EU beschlossene Verbot von Fahrzeugen mit Verbrennungsmotor stranguliert exakt diesen Wettbewerb zwischen alternativen Lösungsmöglichkeiten und ist vor diesem Hintergrund im Sinne der CO2-Reduktion nicht zu rechtfertigen. Im Gegenteil: Verbrennungsmotoren werden sicherlich noch Jahrzehnte in vielen Teilen der Welt und auch in Europa im Einsatz sein. Eine Weiterentwicklung ihrer Umweltverträglichkeit wäre auch aus globaler Umweltsicht durchaus sinnvoll gewesen, zumal Elektrofahrzeuge nur dann umweltfreundlicher sein können, wenn die dafür benötigte Energie ebenfalls klimafreundlich erzeugt wird, was nicht in jedem Land vorausgesetzt werden kann und in den meisten Ländern auch nicht der Fall ist. Welchen Anreiz haben aber die Hersteller noch, die Motoren an diese neuen Kraftstoffe anzupassen, wenn sie in weniger als 6 Jahren nicht mehr verkauft werden dürfen? Es scheint, als gäbe es nur staatlich ideologisch vorgegebene Möglichkeiten akzeptierter oder gewünschter Technologien, und alle anderen sollen durch Verbote verhindert werden, damit mögliche staatliche Fehleinschätzungen gar nicht erst erkannt werden können. Zumindest aber wird der globale Charakter des Klimawandels und der technologischen Restriktionen bei solchen Entscheidungen nicht angemessen berücksichtigt. Das ist nicht der Weg, der uns und andere Nationen stark gemacht hat. Was wäre so schlimm daran, wenn es einen freien Wettbewerb der Technologien gäbe und sich am Ende die beste durchsetzen würde?

Der Traum vom Schlaraffenland für alle

Im Hinblick auf die freie Entfaltung in der Wirtschaft gehen Teile der Politik noch weiter und fordern die Einführung sozialistischer Strukturen mit Verstaatlichung von Unternehmen und einem Verbot von privaten Vermietungen. Erst 2019 äußerte sich der damalige JUSO-Vorsitzende Kevin Kühnert entsprechend. Bereits 2018 forderte er einen Mindestlohn von 12 € und eine drastische Erhöhung des Arbeitslosengeldes 2 (66). Und obwohl sich die SPD damals von diesen Theorien distanzierte, hat Kevin Kühnert seitdem eine beeindruckende Karriere in der SPD hingelegt: Im Februar 2020 wurde er im SPD-Parteivorstand für den Bereich Wohnen zuständig und im Dezember 2021 wurde er mit über 3/4 der Stimmen zum Generalsekretär der SPD gewählt. Im Jahr 2022 prüfte die rot-rot-grüne Regierung in Berlin die Enteignung großer Immobilienunternehmen. Sowohl die politische Festlegung des Mindestlohns als auch die massive Erhöhung von ALG 2 wurde in dieser Legislaturperiode, nur vier Jahre nach Herrn Kühnerts Forderung, von der SPD umgesetzt. Es wird deutlich, welch großen Zuspruch sozialistisches Gedankengut mittlerweile in der SPD hat. Während die Partei früher für die arbeitende Bevölkerung eintrat, zeugen die aktuellen

Maßnahmen von einer Interessenvertretung der nicht arbeitenden Bevölkerung. Die heute von der SPD verantworteten Maßnahmen entsprechen eher dem früheren Gedankengut linker Randgruppen als der Mitte der Gesellschaft.

Problembeschreibung:

Beleuchtet man die Situation der Wirtschaft in Deutschland unter diesen Aspekten, so muss schon von Wirtschaftsfeindlichkeit gesprochen werden. Hätte eine uns feindlich gesinnte ausländische Macht nach Mitteln gesucht, unsere wirtschaftliche Stärke zu brechen, so hätte sie kaum eine wirksamere Methode erfinden können als die der Bürgerinitiativen und Interessenverbände, die sich gegen so ziemlich jede Veränderung wehren. Dabei können Bürgerinitiativen durchaus eine wichtige Rolle spielen, indem sie die Vor- und Nachteile von Projekten aus einem anderen Blickwinkel beleuchten, um zu besseren Gesamtlösungen zu kommen. Aber die Art und Weise, wie sie hierzulande genutzt werden, um Veränderungen zu blockieren, fördert Missbrauch und verhindert notwendige Entwicklungen.

Startschuss

Agilität, die schnelle Anpassung an veränderte Bedingungen, ist ein wesentliches Element, um im Wettbewerb bestehen zu können. Langwierige Genehmigungsverfahren, verursacht durch Bürgerinitiativen und Umweltverbände, verhindern jedoch gezielt diese notwendige Agilität. Fällt der Startschuss zu einem Marathon, sollte der Teilnehmer tunlichst zeitnah mit dem Laufen beginnen. Bildlich gesprochen wird in Deutschland aber zuerst geprüft, ob nicht seltene Würmer auf der Strecke gefährdet sind, ob der Flug von Käfern gestört wird, ob Anwohner oder Tiere durch den Lärm der Läufer belästigt werden, ob der Ethikrat keine Bedenken äußert und ob alle Umweltschäden durch die Läufer am Ende auch wieder beseitigt werden. Wenn dann alle Beteiligten mit dem Ergebnis der Prüfung zufrieden sind und auch alle Einsprüche gerichtlich geklärt sind, kann der Teilnehmer starten. Wenn er dann nicht Erster wird, fragen sich alle, wie das nur passieren konnte. Natürlich können wir uns dazu beglückwünschen, dass wir all diese Prüfungen ordnungsgemäß durchgeführt haben und wirklich auch den letzten „Betroffenen" zufriedengestellt haben, aber der Wettbewerb wird dann woanders gewonnen und der zukünftige Wohlstand geht dann auch dorthin. Ganze Technologien verbieten zu wollen, Unternehmen zu verstaatlichen und einen Wohlfahrtsstaat auf Kosten aller Arbeitnehmer zu schaffen, zeugt nicht von einem rudimentären Verständnis der internationalen Wettbewerbssituation.

Wir können die Problembeschreibung für die Wirtschaft wie folgt zusammenfassen, wobei wir uns nur auf die hier diskutierten Themenbereiche beziehen:

- Hoher bürokratischer Aufwand, u.a. durch ausufernde und sich ständig verschärfende und ändernde Prüfvorschriften
- lange Genehmigungsverfahren aufgrund umfangreicher Prüfverfahren, die auch durch ebenso langwierige Gerichtsverfahren weiter verzögert werden können
- Eine in weiten Teilen marode und veraltete Infrastruktur, deren Ausbau durch Bürgerinitiativen massiv behindert wird
- Politische Behinderung oder gar Verbote von Technologien (Gentechnik, Kernenergie, Verbrennungsmotoren, konventionelle Heizungen etc.)
- Abwälzung von Kosten politischer Interessen auf Unternehmen – z.B. Lieferkettengesetz, Klimaschutz, Umweltauflagen auch im Ausland
- Bürgerinitiativen und Interessengruppen, die sich gegen jede Änderung stemmen
- Eingriffe in die Tarifautonomie beim Mindestlohn
- Das politische Bestreben, die Marktwirtschaft durch Sozialismus zu ersetzen.

Erklärung:

Antidemokratische Manipulation

Bürgerinitiativen gibt es schon seit Jahrzehnten. Doch während in den 70er-Jahren etwa 1.000 bis 1.500 Initiativen gezählt werden konnten (67), sind es heute bereits über 1.000 allein gegen die Windkraft. „Ein Spezifikum der Aktivitäten von BI. besteht darin, dass sie sich, unter Umgehung der üblichen institutionellen Vermittlungsinstanzen der Verbände, Parteien und Parlamente, direkt an die zuständigen Planungs- und Genehmigungsbehörden wenden und diese – vor allem durch die Mobilisierung von Öffentlichkeit – unter Druck setzen" (67). Auf Letzteres wird später noch näher eingegangen. Tatsache ist, dass die Zahl der Bürgerinitiativen seit den 70er-Jahren explosionsartig angestiegen ist. Dabei sind diese Bürgerinitiativen zunehmend organisiert und stehen für eine „ganz andere bisherige Politik: für die Abkehr von der bloßen Klientelpolitik, für das Misstrauen gegenüber der Berufung auf Sachzwänge, oft auch für die Skepsis gegenüber wissenschaftlicher Planung und Politikanleitung, für die Abwehr von zu vielen und zu schnellen sozialen Wandlungsprozessen, zumal jenen, zu denen die Globalisierung nötigt" (67).

Die Zeitmaschine in die Vergangenheit

Wir erleben also seit mehreren Jahrzehnten einen Bürgerprotest, der sich gegen Wandel und Fortschritt auflehnt. Diesen zu verhindern oder zumindest zu verzögern ist vielfach das primäre Ziel. Dabei wird auch bewusst Druck auf Planungsbehörden und die Politik ausgeübt. All diese Protestbewegungen haben über Jahrzehnte ihre Wirkung entfaltet, unsere Agilität gelähmt, die politische Diskussion zunehmend bestimmt und zu immer drastischeren Vorgaben der Politik für neue Projekte geführt. Auch wenn nicht jede einzelne Bürgerinitiative ein Projekt stoppen kann, so ist es doch die Vielzahl der Verhinderungs- und Verzögerungsmaßnahmen, die uns in der Summe erheblich bremsen. Sowohl durch direkte Aktionen als auch zunehmend durch Einflussnahme auf politische Vorgaben verursachen diese Gruppen und Interessensvertretungen längere, komplexere und teurere Planungsverfahren.

Ursachen:

Wir können die Probleme auf folgende Ursachen zurückführen:

- Politisch verursachte hemmende und sich schnell verändernde Randbedingungen zur Befriedigung aktiver Interessengruppen
- Lange Genehmigungsverfahren, ebenfalls zur Befriedigung aktiver Interessengruppen
- Bestrebungen zu einem sozialistischen Deutschland.

Die Fähigkeit von Unternehmen, schnell und adäquat auf veränderte Rahmenbedingungen zu reagieren, wird durch eine Vielzahl von Problemen beeinträchtigt. Überall dort, wo Expansion und Anpassung stattfinden sollen, finden sich Bürgerinitiativen und Interessengruppen, die diesen Anpassungen möglichst viele Steine in den Weg legen. Dabei spielt es eigentlich gar keine Rolle, um welche Art von Anpassung oder Ausbau es sich handelt: Es finden sich immer Gruppen und Bedenkenträger, die eine Anpassung so lange wie möglich hinauszögern. Je träger auf sich ändernde Bedingungen reagiert wird, desto weniger effektiv sind diese Maßnahmen und desto mehr Vorteile verschaffen sich schnellere Wettbewerber.

Die schleichende Zerstörung im Verborgenen

Die Verzögerung von Projekten durch politisch gesetzte Randbedingungen und die Möglichkeit von Interessengruppen, Projekte sehr lange zu verzögern, hat eine wenig beachtete, aber dennoch desaströse Auswirkung auf die Wettbewerbsfähigkeit unserer Wirtschaft. Auch die zunehmende Tendenz zu sozialistischen Prinzipien mit Eingriffen in die Tarifautonomie, Bürgergeld, Verstaatlichungsideen, Reichen- und

Vermögenssteuern oder auch eine politische Subventionsflut fördern nicht gerade den Wirtschaftsstandort.

2.7 Politische Parteien

Faktenlage:

Da sich Politiker und Parteien alle Jahre wieder der Wahl durch die Bevölkerung stellen müssen, gibt es immer wieder einen Vergleich um die besten Ideen und deren Umsetzung in reale Politik. Theoretisch haben wir ein sehr gutes System des freien Wettbewerbs, um die besten Kandidaten und Parteien in die Regierungsverantwortung zu bringen.

Problembeschreibung:

Wenn Theorie auf Praxis trifft

Leider ist es nicht mehr ganz so einfach, wie es in der Theorie klingt, da verschiedenste Interessengruppen mit unterschiedlichen Mitteln massiv daran arbeiten, alle Bürger und Politiker zu beeinflussen, und auch die Politiker durchaus die Medien zur Meinungsmanipulation nutzen. Dazu gehören durchaus auch ausländische Interessengruppen, die meist auf eine Spaltung und Zerrüttung unserer Gesellschaft abzielen (68). Dies ist kein neues Phänomen, schließlich hat bereits die NSDAP vor knapp 100 Jahren die Meinungsmanipulation erfolgreich für ihre Zwecke genutzt.

Sehr gut, aber…

Auch wenn unser demokratisches System sicher nicht perfekt ist, bildet es doch eine sehr gute Basis. Leider weist das demokratische System neben seiner Manipulationsanfälligkeit noch weitere Schwächen auf. Das beginnt bei interpretierbaren Zielen der Politik. Letztlich gibt es keine festen politischen Ziele, die von allen Parteien verfolgt werden müssen. Im Sinne der Demokratie konkurrieren die Parteien im Wettstreit um die „besten" Ideen. Wenn die Bürger von einer Idee überzeugt sind, werden sie die Partei wählen, die dann diese Ideen umsetzen kann. Als Richtschnur dient dabei das Grundgesetz, auf dem unsere freiheitliche Ordnung basiert.

Ein Problem dieser an und für sich plausiblen Logik ist die Macht der Interessengruppen, auf die später noch eingegangen wird. Ideen stehen nicht mehr in einem fairen Wettbewerb, sondern treffen auf ein bereits durch Massenmanipulation beeinflusstes Umfeld. Je aktiver und zielgerichteter die Interessengruppen dabei vorgehen, desto mehr Einfluss gewinnen sie auf die aktuelle Politik. Die eigentlichen Wahlen finden folglich nicht alle vier Jahre statt, sondern sind durch den permanenten Druck der Interessengruppen vorbestimmt. Die Benachteiligten sind dann die nicht oder schlecht organisierten Interessengruppen, die sich auf den demokratischen Prozess verlassen.

Ein ebenfalls verbreitetes Problem der Demokratie beruht auf einer Schwachstelle des Systems: Fehlentwicklungen werden fast immer erst dann wirksam, wenn sie nur noch sehr schwer oder gar nicht mehr rückgängig zu machen sind. Wenn die Parteien jahrzehntelang den Erhalt und Ausbau der Infrastruktur vernachlässigt haben, werden die Auswirkungen erst sichtbar, wenn der Schaden bereits groß ist. Über Jahre oder gar Jahrzehnte konnten diese Probleme erfolgreich verschleiert werden und drangen so nie in das Bewusstsein der Wähler. Wenn die bürokratischen Auflagen für Bürger, Unternehmen oder Projekte zunehmen, zeigen sich die Konsequenzen erst, wenn die Auflagenvielfalt so komplex geworden ist, dass sie nur noch von wenigen Experten verstanden wird und das ganze Land gelähmt ist. Dies ermöglicht es den regierenden Parteien, Wahlgeschenke zu verteilen, anstatt sich auf die Zukunft des Landes zu konzentrieren. Bis sich abzeichnet, dass die Zukunft verspielt wurde, sind die Verursacher längst nicht mehr auszumachen und der Bezug zu den Interessengruppen schwer herzustellen. Nahezu zwangsläufig entwickelt sich eine Vorliebe für einfache Lösungen. Mögliche Repressalien der Wähler durch unpopuläre, aber zukunftsweisende Entscheidungen werden lieber in die folgenden Legislaturperioden aufgeschoben.

Ohne Ziele gibt es fast zwangsläufig keine Leistungsmessung. Wenn aber die Leistung einer Regierung nicht gemessen wird, wie soll dann eine gute von einer schlechten Regierungsleistung differenziert werden? Als Bewertungsmaßstab bleibt quasi nur ein unbestimmtes „Bauchgefühl", das über besser oder schlechter urteilt, mit den oben erwähnten Manipulationsmöglichkeiten.

Ein weiteres Problem ist fest mit der Demokratie verbunden: das Mehrheitsprinzip. Es erlaubt Mehrheiten, sich gegen Minderheiten durchzusetzen. Diese inhärente Eigenschaft der Demokratie funktioniert noch so lange gut wie alle Wähler die langfristigen gesamtgesellschaftlichen Folgen berücksichtigen und auch über die dazu notwendigen Kompetenzen verfügen. Diese Voraussetzung ist jedoch nicht per se gegeben. So könnten z.B. alle Bürger unterhalb des mittleren Einkommens für eine Gleichverteilung aller Einkommen stimmen. Folgt man strikt dem demokratischen Gedanken, so käme es zu einer Angleichung aller Einkommen mit gravierenden langfristigen Folgen. Wenn die langfristigen Folgen nicht klar sind, ignoriert oder einfach als unwahr abgetan werden, so ist eine entsprechende demokratische Entscheidung durchaus vorstellbar.

Und da diese Politik anfangs durchaus „Erfolge" zu verzeichnen hätte, schließlich erhält ja mehr als die Hälfte aller Wähler zunächst einen temporären Vorteil, würde diese Partei sogar wiedergewählt werden. Bei allen Vorteilen, die uns die Demokratie in den letzten Jahrhunderten gebracht hat, sollten wir dennoch nicht die Augen vor diesen Schwächen des demokratischen Prozesses verschließen.

Wir erkennen folgende Probleme:

- Der Machterhalt dominiert politische Entscheidungen und erhöht die Erpressbarkeit durch aktiven Lobbyismus
- Der langfristige Charakter ist in der Politik abhandengekommen. Wahlgeschenke und Klientelpolitik dominieren gegenüber langfristig zielführenden Lösungsansätzen für alle gesellschaftlichen Gruppen
- Die langfristigen Folgen politischer Entscheidungen werden oft nicht konsequent bedacht, weder von den Wählern noch von den Politikern. Nur so ist es zu erklären, dass die Bürokratie immer weiter aufgebläht wird, unsere Agilität lähmt und Ziele gesetzt werden, die unsere Wirtschaft zunehmend hemmen.

Erklärung:

Die erstarrte Idee

Die Demokratie beruht auf der Idee, dass die Macht vom Volk und nicht von einem erblichen Stand ausgehen soll. Unter der Prämisse der Gleichberechtigung soll jeder Bürger die Möglichkeit haben, zu wählen. Einschränkungen gab und gibt es primär hinsichtlich eines vorgeschriebenen Mindestalters, da eine gewisse „Reife" der Wähler vorausgesetzt werden soll. Die gewählten Volksvertreter sollten im Sinne des Gemeinwohls handeln. Probleme in der praktischen Umsetzung gab es sicherlich seit der Einführung der Demokratie, da es durchaus einige Fallstricke in diesem grundsätzlich guten System gibt, die sicherlich von Anfang an latenten Einfluss auf die Wahlergebnisse hatten. Ein Faktor hat sich jedoch in den letzten ca. 150 Jahren immer stärker entwickelt: die Möglichkeit der medialen Massenbeeinflussung. Dies liegt zum einen an der zunehmenden Verbreitung und Verfügbarkeit von Massenmedien (chronologisch: öffentliche Reden, Printmedien, Radio, Fernsehen, Internet), zum anderen an der zunehmenden Professionalität der Beeinflussungsmethoden (mit dem NS-Regime als Vorreiter). Dieser Prozess ist sicherlich noch nicht abgeschlossen, sondern wird durch KI-Anwendungen eine ungeahnte Fortsetzung finden, da Fakten von Lügen kaum mehr zu unterscheiden sein werden. Diese Entwicklungen wirken sich vermehrt auf das demokratische System aus, das an dieser Stelle sehr verwundbar ist. So ist es nicht verwunderlich, dass autokratische Staaten wie Russland nicht nur im eigenen Land, sondern auch in westlichen Demokratien gezielt versuchen, die öffentliche Meinung in ihrem Sinne zu beeinflussen. Dieser Prozess hat sicherlich nicht erst mit den manipulierten Wahlen in den USA 2016 begonnen und ist auch nicht auf die Demokratie in den USA beschränkt. Der demokratische Prozess ist dadurch zunehmend verwundbar geworden – ein Thema, auf das wir aufgrund seiner Bedeutung später noch sehr intensiv eingehen werden. Dennoch hat bisher keine Demokratie wirksame Maßnahmen ergriffen, um diesen neuen Bedrohungen zu begegnen.

Die politischen Parteien haben sich weitgehend von den ursprünglichen Zielen der Demokratie entfernt und verfolgen nun in erster Linie das Ziel des Machterhalts bzw. des Machtgewinns. Der Machterhalt ist wichtiger geworden als die Zukunft des Landes. Wir haben es mit einem System des Siegens um jeden Preis zu tun, das leider in den seltensten Fällen zu einem guten Ergebnis führt, sondern die Ergebnisse des Auswahlprozesses selbst und die Prioritätenliste verschiebt. Begünstigt wird dies auch durch das Fehlen klarer Ziele und nicht konkret messbarer Leistungen.

Ursachen:

Wir können folgende grundlegende Ursachen für diese Fehlentwicklungen ausmachen:
- Die Randbedingungen für die Politik sind unzureichend und werden nicht konsequent überwacht und eingehalten
- Übergeordnete Ziele für die Politik fehlen oder werden nicht transparent gemacht und verfolgt
- Eine konkrete Leistungsmessung der politischen Arbeit findet, abgesehen von den alle vier Jahre stattfindenden Wahlen, nicht statt.

Der politische Wettbewerb wurde im Sinne des demokratischen Gedankens bewusst ohne stringente Vorgaben gestaltet. Dies begünstigt die oben beschriebenen Effekte.

2.8 Wertevermittlung an unsere Kinder

Faktenlage:

Von der Zukunft
Als letzten großen gesellschaftlichen Bereich wollen wir uns mit der Werteerziehung unserer Kinder beschäftigen. Schließlich sind die Werte, mit

denen unsere Kinder heute aufwachsen, die Prinzipien, nach denen unsere Gesellschaft in 20 und mehr Jahren handeln wird.

Betrachten wir zunächst die Waldorf- und Montessori-Schulen, die sich zunehmender Beliebtheit erfreuen (69). Waldorfschulen sind immer Gesamtschulen, in denen Kinder mit unterschiedlichem Leistungsniveau gemeinsam lernen und sich gegenseitig unterstützen. So werden besonders leistungsstarke und leistungsschwache Kinder kontinuierlich gemeinsam unterrichtet. Auch die Klassenlehrer wechseln in den ersten Jahren nicht und unterrichten verschiedene Fächer. Auf Noten wird sehr lange verzichtet, sodass eine konkrete Leistungsmessung ausgeschlossen ist.

Montessori geht davon aus, dass Kinder am besten in ihrem eigenen Tempo und nach ihren eigenen Interessen lernen. Der Unterrichtsstoff orientiert sich an den Interessen der Kinder. Belohnung, Bestrafung und Benotung finden zumindest in den ersten Jahren nicht statt.

Einige dieser Konzepte finden zunehmend Eingang in die Regelschulen. So wird in den Grundschulen, teilweise aber auch schon in den weiterführenden Schulen, auf Noten verzichtet. Unter dem Begriff „Inklusion" werden zunehmend Schulformen praktiziert, die sich nicht an der Leistung der Schüler orientieren.

Wertewandel

Im Jahr 2018 wurde eine Forsa-Umfrage zur Werteorientierung von Lehrkräften und Eltern durchgeführt (70). Dabei wurde die Bedeutung von 16 verschiedenen vorgegebenen Werten für die Befragten ermittelt. Acht dieser Werte wurden von den Eltern und zwölf von den Lehrkräften mit über 90% als sehr wichtig eingestuft. Bezeichnend ist, ohne hier ins Detail gehen zu wollen, dass die Orientierung an Leistung nur von rund 60% der Eltern und der Lehrer als wichtig erachtet wurde. Lediglich die Förderung der Heimatverbundenheit wurde von Eltern und Lehrern als weniger wichtig erachtet. Diese Abkehr vom Leistungsgedanken zeigt sich auch im Schulsport. Auch hier wird vielerorts auf Sportnoten verzichtet und der Spaß an der Bewegung in den Vordergrund gestellt. Auch die jüngst beschlossene „Neuausrichtung" der Bundesjugendspiele wegen eines vermeintlich zu hohen Leistungsdrucks passt in dieses Konzept der ausgeklammerten Leistungsmessung (71). Die Bundesjugendspiele gibt es seit 1951, also bereits seit über 70 Jahren. Wurden also in der Vergangenheit alle Kinder durch die Bundesjugendspiele traumatisiert oder warum sind unsere Kinder plötzlich durch den hohen „Leistungsdruck" überfordert? Der Begriff „Wettkampf" sollte nun durch „Wettbewerb" ersetzt werden, der angeblich einen Leistungsvergleich ausschließt. Diese vermeintliche Differenzierung führt aber nur dazu, dass der Wettbewerb ausschließlich als Hobby und Spaßfaktor betrachtet wird.

Begriffe, die mit Wettbewerb in Verbindung stehen, haben in den letzten Jahrzehnten im allgemeinen Sprachgebrauch eine negative Bedeutung erhalten. So werden Wörter wie Ehrgeiz, Fleiß, Anstrengung, Elite, Sieger, Streber, Disziplin, Besitz, Leistung alle mit Wettbewerb in Verbindung gebracht. Keines davon wird als erstrebenswerte Charaktereigenschaft von Kindern angesehen. Das allein sagt schon viel über unsere gesellschaftliche Einstellung zum Wettbewerb und zur Wertevermittlung aus.

Problembeschreibung:

Erlerntes Mittelmaß

Auch wenn es gute Gründe gibt, andere in der Forsa-Umfrage vorgegebenen Wertmaßstäbe hoch zu bewerten und auch der Spaß im Sport nicht zu kurz kommen darf, werfen beide Punkte dennoch ein schlechtes Licht auf unsere Wertevermittlung: Leistung wird nicht mehr als wichtig erachtet und ist folglich nicht mehr im Wertegerüst junger Menschen verankert! Die Entwicklung von Werten ist aber ein wichtiges Grundgerüst, nach dem Menschen ihr Leben gestalten. Nicht umsonst wird (und wurde) der Wertevermittlung ein hoher Stellenwert beigemessen. Wenn Leistung keinen hohen Stellenwert hat, wird auch die Lebensgestaltung nicht leistungsorientiert sein. Das mag zunächst wie eine gute Sache aussehen, denn Leistung zu erbringen bedeutet Arbeit und den vermeintlichen Verlust von Freude und Freizeit. Aber ohne Leistungsbereitschaft gibt es auch keine Leistung. Bestenfalls werden mittelmäßige Ergebnisse erzielt. Hohe Ambitionen und das Streben nach Spitzenpositionen setzen Leistungsbereitschaft und Willen voraus. Ohne Leistung im Wertegefüge junger Menschen sind sehr gute und erst recht herausragende Leistungen in der Praxis nicht erreichbar.

Selbstverständlich sind auch die Eltern in der Pflicht, Kindern und Jugendlichen ein Wertegerüst zu vermitteln. Was lernen Kinder z.B., wenn ihnen jeder Wunsch von den Lippen abgelesen und erfüllt wird? Besitzen einzelne Kinder in einer Schulklasse ein teures Handy, fühlen sich viele Eltern verpflichtet, auch ihren Sprösslingen ein solches Handy zur Verfügung zu stellen, damit die eigenen Kinder nicht benachteiligt sind. Der Wert solcher Geschenke und der Aufwand, sich solche Dinge leisten zu können, werden so nicht vermittelt. Es bleibt der Anspruch, alles haben zu wollen, was andere auch haben, möglichst jedoch ohne dafür eine entsprechende Leistung erbringen zu müssen. Der Zusammenhang zwischen Leistung und Besitz verschwindet und es bleibt ein Anspruchsdenken, wie wir es bereits heute verbreitet vorfinden.

Für die Wertevermittlung an Kinder kann folgende Problembeschreibung gegeben werden:

- Der Wert von Leistung wird zunehmend zugunsten von passivem Zeitvertreib und Spaß zurückgedrängt
- Die Leistungsmessung verschiebt sich zunehmend in höhere Altersgruppen. Diese Verschiebung findet nicht nur im schulischen, sondern auch im sportlichen Bereich statt
- Das gemeinsame Lernen auf unterschiedlichen Leistungsniveaus führt zwangsläufig zu einer Angleichung, allerdings nicht auf höchstem Niveau
- Auf Fehlerhinweise, Kritik, Anerkennung von Leistung, Sitzenbleiben, Belohnung und Bestrafung wird weitgehend verzichtet. Die Kinder sollen folglich ohne sachliche oder emotionale Rückmeldung über ihre Leistungen und Fähigkeiten lernen.
- Der Zusammenhang zwischen Leistungserbringung und Belohnung geht verloren, das viel zitierte „Anspruchsdenken" entsteht.

Erklärung:

Letztlich wiederholen sich die Prozesse, die zu den Problemen geführt haben. Obwohl die Konzepte der Montessori-Schulen und der Waldorfschulen schon rund 100 Jahre alt sind, finden sie erst heute einen fruchtbaren Boden. In den letzten Jahrzehnten hat eine zunehmende Abkehr von Wettbewerb und Leistung zugunsten einer stärkeren Angleichung stattgefunden. Auch in der Pädagogik ist ein Umdenken erfolgt. Während noch in den 50er und 60er-Jahren die Prügelstrafe und das Bloßstellen von Schülern als adäquate Erziehungsmethoden galten und angewandt wurden, wurden diese Methoden in den folgenden Jahrzehnten zu Recht zunehmend infrage gestellt. Die darauf folgende Gegenbewegung blieb jedoch nicht bei der Vermeidung von Auswüchsen stehen, sondern entwickelte sich kontinuierlich weiter in Richtung einer antiautoritären, teilweise auch permissiven Erziehung (72). Die Methoden und Ziele der antiautoritären Erziehung differieren stark. Ein verbindendes Element ist jedoch sicherlich eine hohe Autonomie der Kinder, die ihnen viele Freiheiten einräumt. Ein wesentliches Element der Kindererziehung wurde damit allerdings explizit aus dem Prozess entfernt: die Eigenverantwortung. Da Sanktionsmechanismen und negative Konsequenzen aus der Erziehung weitgehend verbannt wurden, entfällt die Rückmeldung über Fehler und Fehlverhalten der Kinder. Wie aber sollen Kinder ohne Rückmeldung lernen? Wie sollen sie lernen, dass ihr Verhalten in der Realität Konsequenzen hat? Wie beim Abitur für alle scheint auch hier ein sinnvolles

Maß an Verbesserung gegenüber einem einst unhaltbaren Zustand überschritten zu sein.

Ursachen:

Als wesentliche Ursachen für diese Fehlentwicklungen lassen sich folgende Punkte identifizieren:
- Die Vermittlung von Spaß als Wertmaßstab weit vor Anstrengung und Leistung
- Die Unterbindung von Leistungsmessung und damit die Unterbindung von Vergleich und Wettbewerb
- Angleichung unterschiedlichster Leistungsstufen, wie wir sie bereits für die Bildung im Allgemeinen beschrieben wurde
- Der Verzicht auf Feedback und Kritik führt zu geringeren Lernfortschritten
- Leistungsloses Anspruchsdenken wird gefördert.

Wohlfühlen um jeden Preis

Die Erziehung von Kindern zielt zunehmend auf eine „Wohlfühloase" ab: Hauptsache, die Kinder haben Spaß und fühlen sich wohl. Es besteht kein Zweifel daran, dass Spaß und Freude eine wesentliche Voraussetzung für sehr gute Leistungen in allen Bereichen der persönlichen Kompetenzentwicklung sind. Niemand kann exzellente Leistungen erzielen, wenn er kein Interesse und keine Freude an seiner Arbeit hat. Das Problem ist folglich nicht, die Kinder in eine positive Stimmung zu versetzen und ihnen Freude am Lernen zu vermitteln, sondern der bewusste Verzicht auf Wettbewerbssituationen. Wettbewerb steht nicht im Widerspruch zu Spaß und Freude und schließt diese auch nicht aus. Im Gegenteil, sie führen meist zu besseren Ergebnissen bei der Entwicklung eigener Kompetenzen, allerdings nur dann, wenn auch der Verbesserungsgedanke erhalten bleibt. Spaß ist folglich eher als eine Methode für rasche Fortschritte zu sehen, denn als Selbstzweck. Wie sollen Kinder Erfolgserlebnisse haben, stolz auf sich sein und Selbstvertrauen aufbauen, wenn sie nicht auch gefordert werden und Schwierigkeiten überwinden müssen? Leistung, Fleiß und Ambition werden in der Schule bis in höhere Schulklassen hinein gezielt ausgeklammert und unterbunden. Das ist nicht nur ein „Nebeneffekt", sondern eine ganz bewusste Unterdrückung dieser Werte in unserem Schulsystem. Demzufolge lernen die Kinder nicht, mit Wettbewerb und seinen Regeln umzugehen, und Anstrengung hat keinen Platz in ihrem Wertegerüst.

Schutz der Kinder vor ihrem Erfolg

Von allen gesellschaftlichen Bereichen, die wir untersucht haben, ist dies wahrscheinlich der wichtigste. Die Werte, mit denen unsere Kinder erzogen werden, prägen ihr späteres Leben. Ist ein Vergleich mit anderen und damit die Orientierung an Leistung, Fleiß und Ehrgeiz nicht schon früh ein Bestandteil ihres Lebens, werden sie auch als Erwachsene diesen Werten nur eine untergeordnete Bedeutung beimessen, wenn nicht sogar die Tendenz zur Vermeidung von Wettbewerb fortsetzen. Es steht zu befürchten, dass sich der vermeintliche Schutz der Kinder vor Wettbewerb mit seinen Folgen über Jahrzehnte hinweg verstärkt und damit den Niedergang Deutschlands beschleunigt.

2.9 Gemeinsamkeiten

Im letzten Kapitel haben wir einige große gesellschaftliche Bereiche daraufhin untersucht, welche Probleme dort auftreten und welche Ursachen wir dafür identifizieren können. Fasst man diese Ursachen zusammen, so ergibt sich die folgende Liste:

Zielerreichung ohne Leistungsnachweis:
Das Erreichen erstrebenswerter Ziele, die nur wenigen vorbehalten sind, wie z.B. das Abitur, wird durch die Reduzierung der Anforderungen an die dafür notwendigen Leistungsnachweise einem immer größer werdenden Personenkreis ermöglicht

Zielerreichung ohne Leistung:
Anstelle der Förderung der Chancengleichheit wird nun die Zielerreichung (Einkommen etc.) auch ohne Leistung angestrebt

Geringere Belohnung von Leistung:
Außergewöhnliche Leistungen werden zunehmend bestraft, indem die Früchte der Arbeit vorenthalten werden. Besonders deutlich wird dies an der anhaltenden Einkommensumverteilung von der Mittelschicht zu den Geringverdienern und von diesen zu den Erwerbslosen. („Die starken Schultern müssen mehr tragen" - eine These, die seit Jahrzehnten propagiert wird). Damit sinkt auch der Anreiz, hohe Leistungen zu erbringen

Unzureichende Durchlässigkeit:
Die Durchlässigkeit des Systems, durch Arbeit und Leistung individuelle

Vorteile zu erlangen (vom Tellerwäscher zum Millionär), wird
gesellschaftlich und durch die staatliche Umverteilung behindert

Unterbindung von Anpassungsprozessen:
Wir verhindern durch strikte Vorgaben Anpassungen an das Umfeld

Wechselnde Randbedingungen erschweren eine Zielerreichung:
Um aktive Interessengruppen zufrieden zu stellen, werden schnell
wechselnde und stringente Vorgaben seitens der Behörden eingeführt
(Vorschriften, Auflagen)

Unterbundene Agilität:
Die zwingend notwendige Agilität wird durch verschärfte Regulierungen,
Vorschriften und Genehmigungsverfahren drastisch verlangsamt

Sozialistische Ideale:
Sozialistische Tendenzen beabsichtigen eine zunehmende staatliche
Kontrolle und die Abschaffung von Wettbewerb (Enteignung von
Wohneigentum, Mietendeckel)

Leistungsfreies Wertesystem:
Bereits bei der Kindererziehung werden Werte wie Ehrgeiz, Fleiß und
Leistung durch Spiel und Spaß ersetzt

Kontinuierliche Angleichungsprozesse:
Die Angleichungstendenzen beschränken sich nicht nur auf die Einkommen
der Bürger, sondern halten vermehrt auch in unseren Schulen Einzug, indem
unterschiedlichste Leistungsniveaus gemeinsam unterrichtet werden und
damit eine Angleichung der Leistungen auf niedrigerem Niveau stattfindet

Verzicht auf Leistungsmessung:
In sehr vielen Bereichen ist ein Verzicht auf eine Leistungsmessung zu
beobachten, insbesondere auch in der Schule und neuerdings sogar im Sport.
Ohne Leistungsmessung fehlen objektiv begründbare Vorteile. Damit
entfallen Leistungsanreize

Leistungsloses Anspruchsdenken:
Durch fehlende Leistungsmessung und den fehlenden Zusammenhang
zwischen Leistung und Belohnung entsteht leistungsloses Anspruchsdenken.
Wenn eine erbrachte Leistung nicht mehr als Maßstab für die Entlohnung
(und andere Belohnungen) herangezogen wird, beansprucht jeder zu Recht

die gleiche Belohnung. Dafür wurde der Begriff „Einkommensgerechtigkeit"
geprägt.

Was haben all diese Punkte gemeinsam? Sie sind alle durch unsere
Einstellung zum Wettbewerb verbunden, da sie alle die Intensität des
Wettbewerbs beeinflussen. Es handelt sich um universelle Prinzipien des
Wettbewerbs, die nicht auf den Sport oder die Wirtschaft beschränkt sind,
sondern jeden Bereich betreffen.

Wenn wir in allen betrachteten Problemfeldern eine Hemmung der
Wettbewerbsintensität ausmachen können, dann liegt doch die Vermutung
nahe, dass wir hier eine grundlegende Ursache für die Symptome unseres
Niedergangs gefunden haben. Aber kann es wirklich sein, dass die
Einschränkung des Wettbewerbs so profunde Auswirkungen auf unseren
Staat hat? Sollte Wettbewerb eine so bedeutsame Rolle für die Entwicklung
ganzer Nationen spielen? Und wenn ja, warum ist der Wettbewerb in unserer
Gesellschaft dann so in Ungnade gefallen?

Bevor wir jedoch auf diese Fragen detaillierter eingehen, müssen wir uns
zunächst ein gemeinsames Verständnis von Wettbewerb aneignen.

3. Die dominante Kraft

Worum es geht

Wir haben die gesellschaftliche Abkehr vom Wettbewerb als eine potenzielle Grundursache unserer Probleme in Deutschland identifiziert. Doch was ist Wettbewerb eigentlich genau und was ist er nicht?

Allgemein wird Wettbewerb im Duden wie folgt definiert (73):

„Etwas, woran mehrere Personen im Rahmen einer ganz bestimmten Aufgabenstellung, Zielsetzung in dem Bestreben teilnehmen, die beste Leistung zu erzielen, Sieger zu werden".

Als zweite Möglichkeit bietet der Duden folgende spezifische Definition für den wirtschaftlichen Wettbewerb an:

„Kampf um möglichst gute Marktanteile, hohe Profite, um den Konkurrenten zu überbieten, auszuschalten; Konkurrenz".

Beide Definitionen sind intuitiv nachvollziehbar. Aber die wenigsten Teilnehmer an einem Wettbewerb tun dies nur, um Sieger zu werden. Die meisten werden danach streben, ihre persönlichen Fähigkeiten und Leistungen zu verbessern. Als Gradmesser für den Fortschritt auf dem Weg zur persönlichen Verbesserung dient der Vergleich mit anderen und damit der Wunsch, möglichst viele andere Teilnehmer zu übertrumpfen. Ziel eines Wettbewerbs ist es nicht, den anderen Teilnehmer „auszuschalten", auch nicht im wirtschaftlichen Wettbewerb. Wäre dies ein Bestandteil des Wettbewerbs, wäre auch jedes Mittel zur Erreichung des Ziels legitim. Dies ist allerdings aus gutem Grund nicht der Fall. Vielmehr gibt es für jeden Wettbewerb Spielregeln, nach denen er abläuft und die das Ergebnis maßgeblich bestimmen. Die zweite Definition beinhaltet auch einen Aspekt, der in der ersten nicht berücksichtigt wird: Jeder Teilnehmer an einem Wettbewerb verfolgt damit individuelle Ziele. Bezogen auf die Wirtschaft ist dieses Ziel der Profit eines Unternehmens.

Offensichtlich greifen die obigen Definitionen von Wettbewerb etwas kurz und Wettbewerb ist doch vielfältiger, als es zunächst den Anschein hat. Daher wählen wir hier eine andere Definition von Wettbewerb:

„Wettbewerb existiert, wenn mehrere Personen oder Organisationen auf einem Gebiet unter Einhaltung vorgegebener Randbedingungen die eigene

Leistung verbessern, möglichst viele Teilnehmer übertreffen und damit ihre Ziele realisieren wollen."

Nach dieser Definition ist z.B. der Besuch einer Schule oder sogar einer Kindertagesstätte bereits ein Wettbewerb. In beiden Fällen sind die Kinder bestrebt, sich in einer neuen Umgebung zurechtzufinden und neue Fähigkeiten anzueignen (eigene Leistungen verbessern). Dazu gibt es klare Regeln (vorgegebene Randbedingungen), wie Hausaufgaben, Teilnahme am Unterricht etc. Durch gutes Benehmen oder gute Noten soll das Wohlwollen des Lehrers und der Eltern erreicht werden (Ziel). Lob ist dann das System der Leistungsmessung, um die eigene Leistung mit der anderer zu vergleichen. Ein guter Schulabschluss soll dann den Besuch einer weiterführenden Schule, ein Studium oder eine Ausbildung ermöglichen. Eine gute Ausbildung oder ein Studium soll unsere beruflichen Möglichkeiten erweitern. Im Beruf streben wir nach Anerkennung durch Kollegen, einem höheren Gehalt und guten Aufstiegschancen. Ein Unternehmen kämpft ums Überleben und um hohe Gewinne. Selbst Wohltätigkeitsvereine wollen mehr Spenden für ihre Organisation sammeln als andere.

Unsere Definition von Wettbewerb schließt zudem die Verletzung von Randbedingungen bzw. Spielregeln zur Erlangung eines Vorteils aus. Auch die Vorteilsnahme durch einen Kampf gegen andere Teilnehmer ist nicht Bestandteil dieser Definition. Somit ist nicht nur wichtig, was Wettbewerb bedeutet, sondern mindestens ebenso wichtig ist es, was nicht zum Wettbewerb gehört. Wäre beispielsweise das Siegen mit allen Mitteln ein legitimer Bestandteil eines Wettbewerbs, würde sich nicht die beste Leistung durchsetzen, sondern der rücksichtsloseste und hinterhältigste Teilnehmer. Das Ziel eines Wettbewerbs ist es jedoch, den leistungsstärksten Teilnehmer zu ermitteln. Intrigen, Heimtücke und Rücksichtslosigkeit können zum Sieg führen, doch stellt dies einen Sieg ohne Wert dar. Im Gegenteil, die Anwendung solcher Praktiken ist ein Zeichen von Schwäche und Unterlegenheit. Die Duldung solcher Praktiken führt nicht zu einem konstruktiven Wettbewerb. Sowohl Siegen um jeden Preis als auch Machtmissbrauch kommen im Wettbewerb vor. Sie offenbaren jedoch vielmehr ethische Fehlentwicklungen und das Fehlen von Grundwerten, die weder auf den Wettbewerb beschränkt sind, noch durch ihn hervorgerufen werden.

Wenn wir davon ausgehen, dass die kontinuierliche Abkehr vom Wettbewerb als Grundursache für den Niedergang unseres Landes infrage kommt, so muss ihm eine enorme Kraft innewohnen. Diese Hypothese kann nur dann aufrechterhalten werden, wenn es einen großen

Leistungsunterschied zwischen Umgebungen mit und „ohne" Wettbewerb gibt. Diesen Nachweis wollen wir durch die Untersuchung verschiedener Bereiche erbringen. Dieser Nachweis ist aber nicht einfach zu führen, schließlich hat es Wettbewerb schon immer gegeben. Wir werden mit dem sportlichen Wettbewerb beginnen, weil er als einziger verlässliche und objektive Daten über die Leistungsfähigkeit des Wettbewerbs liefern kann.

3.1 Die Kraft im Sport

Selbst im Sport ist ein objektiver Leistungsvergleich über längere Zeiträume nicht in allen Sportarten möglich. Deshalb konzentrieren wir uns hier ausschließlich auf Wettbewerbe, die dies gewährleisten. Dazu betrachten wir die Leistungsunterschiede im Laufen, Schwimmen, Hochsprung und im Kugelstoßen über einen Zeitraum von etwa 100 Jahren (74) (75) (76) (77) (78).

- 100 m Lauf (m): 1912: 10,6 Sekunden → 2009: 9,58 Sekunden
- 100 m Schwimmen (m): 1905: 65,8 Sekunden → 2009: 46,4 Sekunden
- Hochsprung (w): 1922: 1,46 Meter → 1987: 2,09 Meter
- Kugelstoßen (m): 1909: 15,54 Meter → 2023: 23,56 Meter

Daraus ergeben sich folgende prozentuale Verbesserungen in den Disziplinen:

- 100m Lauf: 9,6%
- 100 m Schwimmen: 29%
- Hochsprung: 43%
- Kugelstoßen: 52%

Umfeld für Entwicklung

Ohne im Detail auf die großen Unterschiede eingehen zu wollen, lässt sich anhand der Verbesserungen feststellen, dass die Sportarten mit den stärksten Veränderungen in der Ausführung sicherlich auch die größten Fortschritte gemacht haben. Neudeutsch würde man wohl von disruptiven Entwicklungen sprechen. Während sich Laufen und Schwimmen in der Art der Ausführung grundsätzlich nicht wesentlich verändert haben, reden wir beim Hochsprung und beim Kugelstoßen von massiven Veränderungen der Technik. Diese wären gänzlich ohne Wettbewerb nicht entstanden oder hätten sich zumindest nicht verbreitet. Ohne Wettbewerb fehlen die Voraussetzungen dazu. Selbst wenn wir eine Motivation für diese Sportarten voraussetzen, fehlt doch der Leistungsvergleich mit anderen. Es würde genügen, ein Hindernis zu überwinden oder ein Gewicht über eine beliebige Distanz zu stoßen. Wie hoch jemand springen könnte oder wie weit, wäre ohne den Wunsch, besser zu sein als andere, völlig irrelevant. Durch Zufall könnten sich zwar unterschiedliche Techniken entwickeln, doch deren Über- oder Unterlegenheit wäre nicht von Interesse, da es schließlich gleichgültig wäre, ob ein anderer besser wäre. Es gäbe schlicht und ergreifend keinen systematischen Fortschritt. Hier finden wir ein ganz wesentliches Element des Wettbewerbs: Der permanente Leistungsvergleich und das Bestreben, besser zu sein als andere, bewirken eine ständig steigende Messlatte, die zu immer neuem Fortschritt führt. Berauben wir uns des Leistungsvergleichs mit anderen, so verzichten wir auf eine bewährte Methode der kontinuierlichen und systematischen Entwicklung.

Der wahre Vergleich

Wir haben die Leistungen im sportlichen Wettbewerb über ungefähr ein Jahrhundert analysiert und erstaunliche Verbesserungen nachgewiesen. Um aber die wahre Power des Wettbewerbs zu zeigen, müssen wir die Spitzenleistungen von heute mit denen von Nicht-Wettbewerbern vergleichen. Die folgenden Szenarien sind zugegebenermaßen etwas spekulativ, aber exakte Zahlen von Versuchspersonen würden die Aussagen nicht wesentlich verändern.

100 m Lauf (m): Nehmen wir an, dass ein junger, untrainierter Mann über eine kurze Strecke mit einer Geschwindigkeit von etwa 3 m/s bzw. etwa 10 km/h laufen kann (etwa doppelte Gehgeschwindigkeit), so ergibt sich für die Strecke von 100 m eine Zeit von etwa 30 Sekunden.

Beim Schwimmen muss vom „Hundeschwimmen" ausgegangen werden, da sich ohne Wettbewerb keine effektiven Schwimmtechniken entwickelt hätten. Da diese Technik sehr anstrengend ist, muss bei einer Strecke von 100 m mit einer starken Ermüdung des Probanden gerechnet werden. Es kann daher von einer Geschwindigkeit von ca. 0,25 bis max. 0,4 Meter pro Sekunde ausgegangen werden, was zu einer Zeit von ca. 4 bis 6 Minuten für diese Strecke führt.

Beim Hochsprung gehen wir von einer Hüpftechnik aus. Damit sollte eine Höhe übersprungen werden können, die etwa der Hälfte bis zu 2/3 der Körpergröße entspricht. Bei einer weiblichen Teilnehmerin mit einer Körpergröße von ca. 190 cm aus ergibt sich eine erreichbare Höhe von ca. 95 bis 125 cm.

Beim Kugelstoßen wird die Kugel vermutlich aus dem Stand gestoßen werden. Ein kräftiger Mann wird vielleicht eine Distanz von 10 m stoßen.

Auch wenn es sich dabei nur um sehr grobe Schätzungen handelt, können wir uns nun einen Vergleich zwischen unseren imaginären untrainierten Probanden und den heutigen Spitzenleistungen anstellen und daraus einige Schlüsse ziehen:

- 100 Meter Lauf: ca. 50% kürzere Zeit/ca. doppelt so hohe Geschwindigkeit des Spitzensportlers
- 100 Meter Schwimmen: ca. 80% kürzere Zeit/ca. 5 x höhere Geschwindigkeit des Spitzensportlers
- Hochsprung: ca. 100% höher/also die doppelte Höhe
- Kugelstoßen: ca. 125% höhere Weite.

Das sind „Welten", wie man im Sport oft sagt, und es zeigt auch, dass viele Athleten, die bei weitem nicht zur Spitze gehören, im Vergleich zu Nichtsportlern schier unvorstellbare Leistungen erbringen.

Die Vergleiche wären sicher noch extremer ausgefallen, wenn wir nur Ausdauersportarten zum Vergleich herangezogen hätten. Nehmen wir z.B. einen Marathonlauf, für den Spitzenathleten heute eine Zeit von knapp über zwei Stunden benötigen, während ein untrainierter Mensch diese Strecke wohl nur über einen Tag bewältigen könnte und danach ein Sauerstoffzelt bräuchte. Während Spitzenschwimmer in einer Stunde ca. fünf Kilometer zurücklegen, ist diese Strecke für Untrainierte überhaupt nicht zu schaffen. Sie würden weit vor der Ziellinie ertrinken.

Die großen Leistungsunterschiede sind das Ergebnis vieler Trainingsstunden. Das Hauptmotiv ist die Begierde, besser zu sein als andere. Individuelles Talent, Interesse und die Verfügbarkeit von Trainingsmöglichkeiten bestimmen in der Regel die Wahl der Sportart. Der Vergleich mit anderen ist jedoch das zentrale Element, um die eigene Leistung zu verbessern und Spitzenleistungen zu erreichen.

Im Sport können wir anhand objektiver Vergleichsdaten signifikant höhere Leistungsniveaus durch die Teilnahme an Wettbewerb nachweisen.

Wettbewerb führt offensichtlich zu signifikanten Leistungssteigerungen gegenüber wettbewerbsarmen Umgebungen.

3.2 Die Kraft in der Natur

Evolution ohne Wettbewerb?
Wie könnte eine natürliche Entwicklung ohne Wettbewerb aussehen? Um diese spekulative Überlegung realistisch zu halten, müssen wir auch in einer

Umgebung ohne Wettbewerb bestimmte Randbedingungen annehmen. So betrachten wir hier eine Umgebung, in der das Nahrungsangebot begrenzt ist. Da wir trotzdem keinen Wettbewerb zulassen wollen, müssen wir natürliche Feinde oder einen Verteilungskampf zwischen den Arten oder zwischen Individuen innerhalb einer Art ausschließen. Die Abwesenheit von Wettbewerb schließt dies ja per Definition aus. Folglich stillen die Lebewesen ihren Hunger nur bei Bedarf. Hätte ein Individuum Hunger und Nahrung wäre zufällig verfügbar, würde es fressen und sein Überleben wäre für eine Weile gesichert. Wäre keine Nahrung vorhanden, würde das Individuum sterben. Wir hätten eine Umgebung vollkommener Gleichheit, in dem jeder gleich wenig besitzt und es keinen Wettbewerb um Besitz, Nahrung oder Überleben gibt - für viele Menschen das Ideal einer humanistischen Gesellschaft.

Da die Nahrungsaufnahme nur stattfindet, wenn Hunger und Nahrung beide gleichzeitig vorhanden sind, ist das Überleben eines Individuums rein zufällig. Es gäbe folglich auch ohne Wettbewerb und Verteilungskampf ein ständiges Verhungern und ein kontinuierliches Entstehen und Vergehen von Leben, wenn auch gleichmäßig über alle Lebewesen und Gattungen verteilt. Folglich würden auch in diesem Umfeld absoluter Gleichheit dennoch immer wieder Individuen verhungern, weil die Nahrung limitiert ist. Ohne Wettbewerb hätte jedes Individuum nur das Nötigste zum Leben, und die Anzahl der Individuen würde sich ausschließlich an der verfügbaren Nahrungsmenge ausrichten. Eine Anpassung an die Umgebung fände nicht statt. Der Status quo bliebe ewig erhalten, es gäbe keinen Fortschritt.

Gleichheit am Existenzminimum

Warum aber sollte unser Umfeld ohne Wettbewerb für alle ein Leben am Existenzminimum bedeuten? Unterschiede kann es per Definition nicht geben, denn diese setzen Wettbewerb voraus, also das Bestreben, besser zu sein oder mehr besitzen zu wollen als andere. Eine Abweichung vom Existenzminimum kann daher nur für alle gleichzeitig und in gleicher Höhe möglich sein und dann auch dort verharren. Unabhängig von der Frage, wie dieser Zustand ohne Wettbewerb hätte erreicht werden können, würde das Fehlen von Wettbewerb zwangsläufig wieder zu einem Zustand am Existenzminimum zurückführen.

Die fehlende Komponente des Club of Rome

Erst durch die Einführung von Wettbewerb in diesem Szenario kann es zu Anpassungen an die Umgebung kommen. So würde eine höhere Geburtenrate eine Art gegenüber einer anderen bevorzugen. Eine Gattung, die weniger Nahrung benötigt oder länger davon zehren kann, hätte ebenfalls bessere Überlebenschancen. Es könnten sich Kreaturen entwickeln, die andere fressen und so zu einer disruptiven Anpassung an die Randbedingungen führen. Und möglicherweise würde eine Lebensform entstehen, die intelligent genug ist, Nahrung für den Bedarfsfall zu lagern oder Wege zu finden, die Begrenzung der Nahrung durch Ackerbau und Viehzucht zu umgehen. Diese Spezies würde die Schranken der begrenzten Ressource sprengen und das Überleben vieler Individuen sichern. Die Evolution des Lebens durch Wettbewerb!

Wettbewerb hat die Kraft, die Grenzen einer limitierten Ressource zu verschieben. Über einen längeren Zeitraum entwickelt der Wettbewerb eine ungeheure Kraft, die eine ebenso unvorstellbare Entwicklung bewirkt.

3.3 Die Kraft im Vergleich der Staaten

Das Überschreiten von Grenzen

Die derzeit mächtigste Nation der Welt ist zweifellos die USA. Sie verfügt über die größte militärische Streitmacht, das höchste Pro-Kopf-Einkommen der Industrieländer und ist in vielen Bereichen auch wissenschaftlich führend. Obwohl die USA bereits vor dem Zweiten Weltkrieg eine sehr starke Nation mit einem hohen Wohlstand der Bevölkerung war, entwickelte sich ihre Dominanz erst richtig im Anschluss an den Krieg. Ursache dafür war der Beginn eines intensiven Wettstreits zwischen den USA und der Sowjetunion um die Vorherrschaft in der Welt. Die Zeit zwischen dem Zweiten Weltkrieg und dem Ende der 1980er-Jahre war vor allem durch ein nukleares Wettrüsten geprägt. Doch nicht nur auf militärischer, sondern auch auf wissenschaftlicher Ebene fand ein Wettlauf statt. Der wohl bedeutendste Wettlauf war der in der Raumfahrt, den die USA schließlich 1969 mit der ersten Landung eines Menschen auf dem Mond für sich entscheiden konnten. Hätte es diesen gewaltigen Fortschritt für die Menschheit ohne den Wettbewerb zwischen den USA und der Sowjetunion gegeben? Sicherlich nicht! Weder die USA noch die Sowjetunion hätten diese gewaltigen und kostspieligen Anstrengungen unternommen, wenn nicht beide Seiten ein Interesse daran gehabt hätten, sich als stärkste Nation der Welt auch wissenschaftlich zu beweisen. Kritiker werden einwenden, dass die dafür notwendigen finanziellen Mittel besser in anderen Bereichen besser angelegt gewesen wären. So wurde das Apollo-Projekt letztlich auch aufgrund gesellschaftlicher Forderungen, das Geld in Bildung und Armutsbekämpfung zu investieren, eingestellt. In der Folgezeit profitierten die USA jedoch in beispielloser Weise von den technologischen Durchbrüchen, die für die Mondlandung notwendig waren. Die heutige Stärke der USA beruht nicht zuletzt auf den technologischen Entwicklungen, die im Wettlauf um die erste Mondlandung verwirklicht wurden. Brennstoffzellen, Solarmodule, Navigationsgeräte, weltweite Liveübertragungen, Messdaten zum Klimawandel, Erkenntnisse über die Entstehung des Universums und vieles mehr wären ohne diesen intensiven Wettkampf zwischen den USA und der Sowjetunion womöglich bis heute Science-Fiction.

Der Klassiker: Kapitalismus gegen Sozialismus

Ein wesentlicher Bereich des Wettbewerbs zwischen den USA und der Sowjetunion spielte sich auch auf wirtschaftlicher Ebene ab. Das kapitalistische System der USA konkurrierte mit dem Sozialismus der Sowjetunion. Auf der einen Seite ein System des freien Wettbewerbs, auf der anderen Seite ein System des Kollektivs, in dem jeder uneigennützig für die Gesellschaft arbeitete. Und während der Wohlstand der Bevölkerung in den USA von Jahrzehnt zu Jahrzehnt stieg, gingen die Früchte der Arbeit an den meisten Menschen in der Sowjetunion vorbei. Der Reichtum war in erster Linie den Parteifunktionären vorbehalten, nicht der Bevölkerung. Am Ende der Sowjetunion, Ende der 1980er-Jahre, lagen Welten zwischen dem Wohlstand der USA und dem der Sowjetunion. Der freie Wettbewerb erwies sich als dem Sozialismus weit überlegenes System. Diese Schlussfolgerung lässt sich aus jedem historischen Vergleich zwischen sozialistischen und wettbewerbsbasierten Wirtschaftsstrukturen ziehen.

Dem intensiven Wettbewerb zwischen den USA und der Sowjetunion ist ein gigantischer technologischer Fortschritt zu verdanken, von dem nicht nur die USA, sondern letztlich die gesamte Menschheit profitiert hat.

Staaten ohne Ambitionen

Wie bei der ersten Analyse des sportlichen Wettbewerbs haben wir es hier mit einem Vergleich zweier Wettbewerber über einen längeren Zeitraum zu tun. Wie aber sähe eine Welt ohne staatlichen Wettbewerb aus? Und welche Auswirkungen hat der staatliche Wettbewerb auf die Bevölkerung? Um eine rein theoretische Betrachtung zu vermeiden, können wir den Unterschied zwischen engagierten staatlichen Wettbewerbern wie den USA, China oder Indien und nicht wettbewerbsorientierten Ländern untersuchen. Letztere werden kaum Ambitionen zeigen, „besser" zu sein als andere. Wir können daher nach Ländern Ausschau halten, die sich aus diversen Gründen vorwiegend mit internen Problemen beschäftigen. Eine Fokussierung auf interne Vorgänge reduziert fast zwangsläufig die Anstrengungen, sich im

Wettbewerb mit anderen Staaten zu messen – vielleicht auch ein Gedankenanstoß für die deutsche und europäische Politik. Beispiele hierfür sind hoch korrupte Staaten, und/oder Staaten mit internen Machtkämpfen. Laut Transparency International belegt Somalia den traurigen letzten Platz mit der weltweit höchsten Korruptionsrate (79). Dazu gesellen sich der Sudan, Syrien, Venezuela, Jemen, Nordkorea, Libyen, Äquatorialguinea, Burundi, Haiti und viele andere, die von hoher Korruption betroffen sind. Viele dieser Länder sind zudem von internen Machtkämpfen betroffen:

- Somalia durch einen langjährigen Bürgerkrieg seit den 1980er-Jahren
- Jahrzehntelanger Bürgerkrieg im Sudan und Südsudan
- Ein anhaltender Bürgerkrieg in Syrien
- Politische Instabilität in Venezuela gepaart mit Sanktionen der USA und Europas
- Ein knapp zehnjähriger Bürgerkrieg im Jemen
- Die Besessenheit Nordkoreas zur Entwicklung von Atomwaffen
- Politische Instabilität in Libyen nach dem Sturz des Gaddafi-Regimes 2011
- Anhaltende politische Spannungen in Äquatorialguinea
- Ethnische Konflikte zwischen Hutu und Tutsi in Burundi
- Hohe Bandenkriminalität in Haiti.

Augenscheinlich sind diese Staaten primär mit sich selbst beschäftigt. Vergleicht man nun diese Länder mit ihrem Bruttoinlandsprodukt pro Kopf nach Schätzungen des Internationalen Währungsfonds für 2022, Stand Oktober 2023 (80), so belegen diese Staaten folgende Plätze (von 1 – beste Platzierung - bis 194):

Somalia:	185
Sudan:	181
Syrien:	Keine Angaben
Venezuela:	136
Jemen:	182
Nordkorea:	Keine Angaben
Libyen:	107
Äquatorialguinea:	87
Burundi:	194
Haiti:	159

Offensichtlich erhalten wir im internationalen Vergleich überwiegend niedrige Bruttoinlandsprodukte, wenn wir die Länder betrachten, bei denen wir von geringen Ambitionen im staatlichen Wettbewerb ausgehen können. Wir sehen also einen Zusammenhang zwischen hoher Armut und geringer staatlicher Leistungsfähigkeit bzw. zwischen geringem Engagement im staatlichen Wettbewerb und Armut.

Ein geringes Engagement im staatlichen Wettbewerb führt zu Armut der Bevölkerung. Der Staat trägt daher eine hohe Verantwortung für das Wohlergehen seiner Bevölkerung.

Und auch hier zeigt sich die enorme Kraft des Wettbewerbs. Staaten, die um Spitzenpositionen im Wettbewerb kämpfen, sind den Staaten, die sich vor allem um ihre eigenen Probleme kümmern, weit überlegen. Und diese Überlegenheit drückt sich vor allem auch im Wohlstand der Bevölkerung aus. Der Wohlstand einer Bevölkerung wird demzufolge durch das staatliche Engagement bestimmt.

3.4 Die Kraft in der Wirtschaft

Den Kopf in den Sand stecken wird nicht helfen
Wirtschaftlicher Wettbewerb existiert seit Jahrtausenden, ist aber zunehmend globaler geworden. Selbst verderbliche Waren werden heute weltweit gehandelt. Damit befindet sich jedes Unternehmen im globalen Wettbewerb oder kann davon beeinflusst werden. So machen Internetgiganten wie Amazon selbst dem kleinen Einzelhändler um die Ecke das Leben schwer. Den Wettbewerb zu ignorieren, indem man sich ihm verweigert, wird nicht helfen. Amazon oder ähnliche global agierende Unternehmen werden nicht vor dem Tante-Emma-Laden um die Ecke Halt machen, nur weil Emma den Wettbewerb ablehnt. Dies ist eine generelle Erkenntnis: Auch wenn wir an einem Wettbewerb nicht teilnehmen (wollen), müssen wir die Konsequenzen des dennoch stattfindenden Wettbewerbs tragen.

Auch das Selbstverständliche von heute ist durch Wettbewerb entstanden.

Der wirtschaftliche Wettbewerb hat uns enorme Fortschritte beschert. Am deutlichsten wird dies im Automobilbau, und da brauchen wir keine 100 Jahre zurückzublicken. War Ende der 1960er-Jahre ein Sportwagen mit 150 PS die Spitze der Leistungsfähigkeit, so haben heutige Familienfahrzeuge mehrere Hundert PS. Dabei verbrauchen sie auch bei hohen

Geschwindigkeiten deutlich weniger Kraftstoff. Die Abgase sind schadstoffärmer als früher, die Zuverlässigkeit ist wesentlich höher, der Komfort ist gestiegen und auch die Sicherheit hat sich deutlich verbessert. Zudem bietet sich uns heute eine riesige Modellvielfalt. Das alles ist das Ergebnis eines harten Wettbewerbs über viele Jahrzehnte. Würden wir den Wettbewerb aus der Entwicklung der letzten 150 Jahre herausnehmen, sähen die Fahrzeuge so aus wie damals. Sie wären laut, stinkend, langsam und unbequem.

Ähnliche Entwicklungen sind bei vielen Produkten zu beobachten. Wir denken nicht viel darüber nach und nehmen es als gegeben hin. Allzu oft vergessen wir, welche fantastischen Leistungssteigerungen unsere Produkte durch den Wettbewerb erfahren haben. Ohne Wettbewerb gäbe es die meisten Produkte und Entwicklungen gar nicht!

Wenn wir diese Errungenschaften mit Entwicklungsländern ohne eine nennenswerte Wirtschaft und deren „Wohlstand" vergleichen, erkennen wir wieder die enorme Kraft des Wettbewerbs. Unser Wohlstand ist das Ergebnis vieler Jahrzehnte harten Wettbewerbs.

Die gewaltige Kraft des Wettbewerbs wird bereits deutlich, wenn man die Entwicklung mit intensivem Wettbewerb über einen längeren Zeitraum betrachtet. Noch eindrucksvoller ist allerdings der Vergleich mit und „ohne" Wettbewerb. Offensichtlich ist Wettbewerb seit Jahrtausenden der Motor für Fortschritt und Entwicklung. Dem Wettbewerb wohnt damit die Kraft inne, die für positive wie negative Entwicklungen ganzer Staaten verantwortlich sein kann. Je intensiver wir uns als Individuen oder als Gesellschaft am Wettbewerb beteiligen, desto rascher schreitet die Entwicklung voran und desto größer wird der Nutzen sein.

Wenn unser Engagement im Wettbewerb nachlässt, werden zunehmend andere die Früchte der Anstrengung ernten.

4. Die gesellschaftliche Ächtung

Obwohl die intensive Teilnahme am Wettbewerb unseren heutigen Wohlstand erst ermöglicht hat, wird der Wettbewerb dennoch seit geraumer Zeit mehr als kritisch hinterfragt. Und es stimmt: Wettbewerb hat nicht nur attraktive Seiten. Er ist anstrengend, fordernd, konsequent und durchaus beizeiten frustrierend. Manche Experten fordern zudem, den Wettbewerb durch Kooperation zu ersetzen.

Sie säen nicht und sie ernten nicht

Bei all den unbestreitbaren Errungenschaften, die uns der Wettbewerb beschert hat, stellt sich doch die Frage, warum der Wettbewerb in Deutschland so in Verruf geraten ist und von sehr vielen Bürgern schlichtweg abgelehnt wird. Eine weitverbreitete Annahme ist sicherlich, dass die oben beschriebenen Errungenschaften nicht das Ergebnis des Wettbewerbs sind, sondern sich auch ohne Wettbewerb genauso gut oder vielleicht sogar besser entwickelt hätten. Sehr viele alternative Lebensphilosophien und aktuelle politische Maßnahmen basieren auf dieser Sichtweise. Andernfalls hätten wir in Kapitel 2 nicht so viele systematische Beschränkungen des Wettbewerbs identifizieren können. Dieser Sichtweise liegt ein Menschenbild zugrunde, nach dem der Mensch grundsätzlich nicht durch seinen eigenen Nutzen, sondern entweder vom Gemeinwohl oder von intrinsischen, d.h. von inneren Motiven geleitet wird. Die Fragwürdigkeit dieser Sichtweise wurde bereits im vorangegangenen Kapitel aufgezeigt. Wie kann es sachlich richtig sein, dass die Evolution der Menschheit und des Lebens im Allgemeinen auch ohne Wettbewerb stattgefunden hätte, wenn wir doch in unterschiedlichen Bereichen die enorme Kraft des Wettbewerbs demonstrieren konnten? Bei allen Vergleichen in Kapitel 3 konnten wir geringere Leistungsniveaus nachweisen, wenn das Bestreben, besser zu sein als andere, fehlte. Es gibt keine empirische Evidenz für die Unterlegenheit eines wettbewerbsbasierten Systems.

Der Phobie stellen

Daneben gibt es eine Reihe weiterer Kritikpunkte am Wettbewerb. Im Folgenden soll daher auf einige der wichtigsten Gründe für die Ablehnung des Wettbewerbs eingegangen werden. Ziel dieses Kapitels ist es, einen Beitrag zur Erklärung von Wettbewerbsfeindlichkeit zu leisten. Offensichtlich existiert eine große Kluft zwischen den unbestreitbaren und realen Erfolgen des Wettbewerbs und unserer Wahrnehmung davon. Wenn wir nicht verstehen, woher die Aversion kommt, können wir uns auch nicht sachlich mit dem Wettbewerb und den Konsequenzen unserer Ablehnung auseinandersetzen.

Solange Wettbewerb negativ bewertet wird und diese Einstellung nicht hinterfragt wird, werden die hier dargestellten Zusammenhänge grundsätzlich auf Ablehnung stoßen. Eine intuitive und reflexhafte Ablehnung von Ursachen und Lösungsansätzen wird uns aber in unserem Bemühen, den Niedergang Deutschlands umzukehren, nicht weiterhelfen.

4.1 Soziale Ungerechtigkeit

The winner takes all

Neben der Auffassung, dass sich hohe Leistungen und Fortschritt auch ohne Wettbewerb entwickeln können, wird Wettbewerb als Auslöser sozialer Ungerechtigkeit gesehen. Dass nur wenige den ganzen Erfolg ernten (oder: „The winner takes all") ist eine zwangsläufige Begleiterscheinung des Wettbewerbs, wobei dies natürlich extrem überspitzt formuliert ist. Schließlich wird auch der Gewinner eines Wettbewerbs nicht „alles" vereinnahmen. Dennoch ist es eine Folge und eine Voraussetzung des Wettbewerbs, dass die Gewinner deutlich mehr positiven Nutzen aus dem Wettbewerb ziehen als die Verlierer: Wettbewerb erzeugt unbestritten eine Elite, die überproportional vom Wettbewerb profitiert und viele vermeintliche Verlierer, die nicht annähernd deren Einkommen erreichen. Interessanterweise ist der Begriff der Elite inzwischen ähnlich negativ konnotiert wie der des Wettbewerbs, soll hier aber dennoch neutral verwendet werden. Das Gegenteil von Elite wäre schließlich Mittelmaß. Warum aber Mittelmaß erstrebenswerter sein soll als Elite, können wohl nur die Gegner von Elite erklären. Wie aber entstehen Eliten und warum werden sie für ihre Leistungen besonders hoch entlohnt?

Die Entstehung von Elite

In jedem Wettbewerb gibt es sehr viele Teilnehmer mit geringen Fähigkeiten, deutlich weniger mit höheren Fähigkeiten und nur sehr wenige mit Spitzenfähigkeiten. Um diesen bedeutsamen Effekt des Wettbewerbs zu verstehen, beginnen wir ganz am Anfang eines Wettbewerbs. Stellen wir uns beispielsweise vor, wir laden eine Gruppe von Personen ein, ein neues Computerspiel auszuprobieren. Einige Mitspieler steigen sofort aus, weil sie nicht daran interessiert sind. Vielen gefällt das Computerspiel nicht und auch sie steigen schnell aus. Die anderen Teilnehmer nehmen am Spiel und damit am Wettbewerb teil. Es treten erste Schwierigkeiten auf, die zum Teil überwunden werden können, zum Teil aber auch schon Verzweiflung bei den Teilnehmern auslösen. Auch hier scheiden viele Mitspieler aus oder entscheiden sich nicht allzu viel Zeit mit dem Computerspiel zu verbringen. Neben der großen Gruppe der Teilnehmer, die nur über rudimentäre Fähigkeiten verfügen, bildet sich nun eine Gruppe mit geringen Fähigkeiten. Die übrigen Teilnehmer trainieren weiterhin ihre Fähigkeiten. Allerdings nehmen die Probleme mit steigendem Schwierigkeitsgrad zu. Das Lösen der Aufgaben dauert länger und erfordert immer mehr Versuche. Obwohl das Spiel den Teilnehmern grundsätzlich noch Spaß macht, steigen einige mit guten Fähigkeiten aufgrund des hohen Zeitaufwandes aus. Es verbleibt ein „harter Kern" von Teilnehmern, die bereits hohe Kompetenzen entwickelt haben. Die Mitglieder dieses harten Kerns sind bestrebt, ihre Fähigkeiten weiter zu perfektionieren, indem sie einen größeren Teil ihrer Zeit dem Spiel widmen. Der Fortschritt kommt aber nur sehr schleppend voran und der Zeitaufwand ist für viele einfach zu hoch. Auch der Spaßfaktor tritt in den Hintergrund und wird durch diszipliniertes Üben und Trainieren ersetzt. Manche können auch keine Fortschritte mehr erzielen, egal wie intensiv sie an der Verbesserung ihrer Fähigkeiten arbeiten. In der Folge können und wollen viele den Aufwand nicht mehr betreiben. Am Ende bleibt nur noch eine sehr kleine Gruppe von Teilnehmern mit exzellenten Fähigkeiten übrig. Diese kleine Schar hat sehr viel Zeit und Mühe in das Spiel gesteckt und ihr Leben dreht sich nur noch darum, der Beste in diesem Spiel zu werden. Nicht mehr die Freude am Spiel dominiert, sondern der Wunsch, der Beste zu werden. Jede kleinste Verbesserung erfordert einen enormen Aufwand. So bleibt aus dem großen Starterfeld nur eine sehr kleine Elite übrig, die auf höchstem Niveau um die Spitzenposition spielt. Damit findet ein natürlicher Ausleseprozess im Wettbewerb statt, der nur sehr wenige Spieler an die Spitze bringt, während der größte Teil der Teilnehmer aus dem Wettbewerb ausscheidet oder nur noch auf niedrigerem Niveau am Wettbewerb teilnimmt. Doch warum scheiden so viele Teilnehmer bereits auf niedrigen Leistungsniveaus aus?

Ein Grund dafür kann ein persönlicher Auswahlprozess sein. Die ambitionierte Teilnahme an einem Wettbewerb erfordert viel Zeit und Mühe. Bei mangelndem Interesse an diesem Wettbewerb oder wenn schnell deutlich wird, dass die eigenen Fortschritte in diesem Wettbewerb zu gering sind, ist es durchaus vernünftig, sich recht schnell nach erfolgversprechenderen Wettbewerben umzusehen. Eine Teilnahme wird dann schnell abgebrochen.

Ein übler Begleiter

Eine verbreitete Ursache für reduzierte Ambitionen ist jedoch ein anderer: Es ist der sogenannte „innere Schweinehund", der bei allen Menschen vorhanden ist, wenn auch in unterschiedlicher Ausprägung. Er ist quasi der Gegenspieler von Ehrgeiz. Während wir durchaus Ambitionen haben, uns persönlich zu entfalten und weiterzuentwickeln, steht uns der innere Schweinehund als Bremsklotz im Weg. Individuelle Entwicklung ist immer mit Anstrengung verbunden und der innere Schweinehund überzeugt uns immer wieder davon, wie angenehm das Leben ohne Anstrengung sein kann. Es kostet viel Energie und Disziplin, diesen Schweinehund zu überwinden, was nur wenigen dauerhaft gelingt.

Dieser Ausleseprozess ist typisch für den Verlauf eines Wettbewerbs und erklärt anschaulich, wie es zu Spitzenleistungen einer kleinen Elite kommt. Er erklärt aber noch nicht, warum es zu extremen Gewinnen bei dieser Elite kommt. Hier gibt es zwei Effekte.

„Selbstläufer"

Eine Erklärung für dieses Phänomen bietet die Modifikation der Spielregeln durch die Belohnung von Siegen. Diese Belohnungen ermöglichen es dem Spieler, zusätzliche Fähigkeiten oder Hilfsmittel zu erwerben, mit denen er für das nächste Level besser gerüstet ist. Dadurch erhält der Sieger neben seinen etwas besseren Fähigkeiten noch eine zusätzliche Hilfe. Bei ansonsten gleichem Leistungsniveau erhält der Sieger Vorteile, die weitere Siege wahrscheinlicher machen. Die Siege und damit die Höhe der Belohnungen werden folglich häufiger, was zu weiteren und immer stärkeren Vorteilen für zukünftige Auseinandersetzungen führt. Siege für die anderen Teilnehmer werden seltener und der Abstand zum Führenden wird größer. Eine solche Entwicklung ist in Teilen des professionellen Hochleistungssports zu beobachten, wo die Turniersieger immer höhere Preisgelder erhalten, mit denen sie z.B. die besten Spieler auf dem Markt kaufen und die besten Rahmenbedingungen für deren Entwicklung schaffen können. Ein Prozess, der langsam beginnt, sich aber beschleunigt. Wenn die Siegervereine keine größeren Fehler und die Verlierervereine keine außergewöhnlichen Fortschritte machen (z.B. durch Fremdkapital und/oder Spielglück), wird der Abstand zum besten Verein immer größer. Es entsteht eine Dominanz des Siegervereins. Ein solcher Prozess kann auch in der Wirtschaft stattfinden, indem die „Gewinnerunternehmen" ihre höheren Gewinne zur Stärkung des Unternehmens reinvestieren.

Monopol

Daraus könnte man schließen, dass sich dieser Prozess unendlich fortsetzt, eine weitere These, die zur Ablehnung des Wettbewerbs herangezogen wird. In der Realität können wir jedoch immer einen temporären Charakter selbst solcher dominanten Positionen erkennen. Die großen Imperien der Geschichte sind irgendwann in der Bedeutungslosigkeit verschwunden. Nur wenige Unternehmen bestehen länger als 100 Jahre. Von diesen sind nur noch die wenigsten wirklich bedeutend. Selbst die Genialität eines Einstein hat seine unbestrittenen wissenschaftlichen Errungenschaften nicht vor neuen Erkenntnissen bewahrt. Der Niedergang ehemals dominierender Teilnehmer ist integraler Bestandteil des Wettbewerbs, führt dieser doch zu immer neuen Bestmarken.

Ansporn

Ein weiterer Grund für die hohen Gewinne der Elite sind verstärkende Belohnungssysteme, die den Wettbewerb zusätzlich befeuern und zu überproportionalen Gewinnen führen können – extrinsische Motivatoren. Wenn z.B. hohe Summen für das Erreichen von Spitzenleistungen gezahlt werden, werden nicht nur mehr Menschen in den Wettbewerb eintreten, sondern sie werden auch länger im Wettbewerb bleiben. Dem größeren Aufwand für Spitzenleistungen steht ja dann auch eine höhere Anerkennung gegenüber. Je höher also die Belohnung ausfällt, desto größer ist folglich das Engagement im Teilnehmerfeld, um diese hohen Zuwendungen zu erreichen. Besondere Anreize führen also zu einem umfangreicheren Teilnehmerfeld und einem grundsätzlich höheren Leistungsniveau. Es besteht also ein direkter Zusammenhang zwischen der Höhe der erreichbaren Anerkennungen und der Intensität des Wettbewerbs. Die Erzielung höchster Leistungsniveaus bedingt daher auch zunehmend hohe Belohnungen für steigende Leistungen.

Horrende Belohnungen für Spitzenleistungen

Offengeblieben ist jedoch die Frage, warum die absolute Spitze ein sehr hohes Einkommen aufweist, während fast so gute Teilnehmer bereits einiges weniger verdienen. Eine plausible Erklärung liegt sicherlich in dem wesentlich höheren Aufwand, der für die absolute Spitzenleistung erbracht werden muss. Hier besteht bereits bei relativ geringen Leistungsunterschieden ein enormer Unterschied im Aufwand, der entsprechend honoriert werden muss, um Teilnehmer zu finden, die dazu bereit und in der Lage sind. Andernfalls stehen Aufwand und Nutzen in einem schlechten Verhältnis und die Teilnehmer werden diesen Aufwand nicht betreiben.

Von der Hassliebe zur Elite

Ein weiterer Grund für die überproportionale Entlohnung liegt sicherlich in der Einstellung der Menschen zu Spitzenleistungen. Die Menschen schätzen außergewöhnliche Fähigkeiten in vielen Lebensbereichen, ohne jedoch selbst Höchstleistungen anzustreben. Wie sonst wären die vollen Sportstadien bei Großveranstaltungen der weltbesten Athleten oder die vollen Stadien bei Open-Air-Konzerten zu erklären? Ein Pavarotti zog sicher mehr Menschen in seinen Bann als der Straßenmusiker an der nächsten Ecke, obwohl dieser sicherlich ein günstigeres Angebot hatte. Die Werbeeinnahmen und Preisgelder gehen an außergewöhnliche Menschen für ihre außergewöhnlichen Leistungen. Das kann man bedauern und auf die Anstrengungen des Straßenmusikers oder des regionalen Meisters verweisen, der zehn Sekunden hinter dem Weltmeister ins Ziel läuft. Aber er war eben nicht der Beste, und den Besten wollen wir sehen, hören, erleben und dabei sein, wenn ein neuer Weltrekord fällt oder eben Pavarotti „Nessun Dorma" singt. Exzellenz zieht uns in ihren Bann und fasziniert uns. Dafür sind wir auch bereit zu zahlen. Und angesichts des hohen Aufwands, Bester zu werden, den nur sehr wenige Teilnehmer zu treiben bereit und in der Lage sind, gebührt ihnen auch eine überproportionale Anerkennung.

Der Wettbewerb führt also durchaus zu einer überproportionalen Belohnung der Gewinner, und somit ist diese Kritik durchaus berechtigt. Allerdings stehen diesen Belohnungen auch außergewöhnliche Fähigkeiten oder ein extrem hoher Aufwand gegenüber. Wer die hohe Kompensation der Besten anzweifelt, stellt damit nicht nur das Leistungsprinzip generell infrage, sondern auch die Notwendigkeit von Spitzenleistungen, da diese unzweifelhaft mit hohen Belohnungen einhergehen. Diese Kritik resultiert aus dem Anspruch derer, die auch ohne Leistung und Aufwand einen guten Gegenwert verlangen. Was aber sollte diesen Anspruch rechtfertigen? Er ist nur ein Zeichen für ein neidisches Anspruchsdenken.

Auf Unterschiede in der Belohnung verzichten zu wollen, heißt, auf intensiven Wettbewerb und damit auf den Motor von Fortschritt und Innovation zu verzichten.

Nur der Gewinner profitiert?

Wie wir gesehen haben, bringt der Wettbewerb nur wenige Spitzenkräfte hervor, aber sehr viele, die diese Leistungsniveaus nicht erreichen können. Letztere werden in unserer Gesellschaft als „Verlierer" bezeichnet. Gemeint sind dabei meist die finanziell Schwächeren. Dabei wird es von vielen als ungerecht empfunden, dass es den finanziell Starken bedeutend besser geht. Da Wettbewerb Gewinner und Verlierer hervorbringt, wird letztlich der

Wettbewerb für diese Situation und letztlich auch für die Armut in unserem Land verantwortlich gemacht. Dabei wird häufig argumentiert, dass der Wohlstand an den Verlierern vorbeigeht, diese also nicht angemessen am wirtschaftlichen Erfolg partizipieren würden. Doch wie stichhaltig ist diese Argumentation?

Die Relativität der Armut

Zur Beantwortung dieser Fragen müssen wir uns zunächst darüber klar werden, was wir in Deutschland eigentlich unter Armut verstehen. Dabei stellen wir schnell fest, dass Armut immer in einem relativen Kontext verstanden wird, also immer im Vergleich zu etwas anderem.

Armut im historischen Vergleich

Da ist zunächst der Zeitbezug. Was wir heutzutage unter Armut verstehen, ist ein Leben, um das uns die Menschen vor 100 Jahren beneidet hätten. Derzeit verfügen selbst arme Menschen in Deutschland über einen Lebensstandard, den viele vor 100 Jahren selbst mit sehr viel Arbeit nicht erzielen konnten. Zu Beginn des 20. Jahrhunderts waren Wochenarbeitszeiten von 60 Stunden, verteilt auf sechs bis sieben Tage, durchaus üblich (81). Dafür erhielten männliche Arbeiter einen Tageslohn von 2 bis 3 Mark, Frauen auffallend weniger. Obwohl eine Umrechnung sicherlich problematisch ist, entspricht der damalige Lohn nach den Kaufkraftäquivalenten der Deutschen Bundesbank derzeit etwa 15 bis 25 € / Tag (82). Der Stundenlohn betrug folglich etwa 1,50 bis 2,50 €/Stunde. Das ist unter Berücksichtigung der Kaufkraftunterschiede von damals zu heute weniger als ein Fünftel des aktuellen Mindestlohns und damit beträchtlich weniger als das „Einkommen" eines Bürgergeldempfängers. Zusätzliche Vergünstigungen für die Empfänger von Bürgergeld wie Heiz- und Mietkostenzuschüsse sind dabei noch nicht einmal berücksichtigt. Darauf hatten damalige Arbeitnehmer keinen Anspruch. Wenn wir also Bürgergeldbezieher als arm bezeichnen, so übersteigt deren Lebensstandard doch den eines Arbeiters vor 120 Jahren um ein Vielfaches. Während dieser ungefähr 250 Stunden pro Monat arbeiten musste, haben Bürgergeldempfänger diesen Lebensstandard ohne eine einzige Arbeitsstunde zu leisten. Wenn wir unseren Armutsbegriff in Deutschland im historischen Kontext bewerten, müssen wir konstatieren, dass der Lebensstandard der Armen heutzutage signifikant oberhalb der Vollzeitbeschäftigten zu Beginn des 20. Jahrhunderts liegt.

Die absolute Armut

Wir können uns Armut auch in einem geografischen oder absoluten Kontext ansehen. Nach einer Definition der Welthandelsorganisation (WHO) gilt ein Mensch als arm, wenn er weniger als 2,15 $, also etwa 2 €, pro Tag zum Leben hat. Dies gilt als finanzielles Minimum zum Überleben. Zieht man wieder den Regelsatz des Bürgergeldes als Vergleich heran, so kommt man allein durch die direkten Zahlungen auf über 15 €/Tag. Im geografischen Kontext erhält der Bürgergeldempfänger in Deutschland also etwa das Zehnfache eines Armen nach WHO-Definition.

Die relative Armut nach EU-Definition

Die EU hat ihre eigene Definition von Armut festgelegt. Dabei unterscheidet sie zwischen absoluter Armut (entsprechend der WHO-Definition) und „relativer" Armut, die als ein Einkommen von 60% (EU-Definition) des bedarfsgewichteten Medianeinkommens der Bevölkerung definiert ist (83). Das Medianeinkommen bezeichnet dabei genau das Einkommen, ab dem es genauso viele Menschen mit einem höheren wie mit einem niedrigeren Einkommen gibt. Die Bedarfsgewichtung stellt lediglich eine Korrektur unterschiedlicher Lebensverhältnisse dar und soll uns hier in dieser Betrachtung nicht weiter interessieren.

Diese Armutsdefinition koppelt Armut an die Einkommensverteilung. So wird verständlich, dass ein armer Mensch in Deutschland über ein wesentlich höheres Einkommen verfügt als ein armer Mensch in manch anderem europäischen Land. Die Fragwürdigkeit dieser Definition wird bereits offensichtlich, wenn wir uns vergegenwärtigen, dass selbst eine Verdopplung des Einkommens an dem Prozentsatz der Menschen in Armut absolut nichts ändern würde (84). Trotz einer Verdopplung des Lebensstandards gäbe es genauso viele Arme wie aktuell. Würde man die Bevölkerung in Segmente mit jeweils gleicher Mitgliederzahl einteilen und jedem Segment einen linear ansteigenden Einkommenszuwachs ausgehend vom niedrigsten Einkommen zuweisen, so ergäbe sich dennoch exakt ein Anteil von 30% in Armut lebenden Menschen (mathematisch vorgegeben). Dies gilt unabhängig davon, ob sich das höchste und niedrigste Einkommen nur geringfügig oder gewaltig unterscheiden würden. Trotz nahezu identischer Einkommensverhältnisse (bei geringen Unterschieden) könnten wir dennoch bei diesem linearen Zusammenhang nie unter eine Armutsquote von 30% gelangen.

Wir können auch eine realistischere Exponentialverteilung der Einkommen zugrunde legen. In diesem Fall dürfte das Einkommen der Spitzenverdiener nur etwa 12,8 Mal so hoch sein wie das der Bürgergeldempfänger, um eine Armutsquote von 30% zu erreichen (ebenfalls mathematisch vorgegeben). Dies entspricht einem maximalen Einkommen von ca. 7.000 € pro Monat. Überträgt man dieses Verhältnis auf die Weltbevölkerung, von der ca. 9% unterhalb der absoluten Armutsgrenze von 2 € pro Tag leben, so dürfte das weltweite Spitzeneinkommen bei maximal 768 €/Monat liegen.

Das Absurde dieser Definition wird auch an einem weiteren Effekt transparent: So sinkt die Armutsquote, wenn wir sehr viele Geringverdiener und nur wenige Spitzenverdiener haben. Treiben wir das auf die Spitze und gehen von 50 + x% Bürgergeldempfängern und 50 - x% Spitzenverdienern aus, so gibt es trotz großer Einkommensunterschiede keine armen Bürger. Zur Erläuterung: Das Medianeinkommen entspräche in diesem Fall z.B. dem Bürgergeld. Da aber alle Einkommen nach unten hin durch das Bürgergeld abgesichert sind, kann es keine Armen geben.

Armut für alle?

Zur Vermeidung von Armut muss es entsprechend dieser Armutsdefinition also das Ziel sein, möglichst viele Arme (absolut betrachtet) und möglichst wenige Reiche in der Gesellschaft zu haben. Folglich ist der reale Wohlstand der Menschen unter dem Blickwinkel der relativen Armut komplett irrelevant. Folgt man dieser Armutsdefinition und will diese Art der Armut verhindern, so zwingt uns dies dazu, bei Menschen unterhalb des Medianeinkommens für möglichst gleiche Einkommensverhältnisse zu sorgen. Das Ziel der EU, relative Armut zu vermeiden, besteht folgerichtig darin, möglichst viele Menschen mit einem ähnlichen, aber niedrigen absoluten Wohlstandsniveau anzustreben. Ob dies wirklich der richtige Maßstab und die richtige Zielsetzung für unsere Gesellschaft ist, darf wohl stark bezweifelt werden. Wenn wir unter diesem Blickwinkel auf die Maßnahmen der Bundesregierung und der Gewerkschaften mit der massiven Erhöhung von Bürgergeld und Mindestlohn auf der einen Seite und der überproportionalen Lohnerhöhungen für niedrige Einkommen auf der anderen Seite schauen, wie wir es im Kapitel 2 gemacht haben, so zielen diese Maßnahmen alle auf die Erfüllung niedriger relativer Armutsquoten ab. Es ist also politischer Wille, die Mittelschicht ärmer zu machen und den Wohlstand der Bürgergeldempfänger und der Menschen ohne besondere Fähigkeiten dagegen zu erhöhen. Dies ist eine klare Konsequenz aus den Vorgaben der EU. Wie folgenreich diese Zielsetzung ist, wird später im Themenkomplex „Angleichung und deren Folgen" behandelt.

Ein weiterer Punkt sollte nicht unerwähnt bleiben. Bei einem Mindestlohn von 12 €/Stunde und einem normalen Arbeitsverhältnis von 35 Stunden/Woche liegt das monatliche Nettoeinkommen mit ca. 1300 Euro bereits oberhalb der Armutsgrenze nach EU-Definition (1.247 Euro netto für ein Single in Deutschland (85)) und deutlich oberhalb des Existenzminimums. Von Armut sind selbst nach der EU-Definition nur Menschen betroffen, die keiner Vollzeitbeschäftigung nachgehen.

Die Sinnfrage der EU-Armutsdefinition

Zwei Aspekte sind jetzt wesentlich. Zum einen basiert unser Verständnis von Armut auf einem relativen Einkommen, das keine Aussage über die tatsächliche Lebenssituation zulässt. Zum anderen zeigt der historische Kontext, dass die Argumentation, der durch Wettbewerb errungene Fortschritt und Wohlstand gehe an den meisten Menschen vorbei, keinesfalls haltbar ist. Was wir wirklich wahrnehmen, ist eine große Kluft zwischen der relativen Armut vieler Menschen und dem großen Reichtum einiger weniger. Diese Kluft bezieht sich auf die heutige Situation und ändert nichts an der Tatsache, dass der Wettbewerb über die Jahre auch die Situation der Armen wesentlich verbessert hat. Wir können es auch anders ausdrücken: Gäbe es nicht den Reichtum der Wenigen, mit dem wir uns vergleichen können, würden wir Armut nur im historischen oder geografischen Kontext wahrnehmen und müssten feststellen, dass es auch den vermeintlichen Verlierern von Jahrzehnt zu Jahrzehnt besser geht und dass sie in Deutschland einen Lebensstandard haben, der weit über dem der meisten anderen liegt. Die Existenz relativer Armut in Deutschland kann demzufolge kein Grund sein, den Wettbewerb abzulehnen.

Damit sind die eingangs gestellten Fragen beantwortet: Der Wettbewerb hat über Jahrzehnte maßgeblich zur Steigerung des allgemeinen Wohlstands beigetragen, und auch die vermeintlichen Verlierer des Wettbewerbs profitieren von diesem Zuwachs an Wohlstand. Die Frage muss folglich erlaubt sein: „Was ist so schlimm am Reichtum einiger weniger, wenn alternativ die Armut aller steht?"

4.2 Konditionierung

Wer verliert schon gerne?

Kritik am Wettbewerb resultiert sehr häufig aus negativen emotionalen Erfahrungen in Verbindung mit Wettbewerbssituationen. Gerade dieser Aspekt veranlasst sicherlich viele Menschen dazu, Wettbewerb zu vermeiden oder gänzlich abzulehnen. Mit anderen im Wettbewerb zu stehen bedeutet zu gewinnen und zu verlieren im Sinne von besser oder schlechter als andere abzuschneiden. Im globalen und weltweiten Wettbewerb gibt es nur sehr wenige Personen, Unternehmen, Organisationen usw., die in einer bestimmten Disziplin als die Besten der Welt bezeichnet werden können. Selbst die Allerbesten haben auf ihrem Weg zur Weltspitze überproportional viele Erfahrungen mit Rückschlägen und Niederlagen gesammelt. Es liegt in der Natur des Wettbewerbs, dass immer nur einer vorübergehend der Beste sein kann. Verlieren ist folglich die Regel, Gewinnen hingegen die absolute Ausnahme im Wettbewerb. Und während Gewinnen Euphorie und Motivation auslöst, führt Verlieren zunächst zu Missmut und Frustration. Es liegt daher nahe, den Wettbewerb als Auslöser dieser negativen Emotionen per se abzulehnen. Warum sollte man sich auch immer wieder mit negativen Emotionen belasten?

Alles freiwillig?

Bei der geschilderten Ausgangslage ist es eher verwunderlich, dass es überhaupt Menschen gibt, die am Wettbewerb teilnehmen, und dies darüber hinaus auch noch komplett freiwillig. Haben also alle Wettbewerber masochistische Züge, die sie auf einen Pfad der Selbstzerstörung führen? Abgesehen von den Erfolgen und der Bereicherung, die uns die diversen Arten von Wettbewerben bescheren können, sind es insbesondere die persönlichen und sehr positiven Erfahrungen, die Menschen dazu bewegen, aktiv an Wettbewerben teilzunehmen. Die Teilnahme führt zu einer persönlichen Weiterentwicklung, verbunden mit dem Stolz auf die eigene Leistung und das Erreichen persönlich gesteckter Ziele. Auf einem Gebiet, das einem persönlich wichtig ist, werden Leistungen erbracht, die für die meisten anderen unvorstellbar sind. Zudem führen gute Leistungen zu Erfolg und Anerkennung: den Früchten der Arbeit. Es ist die Befriedigung der individuellen Weiterentwicklung, die den Wettbewerber antreibt. Gewinnen und Verlieren sind dabei nur Begleiterscheinungen auf dem Weg. Ein Wettbewerber definiert sich und seinen Erfolg nicht primär über Sieg oder Niederlage. Und doch wird er alles geben, um der Beste zu werden.

Konfuzius: „Der Weg ist das Ziel"

Negative Erfahrungen im Wettbewerb entstehen, wenn der eigene Erfolg über das Siegen und nicht über die eigene Entwicklung definiert wird. Die Ursache dafür liegt vermutlich bereits in den Erfahrungen mit Verlieren/Gewinnen in unserer Kindheit. Kleine Kinder kennen das Konzept des Verlierens noch gar nicht. Andernfalls hätten wir schon sehr früh im Leben aufgegeben, laufen zu lernen oder unsere Muttersprache zu erlernen. Irgendwann in der frühen Kindheit kommt der Moment, in dem Verlieren bewusst wahrgenommen wird. Die Art und Weise, wie unser Umfeld auf unser Verlieren oder das Verlieren anderer reagiert, prägt womöglich auch unseren späteren Umgang mit Verlieren. Wird es negativ vermittelt und ohne konstruktive Verarbeitung, bleibt es als etwas Negatives im Gedächtnis. Wird das Verlieren bagatellisiert – „das ist doch nicht schlimm" - wird es zwar nicht negativ konnotiert, aber es entsteht auch kein Ehrgeiz, es zu verbessern.

Es ist daher nicht der Wettbewerb, der Unbehagen in uns auslöst, sondern die Verknüpfung der Wettbewerbssituation mit negativen Erfahrungen aus der Vergangenheit.

Wird Erfolg oder Misserfolg in einem Wettbewerb ausschließlich über Sieg oder Niederlage definiert, resultiert daraus natürlich auch die Angst, nicht als Sieger aus einem Wettstreit hervorzugehen. Diese Versagensangst hält sehr viele Menschen bereits frühzeitig davon ab, sich überhaupt mit einer persönlichen Weiterentwicklung und den Leistungsvergleich mit anderen einzulassen. Diese Angst stellt daher eine extrem destruktive Kraft dar, da sie die persönliche Entwicklung über die niedrigsten Ambitionen hinaus unterbindet und die Entwicklungsmöglichkeiten frühzeitig limitiert. Somit verschenken die Betroffenen sehr viel Potenzial. Wer aber nicht am Wettbewerb teilnimmt, hat bereits verloren. Die Lösung des Problems für die Betroffenen und für uns als Gesellschaft kann aber nicht darin bestehen, aus dieser Angst heraus den Wettbewerb abzulehnen und zu unterbinden. Vielmehr muss es unser Bestreben sein, diese Ängste bereits im frühen Kindesalter aufzugreifen und in positives Handeln umzuwandeln. Hier sind Eltern und Pädagogen gleichermaßen gefordert. Nur so werden Kinder später das eigene Potenzial ausschöpfen und ein zufriedenes Leben führen können. Wie viel erfolgreicher und glücklicher könnten die meisten Menschen sein, wenn sie nur ihre Angst vor dem Scheitern überwinden könnten?

4.3 Kooperation als überlegene Kraft

Häufiger findet sich als Kritik am Wettbewerb auch die These, dass Kooperation statt Wettbewerb zu schnelleren und besseren Ergebnissen führe (86) (87). Wettbewerb sei somit ein Auslaufmodell, das zukünftig durch Kooperation ersetzt werden müsse.

Wettbewerb ist natürlich ein Prozess, bei dem die Teilnehmer in Konkurrenz zueinander stehen. Jeder Teilnehmer ist bestrebt, durch seinen Verbesserungsprozess besser zu werden als die anderen. Wir haben also ein Umfeld mit vielen Wettbewerbern, die jeder für sich nach der Spitze streben.

Im Gegensatz dazu steht die Kooperation, bei der viele Teilnehmer gemeinsam an Lösungen arbeiten und der Austausch von Informationen und

Methoden frei fließt. Der freie Austausch und die gegenseitige Ergänzung durch unterschiedliche Kompetenzen sollen zu besseren Ergebnissen führen, als es der Wettbewerb vermag. Unbestritten ist, dass viele vernetzte Probleme, ja fast alle realen Probleme unserer Zeit in Kooperation gelöst werden müssen oder so besser gelöst werden können. Daraus folgt die These: Kooperation funktioniert nicht in einem Wettbewerbsumfeld und moderne Probleme lassen sich am besten durch Kooperation lösen. Die Überlegenheit der Kooperation gegenüber dem Wettbewerb ist daher prinzipiell naheliegend. Ist Wettbewerb also wirklich ein Auslaufmodell, das zugunsten kooperativer Methoden geopfert werden muss?

Kooperation trotz Wettbewerb?

Aber warum funktioniert die Kooperation im Mannschaftssport? Schließlich geht es im Sport um einen sehr individuellen und harten Wettbewerb. Auch in Chören oder Musikensembles sind optimale Leistungen nur durch die Kooperation der Mitglieder möglich. Die Kooperation in solchen Teams scheint trotz individueller Wettbewerbsbedingungen durchaus zu funktionieren. Ein Sieg für eine Mannschaft wäre unmöglich, wenn die einzelnen Spieler oder Musiker nicht hervorragend kooperieren würden, obwohl sie natürlich auch immer in Konkurrenz zueinander stehen. Individuelle Konkurrenz und Kooperation schließen sich offensichtlich nicht grundsätzlich aus. Daher stellt sich die Frage: Welche Mechanismen sind für eine funktionierende Kooperation in Teamsportarten verantwortlich?

Zusammenspiel

Nehmen wir als Beispiel eine Fußballmannschaft. Zunächst gibt es eine sehr große Anzahl von Fußballspielern, die individuell miteinander konkurrieren. Jeder Spieler arbeitet an seinen Fähigkeiten (Ballbeherrschung, Ausdauer, Technik, Passgenauigkeit, Kraft etc.), um sich persönlich permanent zu verbessern und sich im Wettbewerb mit den anderen Spielern zu behaupten. Dabei gelten die Regeln des klassischen Wettbewerbs, wie sie auch in Individualsportarten üblich sind. So weit, so gut. In einer Fußballmannschaft geht es aber nicht nur um die individuelle Verbesserung der eigenen Fähigkeiten, sondern auch das Zusammenspiel als Team wird trainiert: Doppelpässe spielen, Freilaufen, Pressing, Verteidigung usw. Das Spiel im Verbund wird durch permanentes Training geübt und verbessert. Zu den individuellen Fähigkeiten kommen also die Fähigkeiten des Zusammenspiels hinzu.

Stufen des Wettbewerbs

Der eigentliche Schlüssel liegt aber nicht im Training der Kooperation. Vielmehr wird nur eine zweite Ebene des Wettbewerbs geschaffen. Auf der ersten Stufe des Wettbewerbs geht es darum, die individuelle Leistung im Vergleich zu anderen Fußballspielern zu verbessern, um ins Team berufen zu werden. Ziel der zweiten Stufe ist es, durch einen individuellen Mehrwert dem Team zum Erfolg zu verhelfen. Würde Kooperation ohne Wettbewerb funktionieren, hätte das Leistungsniveau der Mitglieder keinen Einfluss auf die Erfolgsaussichten einer Mannschaft. Es ist leicht nachzuvollziehen, dass eine Fußballmannschaft, die aus mittelmäßigen Amateuren besteht, aber sehr wohl der Nationalmannschaft unterlegen ist. Ohne einen Wettbewerb, der nur den besten Spielern die Möglichkeit bietet, Teil eines Teams zu werden, wird jede Mannschaft/Kooperation den anderen gnadenlos unterlegen sein. Das individuelle Leistungsniveau dient folglich als erstes Kriterium zur Aufnahme in ein Team. Erst dann entscheidet der Teamnutzen über die finale Zusammensetzung.

Stufe 2

Damit ist der Wettbewerb aber noch nicht beendet. Der Einzelwettbewerb wird nun durch den Wettbewerb von Team gegen Team abgelöst. Ein Team ohne Konkurrenz wird sich nie so gut entwickeln wie ein Team, das sich mit anderen messen und das beste Team werden will. Kooperation und Wettbewerb sind also keineswegs Gegensätze. Vielmehr ergänzen sie sich.

Teams / Kooperationen stellen eine weitere Wettbewerbsebene dar. Der Wettbewerb der Stufe eins führt dazu, dass sich die Mitglieder mit den jeweils besten individuellen Fähigkeiten zur Lösung eines Problems für das Team empfehlen. Der Wettbewerb der Stufe zwei führt dazu, dass alle Mitglieder den Gesamterfolg in den Vordergrund stellen, d.h. den größtmöglichen Nutzen für alle erbringen wollen.

Neben den beiden behandelten Wettbewerbsstufen gibt es noch eine dritte, deren zielgerichtete Anwendung die erreichbaren Ergebnisse der ersten beiden Stufen übertrifft. Dies soll hier aber nicht vertieft werden.

4.4 Auswüchse

Siegen mit allen Mitteln

Viel Kritik erfährt der Wettbewerb auch durch Auswüchse im Prozess, die durch falsche Randbedingungen oder deren inkonsequenter Einhaltung ermöglicht werden. Darunter fällt insbesondere das „Siegen mit allen

Mitteln", das mit unserem Wettbewerbsverständnis nichts zu tun hat. Beim „Siegen mit allen Mitteln" werden Regeln missachtet, um sich selbst einen Vorteil zu verschaffen. Typische Methoden sind gezielte Aktionen gegen Konkurrenten. Dabei tritt der eigentliche Wettbewerb in den Hintergrund und der Fokus liegt auf dem persönlichen Angriff. Erlaubt das Umfeld ein solches Verhalten oder wird es stillschweigend akzeptiert, so leidet der Wettbewerb darunter. Unter Umständen wird auch eine Spirale von Angriff und Gegenangriff in Gang gesetzt, sodass für den eigentlichen Wettbewerb kaum noch Zeit bleibt. Der Fortschritt verzögert sich und die Besten bleiben häufig auf der Strecke. Egal um welchen Wettbewerb es sich handelt: Angriffe auf andere Teilnehmer müssen unterbunden werden, wenn ein effektiver Wettbewerb stattfinden soll. Gerade in Unternehmen wird ein solches Verhalten häufig toleriert oder gar gefördert und als Zeichen von Durchsetzungsstärke missverstanden. Nicht mehr der beste Mitarbeiter wird belohnt, sondern der rücksichtsloseste und heimtückischste. Es versteht sich von selbst, dass Arbeit unter solchen Bedingungen keinen Spaß macht und Wettbewerb von den Mitarbeitern nicht als probates Mittel angesehen wird, um ein Unternehmen voranzubringen. Der Kampf gegen den Rivalen verläuft fast immer zulasten der Organisation, in der er ausgetragen wird. Genau dieses Verhalten erschwert die Kooperation.

Machtmissbrauch

Ein weiteres, sehr umfassendes Problem, das immer wieder gegen den Wettbewerb ins Feld geführt wird, ist der Machtmissbrauch. Alle Formen des Machtmissbrauchs vereint, dass eine Partei aufgrund einer realen oder wahrgenommenen Dominanz (Machtposition) eine andere Partei zu Zugeständnissen zwingt, die bei ausgeglichenen Machtverhältnissen nicht durchsetzbar wären. Die Machtposition muss nicht explizit existieren. Bereits das Gefühl einer dominanten Stellung kann zu Machtmissbrauch führen. Zudem reden wir nur dann von Missbrauch, wenn die Höhe der Konzessionen nur aufgrund der Dominanz möglich ist und die Benachteiligung nicht auf einer schlechteren Wettbewerbsfähigkeit beruht.

Machtmissbrauch ist aber keineswegs auf den Wettbewerb beschränkt oder wird durch ihn verursacht. Wenn von Machtmissbrauch die Rede ist, denkt man zuerst an die Misshandlung oder Ausbeutung von Schutzbefohlenen. Dieser Machtmissbrauch erfolgt aber völlig außerhalb eines Wettbewerbs und beweist damit, dass Machtmissbrauch und Wettbewerb nicht in einem kausalen Zusammenhang stehen. Vielmehr sind Machtmissbrauch und das Siegen mit allen Mitteln ein gesellschaftliches/ethisches Problem, das auch in Wettbewerbssituationen auftritt, aber nicht dadurch verursacht wird.

Was fehlt?

Bei vielen Argumenten gegen den Wettbewerb stoßen wir auf ein grundlegendes Problem: das Fehlen einer positiven Begleitung der Kinder bei ihren Erfahrungen mit dem Wettbewerb. Alle von uns betrachteten Ablehnungsgründe, die nicht inhärent mit dem Wettbewerb verbunden sind, entstehen durch eine Konditionierung, die negative Gefühle mit dem Wettbewerb verbindet. Nicht der Wettbewerb verursacht jedoch diese Emotionen, sondern unsere Einstellung und unser Umgang damit. Geben wir einem Kind ein scharfes Messer, kann es sich schneiden und dem Messer die Schuld geben. Die Lösung besteht dann aber nicht darin, alle Messer zu beseitigen, sondern das Kind im Umgang damit zu schulen. Lernen wir von klein auf den Wert des Wettbewerbs, die Freude an der eigenen Entwicklung, den aktiven Umgang mit Niederlagen und den respektvollen Umgang mit anderen Teilnehmern, so verliert der Wettbewerb seinen vermeintlichen Schrecken.

Was bleibt?

Von allen Argumenten gegen den Wettbewerb verbleibt nur die ungleiche Verteilung des Nutzens/Einkommens. Auf dieses Thema werden wir später noch intensiver eingehen, da es für die Politik der letzten Jahrzehnte und den Niedergang Deutschlands durchaus bedeutsam ist.

5. Stellschrauben

Die Grenzen des Wachstums

Wie wir zuvor gesehen haben, kann Wettbewerb als eine fundamentale Urkraft des Fortschritts angesehen werden. Jedes Lebewesen, ob Mensch, Tier oder Pflanze, ist bestrebt, sich bestmöglich an seine Umwelt anzupassen und das eigene Überleben zu sichern. Der Mensch hat dabei eine Sonderstellung eingenommen, indem er aufgrund seiner Intelligenz immer neue und bessere Lösungen zum Überleben entwickelt hat. Er war sogar in der Lage, physisch überlegene Feinde zu besiegen, natürliche Grenzen wie limitierte Nahrungsressourcen zu überwinden oder auch die Besiedlung unwirtlicher Gebiete voranzutreiben und damit das Leben für immer mehr Menschen auf der Erde zu ermöglichen. Es ist der Wettbewerb, der uns zu Höchstleistungen anspornt und der Fortschritt und Wohlstand für die engagierten Wettbewerber bereithält.

Es ist ausschließlich der permanente Wettbewerb, der uns in die Lage versetzt hat, die Grenzen des Wachstums zu sprengen.

Aber Wettbewerb ist auch anstrengend und fordernd und Spitzenpositionen sind nur wenigen vorbehalten. Die Abkehr von Wettbewerb hat jedoch ruinöse Auswirkungen, von denen wir einige in den oben behandelten Bereichen bereits aufgezeigt haben.

Sein oder Nichtsein: Zufall?

Wettbewerb existiert nicht einfach als Konstante oder als Zufallsprodukt, sondern seine Stärke kann von der Politik, der Gesellschaft, aber auch von jedem Einzelnen beeinflusst werden. Im Folgenden soll auf die Möglichkeiten der Beeinflussung der Wettbewerbsintensität eingegangen werden. Viele davon wurden bereits angerissen, ohne jedoch die dahinter stehenden Mechanismen zu erklären. Sie bilden die Grundlage für die Suche nach Auswegen aus den in Kapitel 2 behandelten Fehlentwicklungen.

5.1 Das Engagement

Unser Engagement im Wettbewerb ist immer selbstbestimmt. Wir entscheiden selbst, mit welcher Intensität und mit welchem Aufwand wir an einem Wettbewerb teilnehmen. Dabei können wir dieses Engagement in verschiedene Stufen einteilen. Dies lässt sich an einem gängigen Beispiel darstellen.

Wie weit sind wir bereit zu gehen?

Die meisten Leser haben wahrscheinlich schon einmal versucht, sportlich aktiver zu werden. Viele sind gejoggt, gewandert, geschwommen, Rad gefahren oder haben Fußball gespielt. Meist handelt es sich dabei um ein zeitlich befristetes und weitgehend unstrukturiertes Unterfangen. Bei schönem Wetter joggt man bis zur nächsten Straßenecke oder trifft sich wöchentlich mit Gleichgesinnten zum Kegeln. Wenn es Spaß macht, kann es auch zur Gewohnheit werden. Mit der Zeit kommt vielleicht der Ehrgeiz hinzu, noch eine Straßenecke weiter zu laufen als der Kollege. Hier kann man bereits von Wettbewerb sprechen, auch wenn wohl die wenigsten diese Freizeitbeschäftigung als Wettbewerb empfinden. Allerdings sind hier die Ambitionen auch nur moderat, der Aufwand gering und das Vorgehen unstrukturiert.

Manche packt jedoch der Ehrgeiz. Das einmalige wöchentliche Vergnügen wird ausgeweitet. Der Sportler versucht, mehr über die Sportart und die korrekte Ausführung zu erfahren. Es beginnt ein Training mit dem Ziel, Technik, Ausdauer, Kraft etc. gezielt zu verbessern, um die eigene Leistung zu steigern. Mit steigenden Ambitionen können Fern- und Nahziele ins Auge gefasst werden, der Zeitaufwand steigt und der Komfort wird reduziert. Letztlich unterzieht sich der Sportler einer Struktur aus verschiedenen Trainings- und Erholungsphasen. Stellen sich spürbare Verbesserungen ein, stellt sich die Frage, was wohl noch alles erreicht werden könnte.

Bei höchsten Ambitionen erlangt der Sport eine dominante Stellung, bis hin zum Profisportler, der damit sogar seinen Lebensunterhalt bestreiten kann. Der Aufwand steigt permanent und auch die Professionalität nimmt zu. Formale Wettkämpfe werden Teil des Lebens. Spätestens hier wird von Wettbewerb gesprochen und der Sport als solcher von den Teilnehmern auch so empfunden.

Letztlich geht es um einige wenige Sportler, die um den Sieg kämpfen. Neben Talent, genetischen Vorteilen und einem Quäntchen Glück handelt es sich um einen Kreis, der nur ein Ziel kennt und dieses Ziel konsequent und mit allem Nachdruck verfolgt, und dies meist von Kindesbeinen an. Das Leben ist über viele Jahre darauf ausgerichtet, der Beste zu werden. Nichts wird dem Zufall überlassen.

Wettbewerb ist daher ein differenzierter Prozess, der von eingeschränktem Interesse auf einem Gebiet bis hin zur völligen Konzentration auf die Spitzenposition reicht. Das Engagement variiert also über ein breites Spektrum. Eine Extremposition ist die Wettbewerbsverweigerung. Auf der anderen Seite findet der Wettbewerb auf einem extrem hohen Niveau statt und es geht tatsächlich darum, Spitzenpositionen zu erreichen. Diese Abstufung des Wettbewerbsengagements lässt sich grob wie folgt unterteilen.

- Wettbewerbsverweigerung
- Wettbewerb als Hobby oder Zeitvertreib, Spaß im Vordergrund – geringe Ambitionen
- Wettbewerb mit mäßigen Ambitionen (überschaubarer Aufwand und Einsatz, keine oder nur geringe Struktur)
- Wettbewerb mit hohen Ambitionen (sehr hoher Aufwand, Einsatz, stärker strukturiert)
- Wettbewerb um Spitzenposition (permanenter, fokussierter und intensiver Einsatz über einen sehr langen Zeitraum, hochgradig strukturiert, klare Zielsetzung: Bester zu werden).

Diese grobe Struktur ist in jedem Wettbewerb zu finden, wobei es natürlich auch Überschneidungen gibt. So kann auch ein Unternehmen mit geringen Ambitionen dennoch über einen sehr strukturierten Verbesserungsprozess verfügen.

Schweiß und Tränen

In diesem Zusammenhang können wir auch den Aufwand auf den jeweiligen Stufen bewerten. Die Wettbewerbsverweigerung erfordert selbstverständlich keinerlei Aufwand und ist damit die einfachste Stufe. Von Stufe zu Stufe nimmt der Aufwand jedoch überproportional zu, während messbare Fortschritte von Stufe zu Stufe abnehmen. Dabei geht es nicht nur um den zeitlichen Aufwand, sondern auch um charakterliche Eigenschaften wie Disziplin und Intensität. Level vier und fünf erfordern ein hohes Maß an Disziplin für ein regelmäßiges Training am mentalen und/oder körperlichen Limit, und das zumeist über viele Jahre. Die höchste Stufe erfordert viel Verzicht auf Annehmlichkeiten und die Freuden des Lebens. Auch viele Rückschläge müssen verkraftet und überwunden werden. Auch wenn das Aufgeben als attraktive Alternative erscheint (der innere Schweinehund), erfordern Spitzenleistungen ein kontinuierliches Engagement. Nur wenige Menschen verfügen über die erforderlichen charakterlichen und mentalen Fähigkeiten, um mit sehr viel harter Arbeit Spitzenpositionen zu erreichen.

Glauben wir wirklich, dass Spitzenleistungen entstehen, indem wir dem Neid der wenig Engagierten nachgeben und die Früchte der Arbeit losgelöst von der erbrachten Leistung verteilen?

5.2 Die Verweigerung

Bei hohem Engagement bilden und verfeinern sich Fähigkeiten, die uns eine hohe Leistungsfähigkeit und damit mehr Erfolg und Zufriedenheit bescheren. Der Grad des Engagements zieht immer entsprechende Konsequenzen nach sich. Das gilt selbst bei einer Verweigerung oder Ablehnung des Wettbewerbs. Wieso aber entstehen Konsequenzen auch bei einer Wettbewerbsverweigerung? Sehen wir uns dazu einige Beispiele an.

Verweigerung physischer Entwicklung

Da Bewegung in der Natur eines Lebewesens liegt, beginnen viele Kinder mit einer sportlichen Aktivität. Für die allermeisten bleibt es bei einem Hobby. Nur wenige entwickeln die Begierde, zu den Besten aufsteigen zu wollen. Einigen Kindern bereitet Bewegung allerdings überhaupt keine Freude, obwohl uns die Bewegung als Mittel zum Überleben eigentlich in die Wiege gelegt wurde. Sie zeigen von sich aus keine sportlichen Ambitionen, sondern verweigern sich dem sportlichen Wettbewerb. Das hat durchaus Folgen für das Kind. Physische Fähigkeiten wie Kraft, Motorik oder Ausdauer werden nicht trainiert und verkümmern. Im Sportunterricht verschlechtern sich die Leistungen. Im Spiel mit anderen Kindern gelten sie als Außenseiter, weil sie keine Verstärkung für ein Team sind. Später im Leben ist das Herz-Kreislauf-System weniger leistungsfähig, die Anfälligkeit für bestimmte Krankheiten nimmt zu. Letztendlich muss auch mit einer herabgesetzten Lebenserwartung gerechnet werden. Der Verzicht auf sportliche Aktivität hat langfristig also negative Effekte, die jedoch meist erst viel später im Leben ersichtlich werden.

Verweigerung kognitiver Entwicklung

Ein anderes Beispiel betrifft Jugendliche, die nicht am schulischen Wettbewerb teilnehmen. Je nach Klassendynamik kann diese Ablehnung zu sozialer Anerkennung in der Klassengemeinschaft führen (primärer Anteil an Verweigerern) und dadurch verstärkt werden oder zur Isolation (primärer Anteil an ambitionierten Teilnehmern). Die unmittelbare Folge sind schlechte Noten, die jedoch zunächst keine negativen Auswirkungen auf das Leben der Jugendlichen haben. Einige Jahre später führt diese Verweigerung allerdings zu Schwierigkeiten bei der Suche nach einem Ausbildungsplatz. Wird ein Ausbildungsplatz angeboten, so wird die Ausbildung in einem eher schlecht bezahlten und wenig nachgefragten Beruf münden. Schlussendlich wird das Leben des Jugendlichen ohne viele Höhepunkte verlaufen und die relative Armut wird bis zum Lebensende bestimmend sein. Die

Wahrscheinlichkeit nachhaltiger und einschneidender negativer Folgen ist sehr hoch. Auch Schauspieler oder Sänger, die sich als schlechte Schüler „outen" und damit eine Ausnahme darstellen, ändern nichts an dieser grundsätzlichen Aussage. Auch wenn sie in einem anderen Wettbewerb erfolgreich waren, gibt es eine klare Korrelation zwischen dem Erfolg im schulischen Wettbewerb und dem Erfolg im späteren Leben.

Beide Beispiele zeigen starke Auswirkungen einer Wettbewerbsverweigerung auf die zukünftige Entwicklung eines Menschen. Diese entstehen aber in der Regel nicht unmittelbar, sondern werden meist erst dann spürbar, wenn die Versäumnisse nahezu irreversibel geworden sind.

Der Stellenwert einer guten Wahl

Als Beispiele haben wir zwei „bedeutende" Wettbewerbe herausgepickt, bei denen die späteren Folgen der Verweigerung substanziell sind. Daneben gibt es sehr viele unbedeutende Wettbewerbe, mit deren Folgen wir gut leben können – das Guinnessbuch der Rekorde ist voll von solchen Wettbewerben, ohne die darin erbrachten Leistungen schmälern zu wollen. Das ist das Tückische an der Wettbewerbsverweigerung. Nicht alle Wettbewerbe können verfolgt werden, da sehr gute Leistungen in einem Wettbewerb einen hohen Zeitaufwand erfordern. Der Auswahl wichtiger Wettbewerbe, die intensiv verfolgt werden, kommt somit eine besondere Bedeutung zu.

Haben wir, wie in der Einleitung dargestellt, auf vielen wichtigen Feldern den Anschluss an die Weltspitze verloren, so ist dies ein klares Indiz für eine nachlassende Wettbewerbsintensität. Deren Auswirkungen mögen wir hier und heute vielleicht noch nicht drastisch spüren. Wir können aber davon ausgehen, dass sie zunehmend gravierender werden und ihre Umkehr zunehmend schwieriger.

Die Frage nach dem Sinn des Lebens

Unser Engagement in Wettbewerben repräsentiert aber auch eine Lebenseinstellung. Wir entscheiden oft ohne große Reflexion, womit wir unsere Zeit verbringen. Die Teilnehmer an einem Wettbewerb suchen nach Erfolg und Erfüllung, indem sie einer Sache mit Leidenschaft nachgehen. Die Verweigerer hingegen verwenden die zur Verfügung stehende Zeit primär für passiven Zeitvertreib und ohne Ambitionen, die eigenen Fähigkeiten verbessern zu wollen. Die Entwicklung von Fähigkeiten und der Aufbau von Kompetenzen bleiben dann zwangsläufig auf der Strecke. Unsere Anstrengungen im Wettbewerb stehen stellvertretend für eine aktive oder passive Lebenseinstellung, ein zweckerfülltes Leben oder für Faulenzen.

Dies gilt gleichermaßen für eine Gesellschaft. Eine aktive Gesellschaft wird im Durchschnitt mehr aktive Zeit pro Person aufweisen als eine passive. Je freizeitorientierter (im Sinne von passivem Zeitkonsum) sie wird, desto weniger aktiv wird sie und desto geringer wird das Engagement in Wettbewerben (inklusive aktiv betriebener Hobbys) sein. Letzteres ist aber maßgeblich für den zukünftigen Erfolg. In diesem Zusammenhang ist die zunehmende Verbreitung von Fernsehangeboten, Computerspielen oder „sozialen" Netzwerkangeboten wie Facebook, Instagram oder insbesondere auch TikTok ein sicherer Weg, unseren zukünftigen Wohlstand im wahrsten Sinne des Wortes zu verspielen. Aber auch der Trend zu immer kürzeren Arbeitszeiten führt natürlich zu mehr Freizeit, die leider häufig passiv genutzt wird. Hier ein historischer Vergleich der Wochenarbeitszeiten (88):

1825: 82 Stunden
1875: 72 Stunden
1900: 60 Stunden (in 6 Tagen)
1913: 57 Stunden
1918: 48 Stunden (8-Stunden-Tag)
1941: 50 Stunden (Verlängerung im Zweiten Weltkrieg)
1950: 48 Stunden
1956: Übergang zur 5-Tage-Woche
1965: 40 Stunden (Druckindustrie)
1967: 40 Stunden (Metallindustrie)
1984: 38,5 Stunden
1995: 35 Stunden (Druck-, Metall- und Elektroindustrie)

Dies ist natürlich kein Plädoyer für die 80-Stunden-Woche. Dennoch stellt sich die Frage, inwiefern wir die reduzierte Arbeitszeit sinnvoll substituieren. Laut der Postbank-Digitalstudie (89), bei der über 1.000 Jugendliche im Alter von 16 bis 18 Jahren befragt wurden, verbringen Schüler mehr als 60 Stunden pro Woche mit dem Surfen im Netz. Rechnet man TV-Konsum und Spielekonsolen hinzu, so steigt die Zahl auf 70 Stunden. Auch wenn sicherlich ein Teil dieser Zeit für zielgerichtete aktive Beschäftigungen genutzt wird (z.B. Recherchen für Schule oder Beruf), ist dies dennoch eine erschreckende Zahl. Während wir zum Ende des 19. Jahrhunderts 70 Stunden pro Woche gearbeitet haben, verbringen wir heute eine äquivalente Zeit im Internet. Wie effektiv letztere für die persönliche Weiterentwicklung genutzt wird, kann jeder für sich selbst entscheiden. Die Annahme erscheint jedenfalls legitim, dass wir uns zunehmend von einer aktiven zu einer passiven Gesellschaft wandeln.

5.3 Randbedingungen / Spielregeln

Ergebnis folgt Vorgaben

Wettbewerb entwickelt sich immer anhand vorgegebener Spielregeln. Ändern sich diese, fördern oder behindern sie den Wettbewerb oder erfordern andere Fähigkeiten, die zur Bewältigung des Wettbewerbs entwickelt und perfektioniert werden müssen. Bei jeder Form des Wettbewerbs spielen die Randbedingungen eine ganz entscheidende Rolle für das Ergebnis des Anpassungsprozesses. Selbst Vorgaben wie die Dauer einer sportlichen Aktivität führen zu völlig unterschiedlichen Anpassungsergebnissen. Ein Marathonläufer sieht körperlich ganz anders aus als ein Sprinter und hat ganz andere physiologische Fähigkeiten entwickelt. Ähnliches gilt für das Erlernen eines Musikinstruments. Ein Weltklassepianist wird am Schlagzeug scheitern und umgekehrt, weil auch hier Anpassungen z.B. in der Feinmotorik speziell für eine Fähigkeit ausgebildet werden. Diese extreme Anpassung an die Spielregeln schließt quasi Spitzenleistungen in mehr als einem Wettbewerb aus.

Die Festlegung der Randbedingungen wird die Ausbildung spezifischer Fähigkeiten entscheidend beeinflussen. Diese letzte Feststellung ist insbesondere für Politiker, Führungskräfte in Unternehmen, aber auch z.B. für Pädagogen von großer Bedeutung. Die Art und Weise, wie dieser Personenkreis Randbedingungen in Form von Regeln, Gesetzen, Vorschriften und Verordnungen festlegt, kann durchaus gravierende Auswirkungen auf das Ergebnis und die Intensität des daraus resultierenden Wettbewerbs haben. Bei vielen politisch etablierten Randbedingungen stellt sich die Frage, ob die Entscheidungsträger die Auswirkungen ihrer Vorgaben wirklich sorgsam durchdacht haben - siehe überbordende Bürokratie.

Ein schlechtes Umfeld

Wie bereits erwähnt, beeinflussen gute oder schlechte Vorgaben maßgeblich die Intensität des Wettbewerbs. Betrachten wir dazu noch einmal den natürlichen Wettbewerb. Ungünstige Umweltbedingungen sind z.B. extreme Höhenlagen, extreme Kälte, extreme Hitze oder auch extreme Trockenheit. Allen diesen Gebieten der Erde ist gemeinsam, dass sie nur spärlich mit Leben besiedelt sind. In einem schlechten Umfeld existieren folglich nur wenige Wettbewerber, wodurch in der Regel auch die Intensität des Wettbewerbs leidet. In solchen Fällen erfolgt zwangsläufig eine starke Adaption an die vorherrschenden Bedingungen. Der Vorteil besteht darin, dass kaum externe Wettbewerber unter den gleichen Umweltbedingungen in den Wettbewerb eintreten können (oder wollen). Folglich haben wir hier einen relativ abgeschlossenen Mikrokosmos. Da neue Wettbewerber von außen fehlen und der interne Wettbewerb gering ist, kann sich der Wettbewerb nicht voll entfalten. Eine Verschlechterung der Randbedingungen lässt sich folglich an einer Reduzierung der Wettbewerber erkennen. Es besteht die Gefahr einer Abwärtsspirale von weniger Teilnehmern und eines sich verringernden Wettbewerbs, der zu einem weiteren Abwandern von Wettbewerbern führt.

Wenn in China seit vielen Jahren hohe Investitionen getätigt werden und diese in Deutschland stagnieren oder sogar rückläufig sind, ist dies ein sehr deutliches Signal für schlechte Randbedingungen in Deutschland, die sich zwangsläufig negativ auf unsere Wettbewerbsfähigkeit auswirken. Hat sich eine Abwärtsspirale in Gang gesetzt, besteht dringender Handlungsbedarf.

Ein optimales Umfeld

Natürlich können auch hervorragende Bedingungen vorliegen. In diesem Fall gibt es sehr viele Teilnehmer und es entbrennt ein sehr intensiver Wettbewerb. Dies führt zu einem hohen und breit gefächerten Niveau unterschiedlicher Kompetenzen. Das Leistungsniveau wird so hoch sein, dass es für eindringende Wettbewerber nur schwer zu erreichen ist. Dennoch ist es sinnvoll, in diesen Bereich hoher Wettbewerbsintensität vorzudringen, um einerseits davon zu profitieren und sich andererseits mit den Besten messen zu können. Ein solches Umfeld zieht Wettbewerber an. Es entsteht eine Spirale aus intensivem Wettbewerb, der immer mehr Teilnehmer anzieht und dadurch den Wettbewerb noch weiter intensiviert: ein Boom!

Die Kehrseite der Medaille

Exzellente Randbedingungen, die einen lebendigen Wettbewerb schaffen, haben dennoch auch einen Nachteil: Die Akteure entwickeln schnell eine Abhängigkeit von ihnen. Verschlechtern sich die Bedingungen stetig oder sprunghaft, so wird die Adaption daran schwieriger. Nehmen wir ein Beispiel aus der Wirtschaft. Eine gute Randbedingung in der Wirtschaft stellt die Verfügbarkeit günstiger Arbeitskräfte dar. Dies bedeutet geringere Herstellungskosten und bildet damit einen Vorteil gegenüber Wettbewerbern ohne Zugriff darauf. Werden die günstigen Arbeitskräfte irgendwann rar, z.B. durch einen demografischen Wandel oder Vollbeschäftigung, stehen die Unternehmen plötzlich vor ganz neuen Herausforderungen. Die guten Bedingungen haben bei den meisten Firmen zu Versäumnissen bei Produktivitätsverbesserungen und Automation geführt. Damit ist eine Abhängigkeit entstanden, die nur schwer zu kompensieren ist. Wettbewerber, die sich trotz hoher Personalkosten permanent dem Wettbewerb stellen mussten, sind dann im Vorteil.

„Law and order"

Die Randbedingungen sind also für den Wettbewerb von entscheidender Bedeutung, sowohl für die Intensität des Wettbewerbs und die Ausbildung der gewünschten Fähigkeiten als auch für die Ermittlung der größten Leistungen. Sie erfüllen daher für den Wettbewerb eine ähnliche Funktion wie die Gesetze für das gesellschaftliche Zusammenleben. Gesetze können ihre Aufgabe aber nur erfüllen, wenn ihre Einhaltung kontrolliert und gegebenenfalls sanktioniert wird. Ähnlich verhält es sich mit den etablierten Spielregeln. Man stelle sich vor, ein Langstreckenläufer dürfte seine schnelleren Kontrahenten zu Fall bringen. Die Fähigkeit, lange und schnell laufen zu können, würde in den Hintergrund treten, und die Geschicklichkeit, den Gegner zu attackieren, wäre die wettbewerbsbestimmende Fähigkeit. Würden die Randbedingungen eines Langstreckenwettbewerbs dies nicht verbieten und eine Zuwiderhandlung sanktioniert werden, sähen die Sieger eines entsprechenden Wettbewerbs gänzlich anders aus.

Bezug zur Praxis

Gesetze, Verordnungen, Steuern und Abgaben bilden ein komplexes Gefüge von Randbedingungen, die unsere Gesellschaft bestimmen und Einfluss auf diverse Wettbewerbe nehmen. Wenn in Deutschland über eine überbordende Bürokratie geklagt wird, dann hat der Gesetzgeber offensichtlich sehr viele neue Randbedingungen ins Leben gerufen. Die Frage stellt sich dann, ob diese Randbedingungen den Wettbewerb fördern oder hemmen, ob sie ihn fairer machen oder einseitig benachteiligen, ob sie ihn auf ein gewünschtes Ergebnis hinlenken oder ihn zu einem gänzlich anderen Wettbewerb führen, der möglicherweise nicht die gleiche Bedeutung hat wie der ursprüngliche. Beispiele sind die aktuell diskutierten Verbote bestimmter Technologien wie das „Verbrennerverbot" oder auch das „Heizungsgesetz". Dies sind klare Behinderungen des Wettbewerbs. Statt technologische Lösungen vorzuschreiben, sollten die Randbedingungen so gewählt werden, dass sich die Lösungen in Richtung eines optimalen Ergebnisses bewegen, das sowohl dem Umweltschutz als auch den Kundenbedürfnissen gerecht wird. Dass die Brechstange der Regulierung nicht gut funktioniert, erleben wir im ÖPNV aber auch bei batteriebetriebenen Fahrzeugen, deren „Boom" nach dem Auslaufen der staatlichen Förderung abrupt zum Stillstand kam. Die Fahrzeuge sind aus Kundensicht in relevanten Kriterien nicht wettbewerbsfähig zu konventionellen Antrieben. Der Schlüssel zum Erfolg wird allerdings nicht im Verbot konventioneller Antriebe liegen, sondern in der Leistungssteigerung der Elektrofahrzeuge, wie die vielfältigen

Wettbewerbserfahrungen eigentlich gelehrt haben. Insbesondere die rasche Entwicklung neuer Batteriekonzepte zur Serienreife kann die Wettbewerbsfähigkeit von Elektrofahrzeugen fördern. Auch beim ÖPNV kann die Lösung nicht in der Behinderung des Individualverkehrs liegen, sondern muss in einer deutlichen Attraktivitätssteigerung des ÖPNV liegen.

Faire Bedingungen für alle

Für unfairen Wettbewerb sorgen alle Regelungen in Deutschland / der EU, die hiesige Unternehmen vor zusätzliche Aufgaben stellen, die auswärtige Unternehmen nicht haben. Dazu gehören viele Vorschriften in der Landwirtschaft oder auch das jüngst beschlossene Lieferkettengesetz. Natürlich sind die Argumente für diese Vorschriften legitim und die damit beabsichtigten Ziele wünschenswert. Es steht aber sicherlich außer Frage, dass diese Eingriffe in den Markt die Situation für die Unternehmen in Europa einseitig erschweren. Zudem stellt sich die Frage, warum diese politisch gewollten Veränderungen von den Unternehmen in diesem Land getragen und umgesetzt werden müssen und nicht von den Konsumenten oder direkt von der Politik. Auch starke Unternehmen, wie wir sie in Deutschland durchaus noch haben, sind nicht beliebig resistent gegen einseitige Benachteiligungen und werden dann irgendwann gegenüber ausländischen Unternehmen den Kürzeren ziehen. Wenn solche Gesetze für die heimische Wirtschaft erlassen werden, gebietet es die Fairness, dass Importe den gleichen Kriterien unterworfen werden und dies auch stringent kontrolliert und eingehalten wird.

5.4 Leistungsvergleiche

Die unentbehrliche Komponente

Leistungsvergleiche sind für jede Entwicklung von existenzieller Bedeutung. Wenn eine bestimmte Entwicklung erzielt werden soll, muss sie auf einem dazu passender Satz von Randbedingungen und einer möglichst präzisen Zielvorstellung beruhen. Klassisch haben wir einen aktuellen Ausgangspunkt und einen Zielpunkt, den wir unter Einhaltung der Randbedingungen erreichen wollen. Im Prinzip ist jede Entwicklung nichts anderes als das Bestreben, möglichst effektiv von einem Ort zum anderen zu gelangen. Wenn wir uns dem anderen Ort nähern, sind wir dem Ziel näher gekommen und haben etwas geleistet. Entfernen wir uns vom Ziel, haben wir zwar Anstrengungen unternommen, die uns aber nicht zum Ziel führen. Verzichten wir auf diesen Abgleich zwischen Zielerreichung und Istzustand, können wir das Ziel nur durch Zufall erreichen. Erst der Vergleich zwischen Soll- und Istzustand erlaubt es uns, Fortschritte oder Rückschritte zu erkennen und korrigierend einzugreifen. Jede zielgerichtete Entwicklung setzt daher voraus, dass der erbrachte Fortschritt mit dem anderer verglichen werden kann. Nur durch diesen Vergleich kann bestimmt werden, welches Leistungsniveau höher oder niedriger ist. Als Konsument vergleichen wir verschiedene Produkte nach unterschiedlichen Kriterien und entscheiden uns dann für das aus unserer Sicht Beste. Das ist nichts anderes als ein Leistungsvergleich, eine Unterscheidung in besser und schlechter. Würden wir keinen Leistungsvergleich anstellen, würden wir irgendein Produkt kaufen, das unseren Wünschen dann mit hoher Wahrscheinlichkeit nicht optimal entspricht. Das gleiche Prinzip gilt für jeden Entwicklungsprozess.

Welchen Sinn hätte ein Wettbewerb, wenn wir nicht zwischen besser und schlechter differenzieren könnten? Es gäbe nicht nur keinen Leistungsanreiz, sondern eine Entwicklung wäre gar nicht messbar und könnte folglich auch nicht stattfinden.

Eine zielgerichtete Entwicklung setzt immer eine Messung und den Vergleich von Leistung voraus.

Messverfahren

Nichts anderes haben wir in Kapitel 3 gemacht, als wir die Leistungsfähigkeit des Wettbewerbs untersucht haben. Dazu haben wir uns gezielt objektiv messbare Sportarten ausgewählt und die Leistung von heute mit der vor 100 Jahren verglichen. So konnten wir eine Leistungsbewertung über einen sehr langen Zeitraum durchführen. Sind objektive Leistungsmessungen unmöglich, müssen subjektive Kriterien möglichst objektiv bzw. ausgewogen geschaffen werden, wie z.B. beim Eiskunstlaufen, beim Skispringen oder auch beim Turmspringen. Solche Vergleiche kennen wir auch aus der Wirtschaft, wo Produkte oder Dienstleistungen anhand fester Bewertungskriterien miteinander verglichen werden. Solche subjektiven Vergleiche gibt es auch auf staatlicher Wettbewerbsebene, wenn z.B. die Zufriedenheit der Bevölkerung gemessen wird.

Bei Teamsportarten kann in der Regel weder ein objektiver noch ein subjektiver Bewertungsmaßstab angelegt werden. In diesem Fall findet die Leistungsmessung im direkten Duell Mannschaft gegen Mannschaft statt. Während bei subjektiven Bewertungskriterien ein Vergleich über einen längeren Zeitraum noch denkbar ist, ist dies beim direkten Leistungsvergleich ausgeschlossen. Selbst von einem Tag auf den anderen können sich die Kräfteverhältnisse oder das Spielglück ändern und das Ergebnis ein anderes sein, es sei denn, die Kräfteverhältnisse sind sehr unterschiedlich. Der direkte Leistungsvergleich mag für den Beobachter interessant sein, für eine akkurate Leistungsmessung ist er nur bedingt geeignet.

Das Objekt der Messung

Es ist eine plausible Schlussfolgerung, dass der objektive Bewertungsmaßstab zu bevorzugen ist. Mit einer möglichst akkuraten und objektiven Leistungsmessung steht und fällt eine Entwicklung. Dabei muss zwingend die Relevanz der gemessenen Leistungsgröße berücksichtigt werden. Sehr häufig werden hier Fehler gemacht, indem eine gewünschte Leistung anhand falscher Parameter oder Messgrößen bewertet wird. Dies kann z.B. bei Boni für Manager geschehen, wenn diese ausgezahlt werden, obwohl sich die angestrebte und relevante Leistung verschlechtert hat. In der Politik haben wir das z.B. bei der Messung der relativen Armut oder auch beim „Abitur für alle" gesehen, die das angestrebte Ziel nicht adäquat abbilden und zu falschen Maßnahmen führen.

Wenn wir nicht wissen, was wir tun...

Wenn wir jetzt objektive Leistungsvergleiche in der Kindererziehung, in der Schule oder im Sport abschaffen, so behindern wir die Leistungsentwicklung unserer Kinder. Besser und schlechter wird allenfalls noch für den Lehrer oder Trainer transparent. Aber weder die Eltern noch die Kinder selbst können ihre Leistungen einordnen. Wie soll ein Kind aus schlechteren Leistungen lernen, sich mehr anzustrengen, oder aus besseren Leistungen oder Verbesserungen positive Erfahrungen und Selbstvertrauen mitnehmen, wenn es diese Erfahrungen nie machen darf? Verbesserung ohne Leistungsmessung ist rein zufälliger Natur. Warum wundern wir uns über das schlechte Abschneiden unserer Schüler bei den PISA-Studien?

5.5 Anpassungen

Zusammenhänge

Bei der Betrachtung des natürlichen Wettbewerbs haben wir eine Umgebung unter die Lupe genommen, bei der alle Individuen und Arten gleich waren. Um diesen Zustand zu erhalten, musste jede Anpassung an die knappe Ressource Nahrung unterbunden werden. Eine Anpassung hätte ja zwangsläufig die Gleichheit zerstört, es sei denn, die Anpassung wäre sprunghaft und für alle Lebewesen gleichzeitig erfolgt. Sprunghafte Anpassungen sind jedoch keine realistische Perspektive in unserer

Umgebung. Ob groß oder klein, jung oder alt, stark oder schwach, intelligent oder dumm oder sonst irgendwie differenziert: Das Überleben des Einzelnen wurde zu einem rein zufälligen Prozess. In einer von Zufall dominierten Umwelt kann sich jedoch keine Entwicklung etablieren. Es wäre so, als würden wir immer wieder eine Münze werfen, bei Kopf einen Schritt vor und bei Zahl einen Schritt zurückgehen. Wir könnten uns vorübergehend vom Ausgangspunkt entfernen, auf Dauer aber immer wieder dorthin zurückkehren. Das liegt in der Natur eines gleichverteilten Zufallsprozesses. Bei absoluter Gleichheit und Unterbindung von Anpassungen haben wir jede Entwicklung, jeden Fortschritt und damit ebenfalls jeden Wettbewerb unterbunden.

Damit sich Wettbewerb etablieren kann, muss also zumindest Ungleichheit herrschen oder Anpassungen an die Umgebung und die Randbedingungen möglich sein.

Das Unterbinden jeglicher Anpassung friert den Status quo ein. Nichts und niemand kann sich verbessern, da dies ja zwangsläufig mit einer Anpassung verbunden wäre. Dies entspricht ja auch dem Prinzip der Evolution in der Natur. Genetische Unterschiede tragen zum Überleben oder zum Tod bei. Durch zufällige Differenzierung entscheiden besser und schlechter über das Überleben. Das Bessere setzt sich durch. Gibt es aber keine Verbesserung, ist auch der Wettbewerb ausgeschlossen, da dieser ja auf einem kontinuierlichen Abgleich von Verbesserung und Verschlechterung beruht. Die Unterdrückung von Anpassungen widerspricht damit auch dem Prinzip des Wettbewerbs, sich persönlich aber auch im Verhältnis zu anderen verbessern zu wollen. Sie kommt damit einer Verhinderung von Wettbewerb gleich.

Damit Wettbewerb existieren kann, sind Anpassungsprozesse zwingend notwendig.

Sie erinnern sich sicherlich an unsere Überlegungen zur Krankenversicherung. Die gesetzlichen Vorgaben haben Anpassungen an das Umfeld in vielerlei Hinsicht erfolgreich verhindert. Das gleiche Produkt und die gleichen Kosten (für das Produkt, wobei die Versicherungskosten durch zusätzliche Umverteilungsvorgaben durchaus unterschiedlich vorgegeben sind) verhindern grundlegende Anpassungen und Innovationen. Eine vollkommenere Anpassung wäre nur möglich, wenn dem Patienten die Ärzte noch zugelost würden. Derzeit kann sich ein Arzt noch durch gute

Leistungen profilieren und durch Mundpropaganda vom verbleibenden Wettbewerb profitieren.

In einem Umfeld vollkommener Gleichheit kann es aber keinen Wettbewerb geben. Wie wir oben gezeigt haben, sind Anpassungen zwingender Bestandteil des Wettbewerbs. Erfolgen diese jedoch nicht spontan für alle gleichzeitig, so zerstören wir das Postulat der vollkommenen Gleichheit.

Die Existenz von Wettbewerb bedingt sowohl Anpassungsprozesse als auch Diversität/Ungleichheit.

5.6 Motivation

Was uns antreibt

Die Differenzierung zwischen intrinsischer und extrinsischer Motivation und deren Wirkung ist für unser Thema von besonderer Bedeutung. Viele gesellschaftliche Strömungen gehen davon aus, dass die intrinsische Motivation so stark ist, dass besondere Leistungsanreize wie ein höheres Einkommen oder mehr Anerkennung überflüssig sind. Diese These steht quasi a priori hinter staatlichen Umverteilungsmaßnahmen. Aussagen wie: „Starke Schultern müssen mehr tragen" oder die Rede von „Einkommensgerechtigkeit" basieren letztlich auf diesem Prinzip. Doch ist diese These wirklich korrekt?

Bereits zu Beginn dieses Buches haben wir feststellen können, dass Wettbewerbe jeweils mit einem Ziel verknüpft sind. Bei Kindern ist dies häufig die soziale Anerkennung durch Eltern, Freunde oder Erzieher. Bei Hobbys geht es oft darum, dem Leben einen Sinn zu geben, Spaß an einer Sache zu haben oder soziale Kontakte zu Gleichgesinnten zu knüpfen.

Die Entwicklung des inneren Antriebs

In all diesen Fällen basiert die Aktivität auf intrinsischen Motiven. Sie ist dann meist Teil des natürlichen Bestrebens, sich als Individuum in der Umgebung zu etablieren. Kann dieses Ziel durch die Teilnahme an einem Wettbewerb erreicht werden, so wird es weiter verfolgt und die Anstrengungen möglicherweise intensiviert. Erfüllt der Wettbewerb jedoch nicht die in ihn gesetzten Erwartungen, werden die Aktivitäten im Wettbewerb nachlassen.

Stellen wir uns ein Kind vor, das in den Kindergarten kommt und dort versucht, sich zurechtzufinden. Dazu kann es die Gunst des Erziehers oder die der anderen Kinder anstreben. Wenn es sich für den Erzieher „entscheidet", so wird es versuchen, dessen Erwartungen zu erfüllen. Ist das Kind sportlich und der Erzieher lobt es für sportliche Leistungen, wähnt sich das Kind auf dem richtigen Weg und es wird sich weiterhin um sein Wohlwollen bemühen. Lobt der Erzieher dagegen die schwächeren Kinder, weil sie sich besonders angestrengt haben, wird das Kind schnell erkennen, dass sportliche Leistung nicht der richtige Weg zum Ziel ist. Es wird sich einen anderen Wettbewerb suchen, sich auf das Wohlwollen der anderen Kinder konzentrieren oder sich den Anschein von Anstrengung geben. In jedem Fall führt die Reaktion der Erzieher zu einer Verstärkung oder Abschwächung des Verhaltens, ein Prozess, der als „operante Konditionierung" bekannt ist (90). Auch wenn sich diese Effekte durch andere oder ausbleibende Konditionierung abschwächen können, so werden doch auf diese Weise bereits sehr früh Verhaltensmuster und Wertvorstellungen verinnerlicht, die uns lange begleiten und unsere Entscheidungen beeinflussen. Dabei geht es sowohl um charakterliche, soziale und andere Kompetenzen als auch um vermittelte Werte. Schlussendlich lernt das Kind bereits im Kindergarten, welche Verhaltensmuster und Wettbewerbe es erfolgreich nutzen kann und welche weniger erfolgversprechend sind.

Natürlich ist dieser Prozess nicht so einfach, wie er hier dargestellt wird, da das übrige Umfeld immer eine wichtige Rolle spielt und Kinder in gleichen oder ähnlichen Situationen zu unterschiedlichen Einschätzungen ihres Fortschritts oder ihrer Reaktionen darauf kommen können. Auch wenn das Wohlwollen des Erziehers gewonnen werden kann, wird das Kind seinen Wettbewerb schnell überdenken, wenn die anderen Kinder es dafür ausgrenzen oder als „Streber" verunglimpfen. Auch die Eltern, Großeltern oder Geschwister haben einen sehr starken Einfluss auf die Versuche des Kindes, einen passenden Wettbewerb zu finden und sich damit in die Gemeinschaft zu integrieren. Und natürlich endet der Prozess nicht mit Abschluss des Kindergartens, sondern setzt sich in der Schule fort. Zunehmend kommen weitere Umwelteinflüsse wie Medien oder der außerschulische Freundeskreis dazu. Dennoch wird so bereits in jungen Jahren ein Erfahrungsschatz an vermeintlich funktionierenden Verhaltensmustern aufgebaut, auf den im weiteren Leben immer wieder zurückgegriffen wird. Somit führen z.B. positive Erfahrungen mit intellektuellen Leistungen im späteren Leben dazu, diese Kompetenzen weiter ausbauen zu wollen, oder positive Erfahrungen mit sozialem Engagement spielen dann auch im späteren Leben eine wichtige Rolle.

Manipulierbarkeit

Diese intrinsische Motivation kann sehr stark ausgeprägt sein, wenn eine kontinuierliche und positive Erfolgsgeschichte mit einem entsprechenden Wettbewerb verknüpft ist. Lernen Kinder z.B. die Bedeutung des Staatswohls über die der Eigeninteressen zu stellen, so werden sie versuchen, dem Staat zu dienen. Im Nationalsozialismus gelang es auf diese Weise junge Männer für das Regime, seine Werte und den Krieg zu begeistern - heutzutage für die wenigsten nachvollziehbar. Organisationen wie der Staat, Unternehmen oder Interessenverbände müssen nur einen vermeintlichen Zusammenhang zwischen den vermittelten Werten und den eigenen Interessen herstellen und intrinsisch hoch motivierte Menschen werden ihren Weg in diese Organisationen finden. Dort werden sie engagiert für die Interessen der Organisation arbeiten, da ihre Werte und Erfahrungen übereinstimmen. Erst wenn ein eklatanter Widerspruch zwischen den Interessen der Organisation und den eigenen Werten offenkundig wird, z.B. durch die Erkenntnis, dass Krieg nicht im Interesse eines Staates und seiner Bevölkerung sein kann, schwindet die Motivation.

Decken sich also vermeintlich die Art des Wettbewerbs und die eigenen Wertvorstellungen, so nehmen hochgradig motivierte Teilnehmer am Wettbewerb teil. Ob diese Übereinstimmung wirklich besteht oder nur ein Vorwand ist, um andere auszunutzen, muss jeder für sich selbst prüfen. Sowohl die intrinsische Motivation selbst als auch die Übereinstimmung werden jedoch sehr selten selbstkritisch hinterfragt.

Wohin eine unkritische intrinsische Motivation im schlimmsten Fall führen kann, haben wir am Beispiel des Nationalsozialismus leidvoll erfahren. Natürlich gibt es auch viel positives Engagement, doch bei allen Wettbewerben, an denen man aus intrinsischer Motivation heraus teilnimmt, empfiehlt sich eine kritische Grundhaltung. Egal, wie nobel die vermittelten Absichten einer Organisation auch sein mögen, die Ziele und vor allem die Handlungen der Organisation sollten immer sehr sorgfältig hinterfragt werden.

Sicherlich lässt es sich trefflich darüber streiten, ob die intrinsische Motivation nicht nur eine erlernte extrinsische Motivation darstellt. Schließlich formt sich die intrinsische Motivation ja zumindest teilweise durch äußere Einflüsse in einem Alter, in dem der Mensch Manipulationen weit unkritischer verarbeiten kann als im Erwachsenenalter.

Multiplikator

Auch wenn Wettbewerbe mit intrinsischer Motivation sehr gut funktionieren können, wirken extrinsische, d.h. von außen herbeigeführte Belohnungen, immer verstärkend auf einen Wettbewerb.

Wir können uns beispielsweise einen Vergleich zwischen kommunistischen und kapitalistischen Systemen ansehen. Grundlage des kommunistischen Systems ist die Gleichheit aller Menschen hinsichtlich ihres Vermögens. Nach der Theorie des Kommunismus gibt es für niemanden ein Privatvermögen, sondern alles gehört allen. Der Kommunismus stellt daher eine extreme Weiterführung des weiter oben behandelten Umverteilungsprozesses zur Bekämpfung der relativen Armut nach EU-Definition dar. Voraussetzung dafür ist, dass die Bevölkerung ein natürliches Interesse daran hat, dem Kollektiv zu dienen. Arbeit dient also nicht dem eigenen Lebensunterhalt oder Wohlstand, sondern dem Wohl des Kollektivs. Der Kommunismus basiert also auf einer intrinsischen Motivation der Bevölkerung, die auch für die Tragfähigkeit des Systems unabdingbar ist. Da die Bereitschaft zur Leistungserbringung (Arbeit) also intrinsisch vorhanden ist, bedarf es keiner externen Leistungsanreize wie z.B. einer Entlohnung. Folglich haben wir hier auf staatlicher Ebene das oben beschriebene Umfeld, in dem Leistung nicht honoriert wird. Im krassen Gegensatz dazu beruht das kapitalistische System auf extrinsischer Motivation, also auf einer individuellen Belohnung von Leistung. Der Unterschied zwischen den beiden Systemen besteht - überspitzt formuliert - darin, dass im kommunistischen System Wettbewerb ohne Belohnung, im kapitalistischen System hingegen mit Belohnung stattfindet. Der Wettkampf zwischen den USA und der Sowjetunion als Vertreter des kapitalistischen und des kommunistischen Systems und sein Ausgang wurden bereits behandelt. Die konsequente extrinsische Honorierung von Leistung führte zu einer deutlich höheren Wettbewerbsfähigkeit. Dieses Beispiel untermauert die starke Wirkung gezielter Leistungsanreize.

Warum sind alle Versuche mit dem Kommunismus gescheitert, obwohl er doch auf der ebenfalls starken Triebfeder der intrinsischen Motivation aufbaut? Das mag zum einen daran liegen, dass in der Realität weit weniger Menschen motiviert sind, für die Allgemeinheit zu arbeiten als für sich selbst. Zum anderen haben wir oben ausgeführt, dass die intrinsische Motivation schwindet, wenn die persönlichen Ziele und Werte nicht mehr mit denen der Organisation übereinstimmen oder wenn die operante Konditionierung ausbleibt. Für ersteres spricht, dass es der primäre und natürliche Trieb des Menschen ist, das eigene Überleben zu sichern. Der Dienst an der Allgemeinheit ist damit nur bedingt und nachrangig vereinbar. Für Letzteres spricht, dass die Verheißungen des Kommunismus nicht erfüllt werden konnten. In den USA wuchs der Wohlstand der Bevölkerung von Jahrzehnt zu Jahrzehnt. Die Sowjetbürger hingegen mussten in vielerlei Hinsicht Entbehrungen hinnehmen. Offensichtlich bestand also eine Diskrepanz zwischen den vermittelten Werten und der Realität.

Entweder oder?

Sowohl die intrinsische als auch extrinsische Motivation können also zu guten Leistungen führen. Generell wird eher die These vertreten, dass die intrinsische Motivation länger anhält und stärker wirkt. Dagegen sprechen jedoch die Erfahrungen aller sozialistischen Systeme, die gerade auf diese Form der Motivation aufbauen. Diese These vernachlässigt schlichtweg den individuellen Charakter der intrinsischen Motivation. Zum einen sind die Motivatoren individuell verschieden. Zum anderen dienen sie auch der individuellen Verwirklichung *persönlicher* Ziele. Völlig selbstlose Menschen, die 50 Stunden unentgeltlich für ein Unternehmen oder eine Organisation arbeiten, gibt es in der Realität eher selten. Freiwillige und unbezahlte Mehrarbeit gibt es zwar, aber die Motivation dahinter ist eher die Sicherung des Arbeitsplatzes, also ein übergeordnetes individuelles Ziel. Getreu dem Motto: Lieber den Spatz in der Hand als die Taube auf dem Dach. Dass auf die intrinsische Motivation allein kein Verlass ist, zeigen die hohen Lohnforderungen der „Medizinischen Fachangestellten", deren Berufung es zwar ist, anderen Menschen zu helfen, die aber dennoch – und das soll hier nicht kritisiert werden – auch ein gutes Einkommen haben wollen. Würde die intrinsische Motivation alleine für superengagierte Mitarbeiter ausreichen, gäbe es solche Lohnforderungen nicht. Mit anderen Worten: Auch die intrinsische Motivation beruht fast immer auf einer persönlichen Zielerreichung. Und auch bei der höchsten moralischen Motivation spielt der eigene Wohlstand eine Rolle. Jeder möchte für seine erbrachte Leistung entsprechend honoriert werden. Optimale Leistungen sind sicherlich dann zu erwarten, wenn die intrinsische Motivation durch extrinsische Reize verstärkt wird, wobei auch diese individuell unterschiedlich sind. Wohlstand und Anerkennung sind sicherlich zwei geeignete Methoden, die bei vielen Menschen funktionieren.

Unterdrückung von Leistung

Neuerdings ist es en vogue, Leistung nicht mehr zu honorieren. Nicht mehr das schnellste Kind wird hervorgehoben, weil es eine sehr gute Leistung erbracht hat, sondern das langsamste, weil es mitgemacht hat. Bei den Bundesjugendspielen oder sogar auch beim Fußball soll auf die Leistungsmessung und damit auf den Wettbewerb bei jüngeren Kindern verzichtet werden (71). Sogar im Berufsleben werden besondere Leistungen durch höhere prozentuale Lohnsteigerungen für Geringverdiener nicht mehr angemessen honoriert, wie bereits zuvor behandelt. Diese aktuellen Tendenzen sind der sichere Weg in eine leistungsärmere und damit weniger wettbewerbsfähige Gesellschaft.

5.7 Angleichung und deren Folgen

Intrinsische Motivation existiert und ist eine starke Kraft. Sie ist jedoch selten allein effektiv, sondern bedarf der externen Verstärkung, um optimale Ergebnisse zu erzielen. Dies ist eine wichtige Erkenntnis, die wir nun nutzen, um in diesem Kapitel das Thema der Angleichung und ihrer Folgen zu behandeln.

In Kapitel 3 über die enorme Kraft des Wettbewerbs haben wir den Vergleich zu wettbewerbsarmen Szenarien untersucht. In allen Fällen konnten wir zeigen, dass solche Umgebungen zu geringerem Fortschritt führen. Offensichtlich besteht eine Korrelation zwischen Wettbewerb und Fortschritt.

Reduzierter Wettbewerb führt zu reduziertem Fortschritt

Hier soll nun speziell auf den Zusammenhang zwischen Angleichung, d.h. der Reduzierung von Unterschieden, und Wettbewerb eingegangen werden. Wir wollen demonstrieren, dass mehr Angleichung zu weniger Wettbewerb führt und umgekehrt. Dieser Zusammenhang ist für unser Thema von zentraler Bedeutung. Daher werden wir uns ausführlich mit diesem Zusammenhang befassen. Wenn uns dieser Nachweis gelingt und wir darüber hinaus zeigen können, dass wir eine zunehmende Angleichung in unserer Gesellschaft verzeichnen, dann ist das ein tragender Pfeiler für das Verständnis und die Lösung unserer Probleme. Dazu ist zunächst zu klären, ob und wie sich Angleichung auf Wettbewerb auswirken kann. In diesem Zusammenhang haben wir bereits beim Thema „Anpassungen" einen Extremwert untersucht, bei dem absolute Gleichheit zur Abwesenheit von Wettbewerb führt. Dort haben wir auch die Erkenntnis gewonnen, dass sowohl Anpassungsprozesse als auch Ungleichheit für Wettbewerb zwingend notwendig sind.

Ausgangslage

In diesem Kapitel wollen wir jedoch die Auswirkungen der Angleichung auf den Wettbewerb untersuchen. Dazu untersuchen wir zunächst eine einmalige Abweichung von unserem zuvor behandelten Gleichheitsszenario mit einer begrenzten Nahrungsmenge. Haben wir z.B. 1000 Nahrungseinheiten pro Zeiteinheit zur Verfügung und verbraucht jedes Individuum eine Nahrungseinheit zum Überleben, so kann unser System maximal 1000 Lebewesen versorgen. An diesem Zustand wird sich nichts ändern, da wir ja durch unsere Gleichstellung, die wir ja aufrechterhalten wollen/müssen, jede individuelle Anpassung unterbinden. Zwangsläufig leben dann alle am Existenzminimum. Kein Lebewesen kann über dem Existenzminimum leben, da es ja mit allen anderen gleichgestellt sein muss. Bessere Lebensbedingungen für alle können nur durch mehr Nahrungseinheiten oder durch eine Reduzierung der Lebewesen erreicht werden. Höhere Geburtenraten führen folglich zum Hungertod der überzähligen Lebewesen. Niedrigere führen zu einer längeren Lebensdauer, da die Wahrscheinlichkeit steigt, Nahrung zu finden, wenn sie benötigt wird. Gleichstellung führt also zu einer nahezu konstanten Anzahl von Lebewesen, die je nach Geburtenrate um 1000 schwankt.

Störung des Gleichgewichts

Wir modifizieren jetzt unsere Ausgangssituation und führen eine Spezies ein, die sich anpasst, Nahrung speichert und ihren Verbrauch erhöht. Wir führen also einen eingeschränkten Wettbewerb ein, indem wir es einer Art gestatten, sich an das Umfeld anzupassen. Durch die Nahrungsspeicherung wird das Überleben der angepassten Art wahrscheinlicher und luxuriöser, da die Nahrung häufiger zur Verfügung steht, wenn sie benötigt wird. Im Umkehrschluss wird natürlich die Nahrung für alle anderen Arten reduziert, da ja die Gesamtmenge an Nahrung immer noch 1000 beträgt. Angenommen, wir haben 100 Exemplare der angepassten Art und diese verzehren oder lagern in jeder Periode die doppelte Menge der notwendigen Nahrung. Dann bleiben nur noch 800 Nahrungseinheiten übrig, die 800 andere Lebewesen ernähren können. Wir erhalten 100 angepasste Exemplare mit besseren Lebensbedingungen und 800 nicht angepasste Exemplare mit den gleichen Lebensbedingungen wie zuvor.

Zurück zur Ausgangslage

Was passiert nun, wenn wir diesen Prozess umkehren und den angepassten Exemplaren ihren Vorteil wieder entziehen? Dies könnte in einer Demokratie durch eine Mehrheitsentscheidung der 800 benachteiligten Lebewesen geschehen oder durch kriegerische Auseinandersetzungen, in denen die 100 angepassten Exemplare von den anderen niedergemetzelt werden. In jedem Fall verblieben zunächst mehr Nahrungseinheiten für die 800 Individuen der anderen Art. Durch den demokratischen Umverteilungsprozess würden zu Beginn wieder 1000 Nahrungseinheiten für 900 Individuen zur Verfügung stehen, sodass jeder 1,11 Nahrungseinheiten für sich zur Verfügung hätte. Im Kriegsfall stünden den verbleibenden 800 Lebewesen sogar noch 1,25 Nahrungseinheiten zur Verfügung. Reduzieren wir den einseitigen Vorteil, der durch die Anpassung entstanden ist, durch Wiederherstellung der Gleichheit, so erzielen wir sofort einen positiven Effekt für alle zuvor benachteiligten Lebewesen.

Durch die bessere Verfügbarkeit von Nahrung steigt natürlich die Lebenserwartung und die Überlebenswahrscheinlichkeit der Nachkommen – alles durchaus erwünschte Folgen der Angleichung. Damit steigt die Bevölkerungszahl an. Die angesammelten Vorräte der bevorzugten Art werden durch den Bevölkerungsanstieg schnell aufgebraucht. Mit den 1000 regulären Nahrungseinheiten kann die erhöhte Population allerdings nicht mehr aufrechterhalten werden und eine erhöhte Sterblichkeitsrate setzt ein. Schließlich wird wieder ein Gleichgewicht erreicht, bei dem wieder 1000 Lebewesen am Existenzminimum leben. Die Angleichung führt also von einem Zustand, der für einige angepasste Individuen zu einem höheren Lebensstandard führt, wieder zurück zu einem Zustand, bei dem alle am Existenzminimum leben. Dabei ist es irrelevant, in welchem Verhältnis die angepasste Art ihre Nahrungsreserven aufbaut oder verbraucht.

Das Ergebnis der Umverteilung

Die Angleichung bewirkt also nur kurzfristig eine Verbesserung der Gesamtsituation. Dabei werden die Errungenschaften der angepassten Spezies auf alle umverteilt. Sobald dieser Umverteilungsprozess gänzlich abgeschlossen ist, ist ebenfalls das Ausgangsszenario wieder erreicht: Hunger für alle. Dieser Prozess würde genauso ablaufen, wenn keine radikale, sondern eine graduelle Angleichung stattfinden würde. Die Umverteilungsvorteile würden lediglich über einen längeren Zeitraum gestreckt, wobei die Vorteile für die schlechter Gestellten schwächer, dafür aber länger ausfallen würden. Die gestreckte Umverteilung hätte den Vorteil, dass die Benachteiligten länger von der Umverteilung profitieren und die Bessergestellten die Umverteilung als weniger schmerzhaft wahrnehmen würden. Damit kann der Angleichungsprozess länger aufrechterhalten werden, ohne jedoch das Endergebnis zu verändern. Letzteres können wir in Deutschland beobachten, wo der Umverteilungsprozess seit geraumer Zeit ohne größere Proteste aus der Mittelschicht stattfindet.

Das überraschende Fazit lautet:

Die Gleichstellung aller führt letztendlich nie zu einer dauerhaft verbesserten Situation der Benachteiligten.

Die Bevölkerung wird aufgrund des Nahrungsüberschusses so lange wachsen, bis dieser aufgebraucht ist und Verbrauch und Neubildung der Ressource wieder im Gleichgewicht sind, und zwar wieder auf dem niedrigsten Niveau, das zum Überleben notwendig ist. Die Umverteilung der Nahrung führt nur vorübergehend zu einem Bevölkerungswachstum auf höherem Niveau. Danach sind wieder alle gleich, aber allen geht es schlecht! Da mehr Lebewesen bei gleicher Reproduktionsrate auch mehr Nachkommen zeugen, die allerdings wegen Nahrungsmangel nicht überleben können, führt diese Umverteilung sogar absolut zu mehr Hungertoten als bei Ungleichheit. Der Effekt einer „humanen Welt", in der es durch Umverteilung allen gut geht, dauert nur so lange an, bis die Ungleichheit komplett beseitigt ist.

Was wir daraus lernen können:

- Der Umverteilungseffekt durch die Angleichung einer limitierten Ressource bewirkt nur einen zeitlich befristeten Vorteil für die Benachteiligten
- Das Endergebnis eines Angleichungsprozesses ist die Gleichheit aller am Existenzminimum
- Eine Angleichung bewirkt eine Rückbildung von zuvor erarbeiteten Fortschritten
- Langfristig wird eine Besserstellung aller nur durch eine Reduktion der Bevölkerung und / oder eine Ausweitung der Ressource durch Wettbewerb erzielt.

Alles nur Theorie?

Natürlich basieren diese Schlussfolgerungen auf theoretischen Überlegungen, was gewisse Zweifel an ihrer Gültigkeit aufkommen lässt. Es drängt sich zudem die Frage auf, ob diese Schlussfolgerungen auch für andere Situationen und insbesondere auf unsere heutige Gesellschaft übertragbar sind. Die Wahrscheinlichkeit dafür ist sehr hoch. Denn selbst wenn mehrere limitierte Ressourcen vorliegen, können wir sie in der modernen Welt durch die Verfügbarkeit von Geld ersetzen. Geld ermöglicht unter anderem den Erwerb knapper Ressourcen.

Ein modernes Zahlenbeispiel

Es wird sicher noch Leser geben, die diesen Überlegungen nicht zustimmen wollen. Versuchen wir daher, unsere Überlegungen auf die moderne Welt zu übertragen, indem wir diesen Skeptikern den Effekt der Angleichung an einem einfachen Zahlenbeispiel demonstrieren. Die Zahlen sind natürlich so gewählt, dass die Berechnungen einfach und nachvollziehbar bleiben, aber dennoch die Realität der Einkommensverteilung widerspiegeln. Dazu werden nun vier Einkommensgruppen unterschieden. Die erste Gruppe trägt nichts zum

Gesamteinkommen bei, verbraucht aber 0,75 Euro für ihren Lebensunterhalt, also das Existenzminimum. Die zweite Gruppe verbraucht 0,8 Euro und trägt mit 0,2 Euro zum Geldtopf bei, der dann für die Angleichung zur Verfügung steht. Die dritte Gruppe verbraucht 1,15 Euro und zahlt 0,35 Euro in den Topf ein, die vierte Gruppe schließlich verbraucht 6,6 Euro und zahlt 3,4 Euro in den Topf ein. Das Einkommen ist also sehr ungleich verteilt: Gruppe 1 hat kein Einkommen, Gruppe 2 verdient einen Euro, Gruppe 3 verdient 1,5 Euro und die Gruppe 4 verdient gar 10 Euro. Für eine realistische Darstellung müssen die Gruppen 1 bis 3 mehr Mitglieder haben als die Gruppe der Reichen. Um die Zahlen einfach zu halten, nehmen wir folgende Aufteilung an:

Gruppe 1: 400 Personen; Verbrauch: 300; Beitrag: 0
Gruppe 2: 300 Personen; Verbrauch: 0; Beitrag: 60
Gruppe 3: 200 Personen; Verbrauch: 0; Beitrag: 70
Gruppe 4: 50 Personen; Verbrauch: 0; Beitrag: 170

Dabei steht „Verbrauch" für den Geldwert, den die jeweilige Gruppe aus dem Geldtopf entnehmen muss, um ihren Lebensunterhalt zu bestreiten. „Beitrag" steht für den Geldbetrag, den die jeweilige Gruppe in den Umverteilungstopf einzahlt. In Summe wandern also 300 Euro von den Gruppen 2 bis 4 in den Geldtopf, der dann von den 400 Leistungsempfängern der Gruppe 1 verbraucht wird. Mit ihrem Einkommen decken die Gruppen 2 bis 4 ihren Verbrauch und tragen noch zur Finanzierung der ersten Gruppe bei. Damit ist das System im Gleichgewicht und die Ausgaben für die Angleichung sind durch die Beiträge der Bessergestellten gedeckt.

Da wir nun den Leistungsempfängern etwas Gutes tun und die Ungerechtigkeit der unterschiedlichen Einkommenssituationen beseitigen wollen, erhöhen wir per Definition das Existenzminimum von 0,75 auf 0,9 Euro. Die Gruppe 1 verbraucht dann 360 Euro aus dem Geldtopf. Die zweite Gruppe kann nur noch 0,1 Euro in den Geldtopf einzahlen, während die dritte und vierte Gruppe weiterhin 0,35 Euro bzw. 3,4 Euro in den Geldtopf einzahlen müssen. Dies wird durch eine Reduktion des Verbrauchs / Lebensstandards der Bessergestellten realisiert. Da jedoch der Verbrauch von Gruppe 1 auf 360 Euro gestiegen ist und der Beitrag von Gruppe 2 gesunken ist, muss die Gruppe 4 entsprechend mehr beitragen (Gruppe 3 gehört ja nicht zu den Reichen und soll daher auch nicht mehr beitragen als zuvor). Damit ergibt sich folgende neue Situation:

Gruppe 1: 400 Personen; Verbrauch: 360; Beitrag: 0
Gruppe 2: 300 Personen; Verbrauch: 0; Beitrag: 30

Gruppe 3: 200 Personen; Verbrauch: 0; Beitrag: 70
Gruppe 4: 50 Personen; Verbrauch: 0; Beitrag: 260

Demzufolge muss die Gruppe 4 ihren Beitrag auf 5,2 Euro erhöhen. Damit kann die Gruppe 4 dann noch 4,8 Euro verbrauchen. Das ist immer noch deutlich besser als das Existenzminimum, aber die „Ungerechtigkeit" der extrem unterschiedlichen Einkommensverteilung ist erfolgreich reduziert worden.

Aber hoppla, da haben wir etwas übersehen! Die 300 Personen der Gruppe 2 arbeiten zwar, haben aber dadurch keinen Vorteil mehr gegenüber den Erwerbslosen, da sie ihr Einkommen oberhalb des Existenzminimums an den Geldtopf abgeben müssen. Es ist sicherlich nicht realistisch anzunehmen, dass alle Mitglieder dieser Gruppe weiterhin arbeiten werden, ohne einen angemessenen Vorteil daraus zu ziehen. Wir müssen also annehmen, dass ein Teil der Gruppe 2 nicht mehr weiter arbeiten wird. Der Einfachheit halber wird angenommen, dass nur 25% der Personen aus Gruppe 2 aufhören zu arbeiten. Folglich wechseln dann 75 Personen aus Gruppe 2 in die Gruppe 1.

Gruppe 1: 475 Personen; Verbrauch: 427,5; Beitrag: 0
Gruppe 2: 225 Personen; Verbrauch: 0; Beitrag: 22,5
Gruppe 3: 200 Personen; Verbrauch: 0; Beitrag: 70
Gruppe 4: 50 Personen; Verbrauch: 0; Beitrag: 260

Und schon haben wir wieder ein Defizit, das die Gruppe 4 ausgleichen muss. Sie muss nun 335 Euro statt bislang 260 Euro übernehmen, sodass jede Person dieser Gruppe 6,7 Euro in den Geldtopf einzahlen muss. Damit verbleiben den Mitgliedern dieser Gruppe noch 3,3 Euro für den eigenen Verbrauch. Mitglieder der Gruppe 1 können 0,9 Euro ausgeben (Existenzminimum), die der Gruppe 2 ebenfalls 0,9 Euro und die der Gruppe 3 wie bisher 1,15 Euro. Damit kann die gut verdienende Gruppe 3 noch 0,25 Euro und die Gruppe 4 der Reichen noch 2,4 Euro mehr als das Existenzminimum ausgeben.

Wir haben also durch die Erhöhung des Existenzminimums tatsächlich eine annähernd „gerechte" Einkommensverteilung erzielt. Aber statt 400 Menschen am Existenzminimum sind es nun 475. Die Kosten für dieses höhere Existenzminimum sind von 300 auf 427,5 Euro gestiegen, eine Last, die fast ausschließlich von den Leistungsträgern der Gruppe 4 getragen werden musste. Die Umverteilung führt also zu mehr Menschen am - zugegebenermaßen etwas höheren - Existenzminimum und die Kosten der Umverteilung sind um etwa 40% gestiegen. Das verfügbare Einkommen der Gruppe 4 halbierte sich von 6,6 auf 3,3 Euro. Es ist durchaus realistisch zu erwarten, dass die Angehörigen dieser Gruppe daraus Konsequenzen ziehen und womöglich abwandern. Auch die Motivation der Menschen, die für eine Spitzenposition notwendigen Entbehrungen und Risiken auf sich zu nehmen, ist deutlich reduziert, sodass zukünftig weniger Leistungserbringer nachfolgen.

Berücksichtigen wir diesen Effekt und reduzieren die Zahl der Gruppe 4 um 20%, so ergibt sich folgende Situation:

Gruppe 1: 475 Personen; Verbrauch: 427,5; Beitrag: 0
Gruppe 2: 225 Personen; Verbrauch: 0; Beitrag: 22,5
Gruppe 3: 200 Personen; Verbrauch: 0; Beitrag: 70
Gruppe 4: 40 Personen; Verbrauch: 0; Beitrag: 335

Selbst diese moderate Reduktion der Leistungsträger der Gruppe 4 führt zu einer Abgabe von 8,375 an den Geldtopf, sodass von dem einstmals hohen Einkommen nur noch 0,725 oberhalb des Existenzminimums von 0,9 verbleiben. Die ehemalige Elite verdient damit nur noch unwesentlich mehr als die Gruppe 3. Bei diesen Perspektiven ist mit einer massiven Abwanderung von Leistungsträgern zu rechnen, das gesamte Gefüge bricht zusammen. Die Gruppen 2 und 3 werden einen weiteren Rückgang der Gruppe 4 nicht mehr kompensieren können.

Die bitteren Konsequenzen

Unsere Anhebung des Existenzminimums führt also in die Katastrophe. Da sich ein Teil der unteren Einkommensgruppen für den leistungslosen Bezug des Existenzminimums entscheiden wird, wird gleichzeitig die Zahl der Bezieher steigen und die Zahl der Geldgeber sinken. Damit steigen die Kosten für die Finanzierung des Existenzminimums überproportional. Zur Kompensation müssen die verbliebenen Geldgeber jeweils mehr abgeben. Es wird einen Kipppunkt geben, ab dem weitere Geldgeber abwandern oder aber weniger Geldgeber nachfolgen werden. Es setzt eine Spirale von immer weniger Geldgebern ein, die immer stärker belastet werden, was zu einer weiteren Reduzierung der Geldgeber führt. Das komplette System wird instabil und bricht zusammen. Selbst das ursprüngliche Existenzminimum kann dann nicht mehr aufrechterhalten werden, da einfach keine finanziellen Mittel mehr zur Verfügung stehen. Das System muss dann durch den Aufbrauch von Vermögen (Vermögenssteuer) oder durch Schulden finanziert werden, die dann aber absehbar nicht mehr zurückgezahlt werden können, weil die Wettbewerbsfähigkeit nachgelassen hat.

Die Leistungsträger sind verschwunden, das Vermögen aufgezehrt, der Staat verschuldet, aber die Einkommensgerechtigkeit ist erreicht.

Erste Anzeichen

Auch in diesem Szenario führt die Umverteilung nicht zu einer dauerhaften Verbesserung der Lebensverhältnisse, sondern im Gegenteil zu einer Katastrophe. Solange der Kipppunkt nicht erreicht ist, kann das System aufrechterhalten werden. Aber auch schon vorher zeigen sich die negativen Folgen eines schlechten Verhältnisses von Aufwand und Ertrag: Die Wettbewerbsfähigkeit sinkt.

Der Weg unserer Regierung

Unsere Regierung hat hier eine geschickte Variante zur Umsetzung des Bürgergeldes gewählt. Die mögliche Motivation der unteren Einkommensgruppen, den einfachen Weg zum Bürgergeld zu wählen, sollte durch die Erhöhung des Mindestlohns kompensiert werden. Dies ist jedoch nur bedingt gelungen, da der Mehraufwand für ein etwas höheres Einkommen als das Bürgergeld immer noch sehr hoch ist. In der Folge kam es jedoch zu kräftigen Lohnerhöhungen im gesamten Niedriglohnsektor und auch die mittleren Einkommen verzeichneten deutliche Einkommenszuwächse. Das oben beschriebene Szenario wird also in dieser Form nicht oder nicht so schnell eintreten. Stattdessen erleben wir die Abwanderung von Unternehmen ins Ausland. Zu den vielen politisch zu verantwortenden Standortnachteilen kommen nun massive Lohnkostensteigerungen hinzu. Es stellt sich die berechtigte Frage, wie deutsche Unternehmen ihre Produkte weiterhin wettbewerbsfähig produzieren und vertreiben sollen, wenn sie in nahezu allen Bereichen schlechtere Ausgangsbedingungen haben als ihre ausländischen Konkurrenten. Was hindert den Konsumenten im In- und Ausland daran, das günstige Elektroauto aus China zu kaufen, wenn das deutsche Produkt deutlich teurer ist? Das oben beschriebene Szenario mag für die Leistungsträger derzeit nicht relevant sein, für unsere Industrie aber sehr wohl.

Fiktion?

Das oben dargestellte Szenario mag manchem auch unrealistisch erscheinen, da wir im Beispiel einen Anteil von etwa 42% Leistungsempfängern annehmen. Allerdings liegt der Anteil der Erwerbstätigen an der Gesamtbevölkerung in Deutschland bei rund 55 Prozent, sodass die Zahl der Leistungsempfänger in der Realität also bereits über unserem angenommenen Wert liegt (91). Natürlich handelt es sich bei sämtlichen Überlegungen um theoretische Gedankenspiele. Sind die Schlussfolgerungen also nur graue Theorie? Sicherlich nicht, denn genau diese Vorgänge können wir seit vielen Jahren und explizit durch die letzten

Erhöhungen des Mindestlohns und die Einführung des Bürgergeldes verfolgen. Selbst bei einem Mindestlohn lohnt sich eine Vollzeitbeschäftigung im Vergleich zum Bezug von Bürgergeld nur bedingt, da mehr als die Hälfte der Arbeitszeit nur dazu dient, das Einkommen des Bürgergeldes zu erreichen. Die Motivation der Bürgergeldbezieher, eine Vollzeitbeschäftigung aufzunehmen, ist zumindest durch die Erhöhung des Bürgergeldes nicht gestiegen. Mindestlohnbezieher überlegen es sich zweimal, ob sie weiterhin anstrengende Tätigkeiten ausüben. Die Leistungserbringer in unserem Land können sich auch aufgrund der Tarifentwicklung relativ gesehen immer weniger leisten. Die Finanzierung der Sozialsysteme erfordert immer höhere Ausgaben des Bundes, sodass für andere Aufgaben weniger Geld zur Verfügung steht. Trotz Rekordeinnahmen gelingt es dem Bund nicht, einen ausgeglichenen Haushalt aufzustellen. Die Aussetzung der Schuldenbremse oder der Zugriff auf private Vermögen zur Finanzierung der Sozialsysteme werden bereits gefordert.

Einkommensgerechtigkeit

Was bei der ganzen Gerechtigkeitsdiskussion immer geflissentlich unter den Teppich gekehrt wird, ist die Tatsache, dass höheren Einkommen fast immer auch höhere Leistungen gegenüberstehen. Ein gut bezahlter Manager hat und hatte auf dem Weg in diese Position keinen 35-Stunden-Job und hat in der Regel eine entsprechend umfangreiche Ausbildung absolviert, während der er über viele Jahre erhebliche Gehaltseinbußen hinnehmen musste. Gleiches gilt für Selbstständige oder Handwerker, die das Risiko einer Unternehmensgründung und einer langen Ausbildung in Kauf genommen haben. Durch eine übermäßige Besteuerung dieser Personengruppen schwindet das Interesse an solchen Positionen und die Einbürgerung hoch qualifizierter Arbeitskräfte wird dadurch auch nicht gerade lukrativer gestaltet. Auch hier können wir von den oben beschriebenen Effekten auf die Leistungsträger ausgehen. Der Rest dieses Planspiels ist eine einfache logische Kette.

Ganz gleich, welches Szenario und unter welchem Aspekt man auf den Zusammenhang zwischen Wettbewerbsintensität und Angleichung betrachtet, das Ergebnis ist immer das gleiche:

Mehr Angleichung führt zu geringerem Wettbewerb. In der Folge sinkt der Wohlstand für alle.

Der springende Punkt

Das Fazit der vereinfachten Gedankenexperimente ist im Hinblick auf die humanen Absichten einer Umverteilung von Reich zu Arm äußerst ernüchternd. Es ist nicht nur ernüchternd, sondern stellt die Politik und die gesellschaftlichen Werte von finanzieller „Gerechtigkeit" und Humanität der letzten Jahrzehnte grundsätzlich infrage. Letztlich führt jede Angleichung durch Umverteilung in eine Sackgasse, weil wir uns des Wettbewerbs und damit des Fortschritts berauben. Diese gut gemeinten Absichten führen langfristig vom Ziel weg. Wenn wir sie verwirklichen wollen, müssen wir andere Maßnahmen ergreifen, von denen alle profitieren und die auch nachhaltig Erfolg versprechen. Wenn wir den Benachteiligten wirklich helfen wollen, ist nicht ständige Umverteilung das geeignete Mittel, sondern ausschließlich Maßnahmen, die eine erfolgreiche Teilnahme am Wettbewerb ermöglichen.

Durch unsere Überlegungen konnten wir einen Zusammenhang zwischen Angleichung und abnehmender Wettbewerbsintensität darstellen. Dieser Zusammenhang führt immer wieder zu dem Ergebnis, dass eine zunehmende Angleichung erstaunlicherweise zu mehr Armen führt, und zwar auf einem niedrigeren Niveau.

Wenn das alles stimmt, warum…?

Einige Fragen drängen sich jedoch auf. Wieso konnten wir in Deutschland über Jahrzehnte Angleichungsprozesse betreiben, ohne in ein Extremszenario zu verfallen, wie wir es weiter oben beschrieben haben. Und wie verhalten sich Angleichung und Wettbewerbsintensität zueinander? Handelt es sich um einen linearen Zusammenhang, sodass eine Angleichung um x% zu einer Reduzierung der Wettbewerbsintensität um y% führt oder sind die Zusammenhänge komplizierter? Diese Fragen sind wichtig, wenn wir die aktuelle Situation in Deutschland verstehen wollen. Aus den Überlegungen zum funktionalen Zusammenhang zwischen Angleichung und Wettbewerbsintensität wird sich ergeben, warum der Angleichungsprozess in Deutschland bisher ohne gravierende Folgen verlaufen ist.

Aufwand und Kompetenzen

Um den Effekt zu verstehen, kehren wir kurz zu unserem obigen Beispiel eines neuen Computerspiels zurück und betrachten den Entwicklungsprozess in einem neuen Wettbewerb. Wie wir dort gesehen haben, gibt es eine große Gruppe mit geringer Kompetenz und nur eine sehr kleine Gruppe, die die Mühen einer langwierigen Verbesserung auf sich genommen hat, um in die Spitzengruppe zu gelangen. Der Aufwand für Verbesserungen ist zu Beginn gering, steigt aber mit zunehmendem Leistungsniveau überproportional an. Damit können wir plausibel von einem exponentiellen Zusammenhang zwischen Aufwand und Kompetenzen ausgehen. Prinzipiell können wir diesen Zusammenhang wie folgt grafisch darstellen:

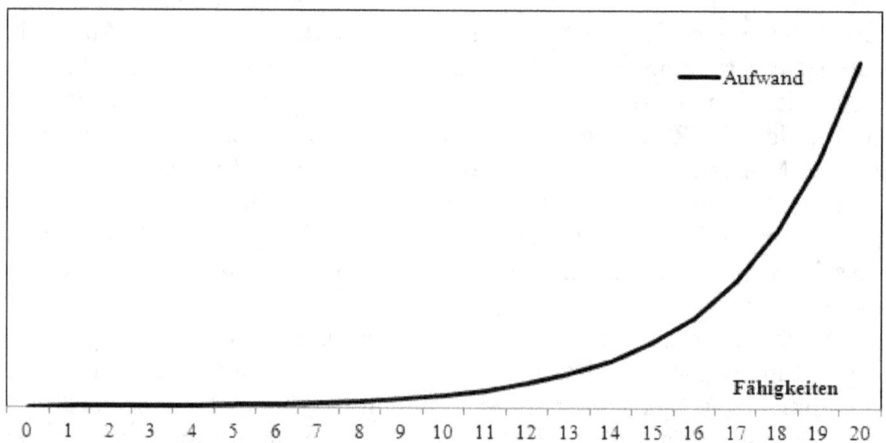

Abbildung 2: Verhältnis von Aufwand zu Fähigkeiten

Wir erkennen sehr schön den geringen Aufwand zu Beginn, um grundlegende Fähigkeiten zu entwickeln, und den zunehmenden Aufwand, um diese Fähigkeiten auf einem hohen Leistungsniveau noch weiter zu verfeinern.

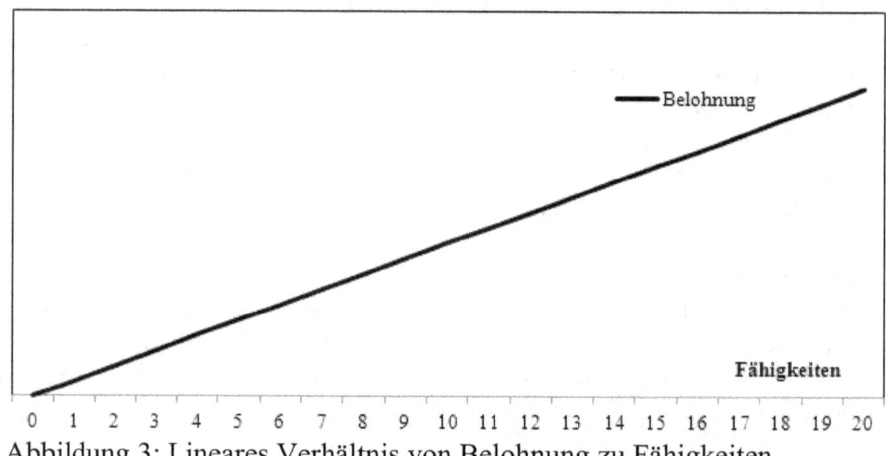

Abbildung 3: Lineares Verhältnis von Belohnung zu Fähigkeiten

Außerdem erwarten die Teilnehmer an einem Wettbewerb eine entsprechende Belohnung. Eine ursächliche intrinsische Motivation setzt dies nicht voraus. In diesem Fall reicht die persönliche Befriedigung, etwas erreicht zu haben. Dennoch muss auch dieser Personenkreis seinen

Lebensunterhalt finanzieren und wird daher ebenfalls eine finanzielle Belohnung anstreben. Abgesehen von den seltenen Fällen, in denen die Teilnehmer die Mühen des Verbesserungsprozesses nur um des Ruhmes und der Ehre willen auf sich nehmen, werden alle Teilnehmer diese finanzielle Kompensation anstreben. Sie kann dabei sehr unterschiedlich verteilt sein. Im einfachsten Fall besteht ein linearer Zusammenhang zwischen Fähigkeiten und Belohnung (siehe Abb. 3).

Wo Leistung lohnt

Interessant wird es, wenn wir diese beiden Verläufe übereinanderlegen (Abb. 4). Anhand der Abbildung 4 ist nun leicht zu erkennen, dass zu Beginn des Verbesserungsprozesses ein geringer Aufwand notwendig ist, um eine relativ hohe Belohnung zu erhalten (die durchgezogene Aufwandskurve liegt unterhalb der einfach gestrichelten Belohnungskurve). Man erkennt auch den stärker zunehmenden Aufwand im Vergleich zur Belohnung. Bei einem Fähigkeitsniveau von etwa 10 (in der Darstellung) steigen beide Kurven etwa gleich schnell an (die Tangente an der Aufwandskurve), sodass dem steigenden Aufwand gerade noch ein entsprechender Anstieg der Belohnung entspricht. Werden die Fähigkeiten weiter verfeinert, steigt der Aufwand bereits stärker als der Nutzen. Letzteres beschleunigt sich, je höher das erreichte Kompetenzniveau ist. Da im Bereich niedriger Kompetenzniveaus ein geringer Aufwand zunächst einen hohen Nutzen bringt, ist dort mit einer hohen Wettbewerbsintensität zu rechnen.

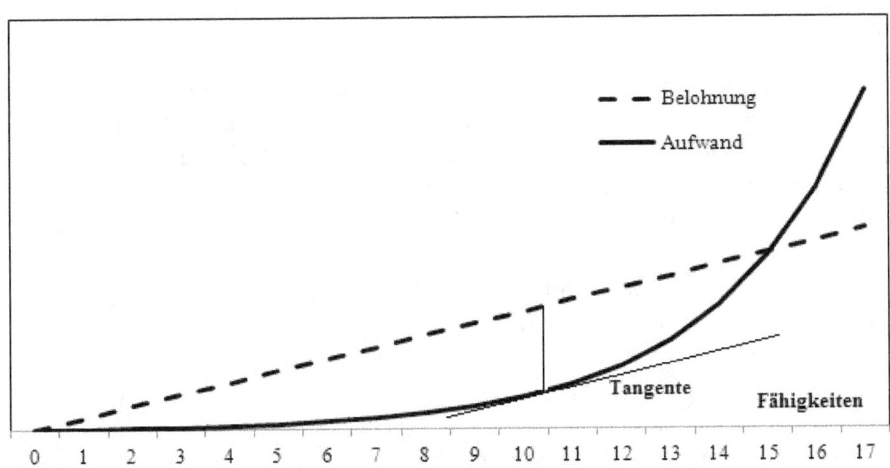

Abbildung 4: Aufwand, Fähigkeiten und Belohnung

Viele Teilnehmer werden sich bemühen, die großen Vorteile aus einer leichten Verbesserung ihrer Fähigkeiten zu erzielen. Die Intensität des Wettbewerbs flacht ab, bis Aufwand und Belohnung etwa gleiche Steigungsraten besitzen. Bis zu diesem Punkt werden die meisten Fähigkeiten entwickelt. Darüber hinaus sinkt die Attraktivität von Verbesserungen und damit auch die Wettbewerbsintensität. Demzufolge werden dort auch immer weniger Teilnehmer mit höheren Niveaus angetroffen. Wir können die Belohnung auch exponentiell mit dem Aufwand ansteigen lassen – Abbildung 5.

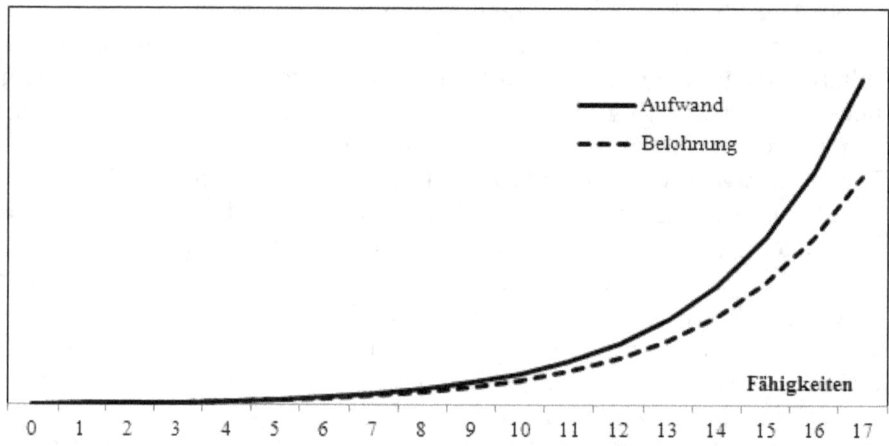

Abbildung 5: Exponentielles Verhältnis zwischen Fähigkeiten und Belohnung

Je nach Steigung der Exponentialfunktionen bleiben dann Belohnung und Aufwand länger in einem ähnlichen Verhältnis. Damit verschiebt sich der Punkt eines höheren Aufwands für eine entsprechende Belohnung zu höheren Leistungsniveaus, das Streben nach höheren Leistungen bleibt länger lukrativ. Allerdings sind die Gradienten der beiden Kurven über einen längeren Zeitraum recht ähnlich, sodass auch die Wettbewerbsintensität nicht allzu hoch ist. Doch auch hier zeigt sich, dass sich der notwendige Aufwand bei höchsten Niveaus stärker beschleunigt als die Belohnung, Höchstleistungen also nicht so erstrebenswert sind.

Sollzustand

All dies steht jedoch nicht im Einklang mit unseren bisherigen Beobachtungen, dass ein realistisches „the-winner-takes-all"-Szenario mit einer deutlich höheren Belohnung für Höchstleistungen einhergeht.

Realistischer wäre daher, dass die für Spitzenleistungen notwendigen zusätzlichen Anstrengungen auch weiterhin lukrativ belohnt werden.

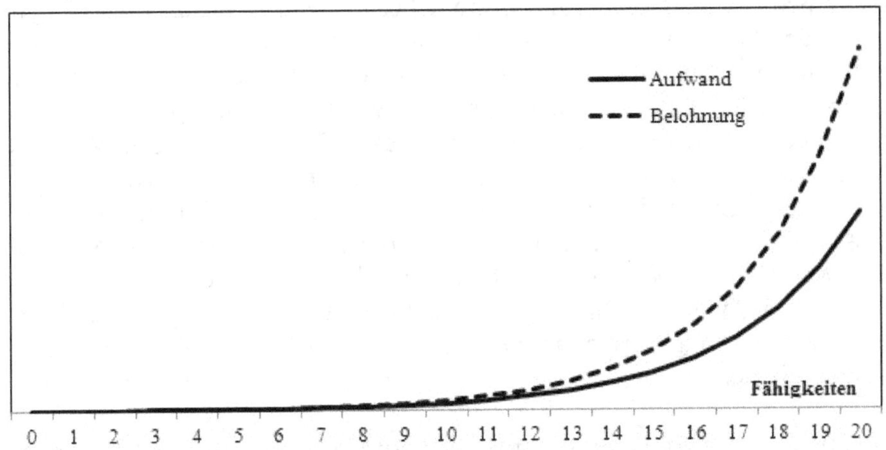

Abbildung 6: Ideales Verhältnis von Fähigkeiten zu Belohnung

Die Abbildung 6 ist ein gutes Stück realistischer. Auf der einen Seite werden geringe Fähigkeiten auch nur wenig belohnt. Andererseits wird der Mehraufwand zur Perfektionierung höchster Fähigkeiten zunehmend belohnt. Gerade im Bereich der Spitzenpositionen im Wettbewerb wird so ein extrem hohes Interesse der Teilnehmer an immer weiteren Verbesserungen nicht nur erhalten, sondern stark gefördert.

Wettbewerbsintensität durch Belohnung

So banal diese Grafiken sind, so bedeutsam ist dennoch ihre Aussagekraft. Mit einer Prise gesundem Menschenverstand kann man davon ausgehen, dass die meisten Menschen ein gutes Verhältnis zwischen Aufwand und Nutzen anstreben. Wer wird schon seine Freizeit opfern und mehr arbeiten, wenn er dafür kaum mehr Geld bekommt oder in Zukunft erwarten kann? Da Aufwand und Nutzen keine festen Größen sind, sondern von verschiedenen Personen subjektiv unterschiedlich wahrgenommen werden, ist um diesen fiktiven Punkt des besten Aufwand-Belohnungs-Verhältnisses eine Normalverteilung (Gaußverteilung) anzunehmen. Wir werden also durchaus Teilnehmer finden, die auch bei einem ungünstigen Verhältnis nach höheren Kompetenzen streben, aber auch solche, die das Streben nach Kompetenzen früher aufgeben. Je weiter wir uns von diesem fiktiven Punkt entfernen, desto seltener werden wir noch Teilnehmer in diesem Spektrum finden – dies ist eine Folge der hier angenommenen

Normalverteilung, die aber mit hoher Wahrscheinlichkeit eine realistische Situation widerspiegelt.

Was bedeutet das nun für unsere Überlegungen? Wenn wir, wie im Beispiel der linearen Belohnung, den optimalen Punkt zwischen Aufwand und Belohnung bereits bei niedrigen Fähigkeiten ansetzen, so enden dort auch die meisten Fähigkeiten. Höhere Fähigkeiten werden immer seltener ausgebildet und höchste Fähigkeiten sind praktisch ausgeschlossen. Wird die Belohnungskurve dem exponentiellen Charakter der Aufwandskurve angepasst, verschiebt sich der optimale Punkt zu höheren Kompetenzen hin, sodass auch die Wahrscheinlichkeit zur Entwicklung höherer Kompetenzen steigt. Wenn wir einen Zusammenhang zwischen Aufwand und Belohnung herstellen, der - wie in Abbildung 6 - mit steigendem Leistungsniveau immer lukrativer wird, dann wird auch die Ausbildung höchster Fähigkeiten immer wahrscheinlicher.

Je länger die Belohnung den zunehmenden Aufwand zur Entwicklung und Verfeinerung von Kompetenzen rechtfertigt, desto mehr Kompetenzen werden erworben.

Höchste Kompetenzdichte

Die eingangs gestellte Frage nach dem funktionalen Zusammenhang zwischen Wettbewerbsintensität und dem Belohnungssystem kann daher nur qualitativ beantwortet werden. Die Wettbewerbsintensität und die höchste Kompetenzdichte orientieren sich maßgeblich am Belohnungssystem, das primär vom Staat gesetzt wird. Die höchste Wettbewerbsintensität ist dort zu vermuten, wo dem Zuwachs an Aufwand der größte Zuwachs an Belohnung gegenübersteht. Dieser Punkt übt zudem eine Sogwirkung auf die Ambitionen der Teilnehmer aus, die alle in den Genuss des höchsten Belohnungszuwachses kommen wollen. Die höchste Kompetenzdichte werden wir daher dort vorfinden, wo entweder der Zuwachs an Aufwand noch durch einen entsprechenden Zuwachs an Belohnung kompensiert wird (Abbildung 4) oder wo der Gradient von Belohnung zu Aufwand ein Maximum aufweist (Abbildungen 5 und 6). Im Idealfall schaffen wir also ein Belohnungssystem, bei dem der Zuwachs an Belohnung stets größer ist als der Zuwachs an Aufwand - siehe Abbildung 6.

Ist-Zustand

Wie wir gesehen haben, ist es Aufgabe des Staates, durch eine kontinuierlich steigende Belohnung für einen kontinuierlich steigenden Nutzen aus der Kompetenzentwicklung zu sorgen. Dadurch wird eine kontinuierlich hohe Motivation zu mehr Leistung und Kompetenz erreicht.

Doch wie sieht die Realität aus? Dazu müssen wir die Komponenten Bürgergeld und Mindestlohn in unsere Überlegungen einbeziehen.

In der Realität generiert der Staat für viele Menschen durch das Bürgergeld, aber auch durch die Rente, eine Belohnung ohne jegliche Anstrengung. In einem solchen Umfeld können wir Wettbewerb ausschließen, weil wir eine perfekte Angleichung erreicht haben. Eine Besserstellung durch Leistung ist innerhalb dieser Gruppe nicht möglich. Es gibt daher keinen Wettbewerb und auch nur wenig Anlass, daran etwas ändern zu wollen.

Durch den Mindestlohn wird auch eine relativ hohe Belohnung für Menschen ohne besondere Fähigkeiten oder Ambitionen hergestellt. Die Gruppe der Mindestlohnempfänger hat ebenfalls keine Anstrengungen unternommen, besondere Qualifikationen zu erwerben oder kann diese zumindest nicht mehr einsetzen. Da es außer durch Arbeitslosigkeit unmöglich ist, unter den Mindestlohn zu fallen, sind die Leistungsambitionen bei vielen dieser Gruppe eher als moderat zu bezeichnen. Entsprechend der Normalverteilung wird es dennoch auch in dieser Gruppe Personen geben, die ihre Aufgaben gewissenhaft und engagiert erfüllen, sei es aus ethischer Haltung, intrinsischer Motivation oder in der Hoffnung, doch noch über den Mindestlohn hinaus zu kommen. Die sich anschließende untere Mittelschicht ist zwar höher qualifiziert, die Vorteile werden aber durch die hohe Abgabenlast geschmälert. Der Aufwand für eine höhere Entlohnung ist einiges höher als bei den zuvor diskutierten Gruppen. Eine berufliche Weiterbildung ist in der Regel wenig attraktiv, da sie zunächst mit viel Aufwand verbunden ist. Auch nach dem Erwerb einer höheren Qualifikation geht das mögliche höhere Einkommen in der Regel mit mehr Verantwortung und meist auch mit mehr Zeitaufwand einher. Als Lohn für die Mühen fordert die Steuerprogression ihren Tribut, sodass die Vorteile meist teuer erkauft sind. Jenseits dieser Gruppe gibt es die bessergestellten mittleren und höheren Einkommen, die zwar auch vom Staat kräftig zur Kasse gebeten werden, bei denen aber die Abzüge für Einkommensverbesserungen stabil sind und die daher von steigenden Belohnungen profitieren können.

Wenn wir das zusammenfassen, haben wir eine sehr große Gruppe ohne Ambitionen, die dadurch trotzdem „keine" Nachteile erfährt. Dann gibt es die Gruppe mit geringen Ambitionen, weil der Aufwand in einem schlechten Verhältnis zum Nutzen steht. Nur die Spitzenverdiener partizipieren engagiert am Wettbewerb und werden für ihre Mühen gut belohnt.

Wir können versuchen, den tatsächlichen Verlauf von Aufwand und Belohnung grafisch darzustellen:

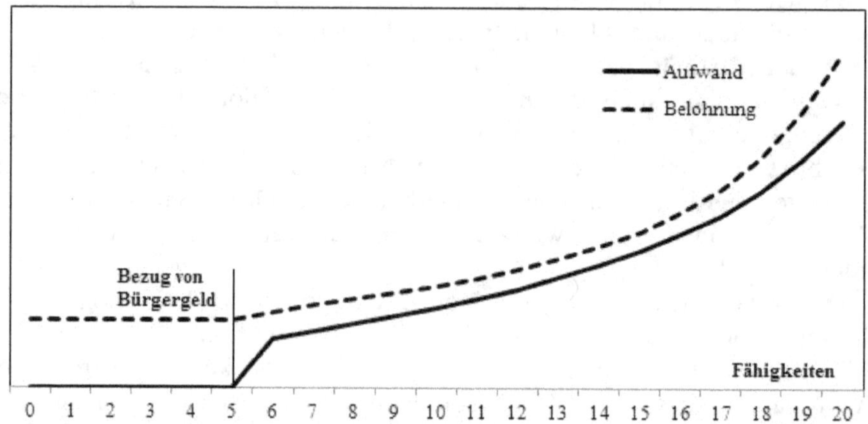

Abbildung 7: Realistisches Verhältnis von Fähigkeiten zu Belohnung

Wir erkennen den sprunghaften Anstieg des Aufwands beim Übergang vom Bürgergeld zum Mindestlohn, dem nur eine mäßige Belohnung gegenübersteht. Auch unmittelbar nach dem Übergang steigt der Aufwand stärker als die Belohnung, eine Tendenz, die sich bis zu den mittleren Einkommen fortsetzt. Erst bei höheren Einkommen steigt die Belohnung wieder stärker an als der Aufwand. Wie zuvor bereits geschlussfolgert, ist die Attraktivität des Wettbewerbs gerade im unteren Einkommensbereich beträchtlich reduziert bzw. nicht existent.

Warum es lange gut ging

Ausgangspunkt unserer Überlegungen war die Frage, wieso wir in Deutschland bereits seit Jahrzehnten einen Angleichungsprozess betreiben konnten, ohne dass es zu Extremszenarien gekommen ist.

Wir konnten feststellen, dass in der Realität die Bezieher von Bürgergeld und Mindestlohn im Verhältnis zu ihrem Engagement überproportional belohnt werden. Auch die extrem Engagierten und Kompetenten erhalten noch sehr hohe Belohnungen, die in einem guten Verhältnis zu ihrem Aufwand stehen. Schwieriger stellt sich die Situation für die Mittelschicht dar.

Das alleine ist noch keine besondere Erkenntnis. Schließlich haben wir bereits auf andere Weise festgestellt, dass unsere Mittelschicht schrumpft. Das allein erklärt aber noch nicht, warum die Angleichung so lange gut funktioniert hat und erst in jüngster Zeit Anzeichen einer Polarisierung in Richtung der politischen Extreme zu erkennen sind. Der Schlüssel liegt zum einen im schleichenden Charakter der Umverteilung und zum anderen in der kalten Steuerprogression. Während früher nur wenige Bürger den

Spitzensteuersatz entrichten mussten, ist es heute etwa jeder Zehnte. Wurde der Spitzensteuersatz 1960 noch beim 18-fachen des Durchschnittslohns fällig, war es 2018 bereits das 1,8-fache (92). Diese Entwicklung setzt sich weiter fort. So liegt das Durchschnittseinkommen im Jahr 2023 bei 51,876 € pro Jahr (93). Der Spitzensteuersatz greift ab einem Einkommen von 66.761 € pro Jahr (94). Damit ergibt sich für das Jahr 2023 ein Verhältnis von 1:1,29. Das heißt, dass nahezu jeder Durchschnittsverdiener bereits für Mehrleistungen den Spitzensteuersatz zahlen muss und damit eine extrem hohe Besteuerung bereits in der Mitte der Gesellschaft angelangt ist. Die Wirkung der kalten Steuerprogression zeigt sich in Abbildung 8, in der die Unterschiede zwischen 1960 und heute skizziert sind. Es zeigt sich eine deutliche Verschiebung der Belohnung hin zu höheren Kompetenzen und damit zu höherem Aufwand. Aus Abbildung 2 wissen wir, dass der Aufwand deutlich stärker steigt als der Kompetenzzuwachs, sodass die gleiche Belohnung wie 1960 heute mit einem deutlich höheren Aufwand verbunden ist. Diese Kurve spiegelt also das Gefühl vieler engagierter Menschen in der Mittelschicht wider, dass ihr Aufwand zur Aufrechterhaltung ihres Lebensstandards immer größer wird.

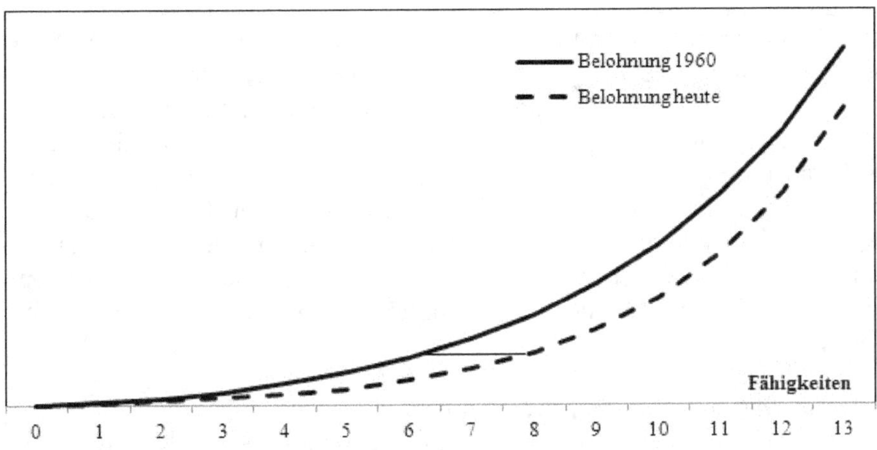

Abbildung 8: Effekt der kalten Steuerprogression

Damit sind inzwischen sehr viele Bürger betroffen, die trotz aller Anstrengungen kaum noch eine Chance auf individuellen Wohlstand sehen. In der Abbildung 8 sind jetzt ausschließlich die Effekte der kalten Steuerprogression enthalten. Dabei ist zu berücksichtigen, dass die Reallöhne der Mittelschicht in den letzten 20 / 30 Jahren kaum noch gestiegen sind. Hinzu kommen steigende Sozialabgaben, zunehmende Bürokratie für Selbstständige und Unternehmen sowie die Umsetzung umweltpolitischer

Ziele, die vor allem den Mittelstand belasten. In der Mittelschicht wächst die Wahrnehmung, wie gerade Bürger ohne besondere Fähigkeiten und Engagement durch politische Maßnahmen wie das Bürgergeld und Tarifabschlüsse mit Sonderzahlungen für Geringverdiener immer näher an den eigenen Lebensstandard heranrücken. Der Weg nach oben wird immer schwieriger und von unten rückt der Niedriglohnsektor mit gering qualifizierten Arbeitnehmern immer näher. Dieser Prozess vollzog sich bisher schleichend und führte bei vielen Bürgern der Mittelschicht nur zu einem diffusen Gefühl, dass sich die ganze Anstrengung für Leistung immer weniger lohnt. Die disruptiven Veränderungen durch das Bürgergeld und die Erhöhung des Mindestlohns, verbunden mit massiven Mehrbelastungen durch das Heizungsgesetz, die CO2-Abgabe und andere Belastungen, haben der Mittelschicht schlagartig vor Augen geführt, dass ihr Lebensstandard zunehmend gefährdet ist. Und da die etablierten Parteien diesen Prozess nicht nur in Gang gesetzt haben, sondern ihn auch weiter vorantreiben, bleibt vielen Angehörigen der Mittelschicht, die früher die Parteien der Mitte gewählt haben, nur die Flucht an die politischen Ränder, möglicherweise sogar in dem Wissen, dass diese Parteien die Situation nicht verbessern werden.

Damit haben wir endlich auch die Erklärung für die lange Periode der Umverteilung ohne große Proteste oder politische Extreme. Früher waren einfach sehr viel weniger Menschen vom Spitzensteuersatz betroffen und diese verfügten über so hohe Einkommen, dass die Abgaben dennoch einen sehr auskömmlichen Lebensstil ermöglichten. Durch die kalte Progression der letzten Jahrzehnte rutschte der Punkt des Spitzensteuersatzes zu immer größeren Bevölkerungsgruppen mit niedrigeren Einkommen. Ohnehin nicht in der Lage, große Sprünge zu machen, steigt gerade für diese Gruppe die Steuer- und Abgabenbelastung kontinuierlich an und eine Änderung ist nicht in Sicht.

Auswirkungen der Angleichung

Die Angleichung erfolgt über eine Reduzierung der Belohnung für die Leistungsträger und einer Erhöhung der Belohnung für wenig Ambitionierte und wirkt sich somit direkt auf die Wettbewerbsintensität aus. In Deutschland ist gerade der Mittelstand als bisheriger Haupttreiber von Fortschritt und Wohlstand seit langem am stärksten von der Angleichung betroffen. Die Angleichungsprozesse torpedieren also ausgerechnet den für unsere künftige Wettbewerbsfähigkeit und unseren Wohlstand wichtigsten Bereich. Wen wundert es da, wenn die Bürger sich um ihre Zukunft sorgen und eine andere Politik einfordern, und sei es durch die Wahl populistischer und extremistischer Parteien? Das Abgleiten in politische Extreme scheint unaufhaltsam, weil die Politik es trotz aller gegenteiligen Beteuerungen eben nicht verstanden hat.

Diese Entwicklung ist aber nicht nur für die Betroffenen aus der Mittelschicht oder für die politische Entwicklung des Landes nachteilig, sondern insbesondere für die zukünftige Wettbewerbsfähigkeit unseres Landes.

Zusammenfassung

Wir haben uns jetzt sehr lange und aus verschiedenen Blickwinkeln mit dem Thema Angleichung und den Auswirkungen auf die Wettbewerbsintensität befasst. In unserer Gesellschaft ist die Umverteilung von Reich zu Arm seit Jahrzehnten als hohes Gut und erstrebenswertes Ziel verankert. Die ethische Frage nach der Rechtfertigung exorbitanter Einkommen angesichts hungernder Menschen ist durchaus berechtigt. Dies ist sicherlich auch eine Grundlage für diese Bestrebungen. Eine weitere Rechtfertigung liegt sicherlich im „sozialen Frieden", der sich durch geringere Einkommensunterschiede leichter etablieren lässt und von dem auch die Gesellschaft als Ganzes profitiert. Während es also plausible Gründe für Angleichungs- und Umverteilungsbestrebungen gibt, darf dies nicht darüber hinwegtäuschen, dass die Umverteilung immer zulasten des Wettbewerbs und damit des gesamten gesellschaftlichen Wohlstandes geht. Zudem führt mehr Umverteilung letztlich nur dazu, dass der Anteil der Bevölkerung mit niedrigem Einkommen steigt. Eine nachhaltige Verbesserung der Lebensverhältnisse kann durch Umverteilung nicht erreicht werden, da diese irgendwann nicht mehr finanzierbar ist. Insbesondere unser Zahlenbeispiel zur Angleichung hat gezeigt, dass Umverteilungsbemühungen ein Spiel mit dem Feuer sind. Beginnt die Abwanderung von Leistungsträgern (sei es aus der Wirtschaft oder von den Arbeitnehmern) oder kommen weniger Leistungsträger nach, ist der Kollaps des Systems fast unausweichlich. Auch die erwünschte Zuwanderung von Fachkräften aus dem Ausland wird nicht helfen können, da das Umfeld im Ausland deutlich attraktiver ist als hierzulande. Dass hier ein Problem vorliegt, wurde offensichtlich von den Regierungsparteien erkannt, sonst wäre die neuerdings aufgekommene Idee, ausländische Fachkräfte durch bessere Bedingungen nach Deutschland zu locken, nicht geboren worden.

Die jahrzehntelange Angleichung vom Kindergarten bis ins Berufsleben hat in unserer Gesellschaft ihre Spuren hinterlassen, deren Bremswirkung wir alle spüren. Wäre es da nicht an der Zeit, Umverteilung und Angleichung, das Bestreben, Wettbewerb möglichst überall zu unterbinden, einmal zu überdenken? Glauben wir wirklich, die Urkräfte des Wettbewerbs außer Kraft setzen zu können, ohne später den Preis dafür zahlen zu müssen?

5.8 Permeabilität

Wir haben die negativen Konsequenzen einer zunehmenden Angleichung für den Wettbewerb untersucht. Es ist jedoch ein Trugschluss zu glauben, diesen Zusammenhang einfach umkehren zu können, um den Wettbewerb zu beleben. Zwar nimmt die Wettbewerbsintensität mit steigender Ungleichheit zu, doch reicht dies allein nicht aus, um einen florierenden Wettbewerb zu etablieren. Hier kommt die Permeabilität ins Spiel.

Von „Kasten"

Ihr Einfluss wird deutlich, wenn wir uns Staaten mit hoher Ungleichheit ansehen. In solchen Staaten gibt es häufig eine Oberschicht, die Macht und Reichtum unter sich aufteilt, und eine Unterschicht, die weder über das eine noch über das andere verfügt. Prinzipiell wäre eine solche Struktur in ähnlicher Form auch als Folge eines ungesteuerten Wettbewerbs denkbar. Der Unterschied liegt in der Durchlässigkeit des Systems. Wenn die oberen und unteren Schichten voneinander getrennt sind und der Auf- oder Abstieg versperrt oder stark eingeschränkt ist, wird die Anpassung an das System praktisch verhindert. Egal wie sehr sich ein Angehöriger der Unterschicht anstrengt, er wird den Sprung in die Oberschicht nicht schaffen. Damit wird ihm die Möglichkeit genommen, dieses Ziel über die Teilnahme am Wettbewerb zu erreichen. Gleichzeitig ist es für Angehörige der Oberschicht sehr leicht, ihren Status zu erhalten, z.B. durch Zugang zu besserer Bildung, gute Beziehungen oder kontinuierliche Kapitalströme zu ihren Gunsten. Die notwendigen Anstrengungen zum Erhalt ihrer Stellung sind daher eher als moderat zu bezeichnen. Hier zeichnet sich das klassische Bild des Kapitalismus ab. Darin kann es zwar auch einen intensiven Wettbewerb geben, aber nur innerhalb der beiden sozialen Klassen, den Arbeitern und den Kapitalisten. Leistungsanreize werden effektiv unterdrückt, wenn der Weg nach oben und unten versperrt ist. Dies kann daher als ein System des Machtmissbrauchs angesehen werden.

Autobahn nach oben und unten

Erst wenn wir den Übergang von einem Ausgangsniveau nach oben nicht nur zulassen, sondern durch geeignete Randbedingungen bestmöglich fördern, beleben wir den Wettbewerb. Im Idealfall haben wir keine Schichten, sondern einen möglichst kontinuierlichen Übergang von ganz unten nach ganz oben. Letzteres gewährleistet eine fließende Zielerreichung (in diesem Fall die Verbesserung der finanziellen Situation) entsprechend der eigenen Leistung. Hohe Leistungen ermöglichen die Erreichung entsprechend hoher Ziele. Niedrige Leistungen schmälern die Zielerreichung. In einem solchen System kann nicht mehr von mangelnder „Gerechtigkeit" gesprochen werden, da Wohlstand auf Leistung beruht. In diesem Zusammenhang wird auch deutlich, dass eine ständige Umverteilung gerade diese Durchlässigkeit künstlich untergräbt, da der Aufstieg durch die derzeit praktizierte Form der Umverteilung eher erschwert als gefördert wird. Konsequent zu Ende gedacht, verlangt das Prinzip der Permeabilität auch einen leichten Zugang zum Wettbewerb. Künstliche Barrieren wie Geschlecht, Religion, Herkunft oder auch gesetzliche Vorschriften behindern nur die Durchlässigkeit des Systems. Wenn z.B. Organisationen in den USA Schwarzen die Teilnahme am beruflichen Wettbewerb erschweren, schaden sie sich nur selbst. Ähnliches gilt für Unternehmen und Organisationen in Deutschland, die Frauen oder auch älteren Menschen die Teilnahme am Berufsleben/Wettbewerb erschweren oder sie durch geringere Bezahlung *bei gleicher Leistung* an der persönlichen Weiterentwicklung hindern. Im Sinne eines florierenden Wettbewerbs darf es solche Tendenzen nicht geben. Sie können auch auf Dauer nicht bestehen, weil sich diese Organisationen eines Wettbewerbsvorteils berauben und früher oder später den Preis dafür bezahlen müssen. Das Schöne am Wettbewerb ist, dass er völlig vorurteilsfrei und chancengleich ist. Der Wettbewerb selektiert ausschließlich auf der Grundlage von Leistung.

5.9 Agilität und Intelligenz

Von Schnecken und Geparden

Indirekt haben wir bereits mehrfach das wichtige Thema Agilität und Intelligenz im Wettbewerb tangiert. Unter Agilität verstehen wir die schnelle Anpassung an neue und möglicherweise plötzlich auftretende Herausforderungen. Intelligenz ermöglicht das Erkennen von Zusammenhängen und die gezielte Suche nach Lösungen. Beides zusammen ermöglicht das Überleben und das Erreichen von Spitzenpositionen im Wettbewerb. Während ein hohes Engagement uns im kontinuierlichen Wettbewerb voranbringt, steht die Agilität für eine schnelle und zielgerichtete Reaktion auf veränderte Rahmenbedingungen. Agilität und Intelligenz sind die Schlüsselfaktoren, um Erreichtes zu verteidigen oder Wettbewerbsvorteile zu erringen.

Viele Wettbewerbe unterliegen einem kontinuierlichen Wandel. Dies ist eher die Regel als die Ausnahme, da sich auch die Welt ständig verändert. Dieser Wandel wirkt sich besonders stark auf den wirtschaftlichen Wettbewerb aus. Ständig werden neue Entdeckungen oder Erfindungen gemacht. Forscher tüfteln an neuen Verbesserungen und Erkenntnissen. Die Bedürfnisse der Gesellschaft und der Konsumenten ändern sich. Wir sprechen daher von einem lebendigen Wettbewerb. In einem solchen Umfeld ist die Fähigkeit, sich schnell an neue Situationen anzupassen, überlebenswichtig. So einleuchtend diese Aussage ist, so oft wird sie dennoch ignoriert oder dem Prozess nicht die nötige Aufmerksamkeit gewidmet. Die Geschichte ist voller Beispiele von Unternehmen, die aufgrund mangelnder Anpassungsfähigkeit untergegangen sind. Es ist naheliegend, dass sich die Menschen in erster Linie auf den Status quo einstellen und sich nur wenige mit aktuellen Veränderungen oder gar „Was-wäre-wenn"-Überlegungen beschäftigen.

Kreativität und Intelligenz

Es gilt also, Veränderungen im Wettbewerb frühzeitig zu erkennen, um entweder davon zu profitieren oder nicht davon überrollt zu werden. Neben dem Erkennen von Veränderungen ist allerdings auch die Art und Weise der Erwiderung von Bedeutung. Im Idealfall führt die Reaktion dazu, dass der Wandel zum eigenen Vorteil genutzt wird. Nehmen wir als Beispiel den seit Jahrzehnten proklamierten Fachkräftemangel unter die Lupe. Der spontane Reflex darauf ist, mehr Fachkräfte aus dem Ausland anzuwerben. Dieser Ansatz ist, wenn er sinnvoll umgesetzt wird, durchaus geeignet, das Problem zu lösen. Es stellt sich gleichwohl die Frage, ob nicht Maßnahmen ergriffen werden können, die nicht nur das Problem lösen, sondern darüber hinaus zu einer generellen Verbesserung der Wettbewerbssituation führen. Insbesondere durch Prozessoptimierung, Automatisierung, Digitalisierung und die rasche Einführung und Verbreitung künstlicher Intelligenz kann sicherlich ein Großteil der fehlenden Arbeitskräfte ersetzt werden. Ebenso sind Lösungen denkbar, die mehr Menschen in das Erwerbsleben integrieren. Eine solche Strategie löst nicht nur das Problem, sondern verbessert gleichzeitig die zukünftige Wettbewerbsfähigkeit. Sicherlich sind diese Lösungen nicht auf alle Bereiche übertragbar, aber das Prinzip, Lösungen zu finden, die einen gestärkt aus einem Problem hervorgehen lassen, ist dennoch gültig. Ein exzellentes Beispiel dafür stellt die Firma Toyota dar, die in den 1970er-Jahren als noch relativ kleines Unternehmen mehrere solcher genialen Lösungen für sich entwickelte und sich damit zum Marktführer im Automobilbau katapultierte: Agilität und Intelligenz in höchster Vollendung.

Ein gewagter Blick auf KI und den Klimawandel

Wir können dieses allgemeine Prinzip des Wettbewerbs auch auf eine aktuelle Entwicklung anwenden, indem wir uns spekulativ mit der Entwicklung der Künstlichen Intelligenz beschäftigen. Wir erleben aktuell eine Phase rapiden Fortschritts in der KI, sowohl in der Entwicklung von Algorithmen als auch in der Entwicklung der notwendigen Hardware (Computertechnologie im Allgemeinen und die Entwicklung von Quantencomputern). Es ist zu erwarten, dass die KI bereits in den nächsten Jahren in vielen spezifischen Anwendungsbereichen ein vergleichbares oder höheres Leistungsniveau als der Mensch erreichen wird. Während das menschliche Entwicklungspotenzial in Bezug auf Intelligenz gegen Null tendiert und derzeit in den entwickelten Industrieländern eher eine negative Tendenz aufweist, sind der Entwicklungsfähigkeit von KI kaum Grenzen gesetzt. KI wird in der Lage sein, kausale Zusammenhänge aus riesigen Datenmengen sehr viel schneller herauszufiltern als es der Mensch je könnte. Bereits seit einigen Jahren wird KI zur Unterstützung bei der Entwicklung besserer Algorithmen eingesetzt. Von da an ist es ein natürlicher und vorhersehbarer Schritt, dass die KI ihre eigenen, überlegenen Algorithmen entwickelt. Diese Entwicklung wird unweigerlich dazu führen, dass die KI uns in den nächsten Jahrzehnten übertrumpfen wird, ein Prozess, der sich exponentiell beschleunigen wird. Neben der Intelligenz sind uns Computersysteme aber schon heute in der Verarbeitung großer Datenmengen weit überlegen. KI wird daher Veränderungen im Wettbewerb sehr viel schneller erkennen und intelligentere Lösungen entwickeln können als wir Menschen (wobei die Lösungsentwicklung zielgerichtete Kreativität voraussetzt, die KI derzeit nicht abbilden kann). Es erscheint reichlich naiv anzunehmen, dass eine weniger intelligente Spezies eine intelligentere dominieren kann. Umgekehrt ist davon auszugehen, dass die Überlegenheit in Agilität und Intelligenz zur Dominanz der KI führen wird. Der Mensch hat Jahrtausende für die Entwicklung seiner heutigen Fähigkeiten benötigt. Mit hoher Wahrscheinlichkeit wird die KI ähnliche Verbesserungsraten innerhalb von Jahrzehnten erzielen. In einigen hundert Jahren, womöglich aber auch sehr viel schneller, wird die KI uns so überlegen sein wie wir den Säugetieren. Es bedarf keines Horrorszenarios wie in den „Terminator"-Filmen oder „The Fear Index", um zu erkennen, dass wir dann allenfalls noch eine geduldete Lebensform auf der Erde sein werden. Dieses Szenario kann zwar theoretisch noch aufgehalten werden, doch müssten alle Nationen auf die Weiterentwicklung der KI verzichten, bis die Beherrschung einer höheren Intelligenz gewährleistet werden kann – ein realistisch kaum vorstellbares Ziel. Bei aller Diskussion um die Gefahren des Klimawandels scheint die weitaus größere Gefahr, aber auch der weitaus größere Nutzen für unsere Existenz von der KI auszugehen.

Von Schnecken (und Faultieren)

Leider erkennt der Gesetzgeber die Notwendigkeit von Agilität und Intelligenz nicht. Unsere überbordende Bürokratie und immer neue Vorschriften verhindern Anpassungen an sich ändernde Bedingungen. Das Thema ist leider nicht neu und soll hier auch nicht vertieft werden. Es sollte aber klar geworden sein, dass langwierige Genehmigungsverfahren, immer neue Verordnungen und Vorschriften und alle sonstigen „Verbesserungen" uns als Gesellschaft zunehmend lähmen. Während andere Nationen einfach machen und anpacken, verstricken wir uns in immer neuen „Bremsklötzen" und wundern uns über unsere rapide abnehmende Wettbewerbsfähigkeit. Auch hier, wie bei der Migration, der Rente und anderen Themen, sitzt die Politik die Probleme jahrelang aus, bis aus einem anfänglich kleinen Störfaktor ein gigantisches, schier unlösbares Problem entstanden ist, für das es keine einfachen Lösungen mehr gibt. Würde eine Regierung die Probleme wirklich anpacken, gäbe es auch keine Flucht in politische Extreme. Nicht umsonst wird die überbordende Bürokratie von der Wirtschaft abgelehnt, obwohl sich die Kostenberechnungen meist auf den rein zeitlichen Aspekt der Abarbeitung beschränken. Die vermutlich wesentlich höheren Schäden durch zu langsame Anpassungsprozesse werden nicht angemessen berücksichtigt.

6. Die Lähmung

Mysterium
Eine wichtige Frage, die wir uns bereits in der Einleitung gestellt haben, war: Warum geht es bei den wichtigen Zukunftsfragen nicht voran? Wie kann es sein, dass die mahnenden Worte von Thilo Sarrazin so gar keinen Einfluss auf die Politik hatten? Wie kann es sein, dass unser Rentensystem, das auf ganz anderen Rahmenbedingungen mit steigenden Beschäftigungszahlen basierte, unweigerlich auf den Kollaps zusteuert, die Politik aber immer noch stabile Renten verspricht? Wie kann es sein, dass unser Sozialsystem Flüchtlinge aus aller Welt anzieht wie das Licht die Mücken, die Politik diesen Zusammenhang aber hartnäckig leugnet? Wie kann es sein, dass die Realeinkommen der Arbeitnehmer in Deutschland seit Jahren stagnieren und durch die kalte Steuerprogression und immer neue Abgaben eher sinken, die Politik aber immer mehr Geld auf Kosten der Arbeitnehmer ausgibt (oder verschleudert?), der Bundeshaushalt von Jahr zu Jahr wächst? Wie kann es sein, dass unser Bildungsniveau seit über 20 Jahren nur um den OECD-Durchschnitt pendelt, die Politik aber nicht in der Lage ist, Abhilfe zu schaffen? Wie kann es sein, dass unsere Industrie mit sich ständig verschlechternden Rahmenbedingungen, immer neuen Nebenaufgaben und zusätzlichen Belastungen vor schier unlösbare Aufgaben im internationalen Wettbewerb gestellt wird? Warum werden in Brüssel Ziele und Gesetze beschlossen, die uns im internationalen Wettbewerb behindern?

Versuchen wir doch einmal, die treibenden Kräfte für diese Untätigkeit zu identifizieren.

6.1 Politik

Unsere Suche nach den Ursachen beginnt natürlich bei der Politik, wie es Daniel Stelter bereits getan hat (84) (95). Schließlich ist es die Aufgabe der gewählten Volksvertreter, diese Probleme zu erkennen und adäquate Lösungen für die Herausforderungen umzusetzen.

Gut gemacht, aber nicht gut genug

„Ich schwöre, dass ich meine Kraft dem Wohle des Volkes widmen, seinen Nutzen mehren, Schaden von ihm wenden, Verfassung und Recht

*wahren und verteidigen, meine Pflichten gewissenhaft erfüllen und
Gerechtigkeit gegen jedermann üben werde. So wahr mir Gott helfe. "*

So lautet der Amtseid des Bundeskanzlers (96). Angesichts der oben
aufgeworfenen Fragen scheint dieser Amtseid seit Jahrzehnten nicht mehr
beachtet worden zu sein. Allein der desolate Zustand der Bundeswehr oder
des Katastrophenschutzes (Ahrtal) ist Beweis genug, dass die Abwendung
von Schaden offensichtlich nicht als Aufgabe der letzten Bundeskanzler
angesehen wurde. Die Frage, ob der Nutzen des Volkes tatsächlich vermehrt
wurde, kann sicherlich unterschiedlich beantwortet werden. Die Entwicklung
der Reallöhne und des Bruttoinlandsprodukts in den letzten Jahrzehnten lässt
daran zumindest starke Zweifel aufkommen.

Gute Anführer sind schwer zu finden

Zugegeben: Die Aufgaben des Bundeskanzlers bzw. der zuständigen
Minister sind nicht einfach, da die unterschiedlichsten Interessen auf die
Politiker einströmen und die langfristigen Auswirkungen von Gesetzen und
Verordnungen nur schwer absehbar sind. Welches Fachwissen bringen die
Politiker mit, wenn sie ein Ministeramt übernehmen? Während wir keinen
wildfremden Passanten auf der Straße mit der Bauaufsicht unseres Hauses
beauftragen würden, ist das Prinzip des Laien als oberste Instanz in der
Politik für alle wichtigen und relevanten Lebensbereiche weitgehend
akzeptiert. Dies wäre unter Umständen noch nachvollziehbar, wenn die
Politiker nachweislich über relevante organisatorische Macherqualitäten
verfügen würden, die es ihnen ermöglichen, in einem unbekannten Umfeld
zielstrebig zu agieren. Davon können wir leider nur sehr selten ausgehen.
Wir können wohl mit Fug und Recht behaupten, dass wir für die wichtigsten
Führungsaufgaben in unserem Land Kandidaten zur Auswahl haben, die
unzureichend vorbereitet sind. Da die Kandidaten in einem demokratischen
Auswahlverfahren aufgestellt und gewählt werden, erscheinen die
Auswahlkriterien von uns Wählern durchaus verbesserungswürdig. Würde
ein Unternehmen eine Führungskraft nur aufgrund des Bewerbungsfotos und
vollmundiger Versprechungen einstellen?

You 'll never walk alone

Dennoch können wir mit Sicherheit davon ausgehen, dass unsere Politiker
durchaus intelligent sind. Zudem stehen ihnen zahlreiche Berater zur Seite,
die bei Bedarf auch komplexe Zusammenhänge erklären und Lösungsansätze
erarbeiten können. Wir können also davon ausgehen, dass die seit langem
schwelenden Probleme durchaus bekannt sind. Wenn also soziale
„Zeitbomben" friedlich weiter vor sich hin ticken dürfen, ohne von der

Politik angegangen zu werden, müssen wir von bewussten Entscheidungen zur Untätigkeit ausgehen. Das mag hart klingen, aber wenn wir nicht völlige Ignoranz unterstellen wollen, so muss das Aussitzen von Problemfeldern eine bewusste Entscheidung sein. Dieses Aussitzen war eine vermeintliche Stärke von Angela Merkel, aber sie hat es weder erfunden, noch wird sie die letzte Vertreterin dieser Art sein. Dieses Politikversagen kann folglich nicht auf einzelne Personen oder Parteien reduziert werden, sondern stellt ein systemisches Problem dar. Dies zeigt auch ein Blick auf die Politik anderer demokratischer Staaten. Bezeichnend ist, dass in den USA und in Frankreich viele unpopuläre Veränderungen in der zweiten und damit vermeintlich letzten Amtszeit des amtierenden Präsidenten vorgenommen werden.

Entstehungsgeschichte

Versetzen wir uns kurz in die Lage eines angehenden Politikers. Vermutlich ist es richtig, von einem ambitionierten Menschen mit guten Absichten auszugehen, der etwas in die aus seiner Sicht richtige Richtung bewegen will. Dazu muss er sein Umfeld von seinen Ideen und seiner Persönlichkeit überzeugen. Je höher die politische Karriere steigt, desto wichtiger wird es, große Menschenmengen zu überzeugen. Schließlich kann das eigentliche Ziel, etwas zu bewegen, nur dann überhaupt in Angriff genommen werden, wenn man als Politiker gewählt wird und irgendwann in eine verantwortliche Position gelangt. Auf diesem Weg sind viele Kompromisse zu schließen. Da sind zunächst die Parteifreunde, die ihre eigenen Vorstellungen haben und diese berücksichtigt sehen wollen. Dann gibt es die Parteiprogramme, die sich nicht immer mit den individuellen Vorstellungen decken, und schließlich gibt es die Wähler, die ebenfalls ihre eigene Agenda haben, die sie nach der Wahl berücksichtigt sehen wollen. Einmal im Amt hat die Wiederwahl oberste Priorität, schließlich will man ja auch in Zukunft die politische Richtung maßgeblich mitbestimmen. Die nächste Wahl ist maximal vier Jahre entfernt und bis dahin gilt es, möglichst viele Wähler bei Laune zu halten. Und während das Verteilen von Wahlgeschenken und das Zufriedenstellen bestimmter Interessengruppen sehr einfach ist und bei den Wählern gut ankommt, so ist der Entzug von Sonderstellungen ein sicherer Weg, den Zorn benachteiligter Wählergruppen auf sich zu ziehen. Letzteres ist sicher kein probates Mittel, um die nächste Wahl erneut zu gewinnen. Es liegt also in der Natur der Sache und im Überlebenswillen eines jeden Politikers, möglichst viele Wahlgeschenke zu machen und dabei möglichst wenige Wähler zu vergraulen. Ist es unter diesen Umständen verwunderlich, wenn große Probleme so lange aufgeschoben werden, bis sie wirklich nicht mehr aufzuschieben sind? Ist es dann die Schuld der Politiker oder von uns Wählern?

Und am Ende will es niemand gewesen sein

Das Aussitzen wird durch unsere Parteienlandschaft begünstigt. Bezeichnenderweise hat in Deutschland seit über 70 Jahren keine einzelne Partei mehr allein regiert (97). Versäumnisse und Fehler in der Regierungsverantwortung können daher leicht auf den jeweiligen Koalitionspartner abgewälzt werden. Für die Wähler ist es oft schwierig, die verschiedenen Positionen zu Gesetzesvorhaben den einzelnen Parteien zuzuordnen. Dies erklärt zum Teil die Verdrossenheit der Wähler mit den etablierten Parteien. Bündnis 90/Die Grünen konnte davon in der Vergangenheit sicherlich profitieren, und auch eine Partei wie die AFD ist in ihrer Jungfräulichkeit für viele unzufriedene Wähler eine attraktive Alternative.

Theoretisch dürfte es nicht so weit kommen, da wir in einer Demokratie alle vier Jahre die Möglichkeit haben, die Regierungsparteien zu bewerten und gegebenenfalls abzuwählen. In der Praxis stehen dem allerdings gewichtige Hürden entgegen.

Die „Parteien der Mitte" nutzten in den letzten Jahrzehnten alle das gleiche Strickmuster von Wahlgeschenken und Aussitzen. Auch wenn die jeweiligen Regierungsparteien mit ihren Wahlgeschenken bevorzugt ihre Wählerschaft bedienten, was ja durchaus auch im Sinne der Demokratie sein kann, wurden doch die wesentlichen Probleme nicht angegangen. Auch die zukünftige Entwicklung Deutschlands wurde sträflich vernachlässigt. Betrachtet man die „Mitte" als Arbeiter, Angestellte und Unternehmer, also die Leistungsträger des Landes, so wurde diese Mitte in den letzten Jahrzehnten zugunsten anderer Interessengruppen von der Politik nicht nur übergangen, sondern benachteiligt. So rückte die SPD zunehmend nach links. Während die SPD früher für die „Arbeiter" eintrat, versteht sie sich nun als Umverteilungspartei von den Erwerbstätigen zu den Erwerbslosen und vertritt zunehmend sozialistische Positionen. Ihre Zielgruppe ging damit verloren und wurde nur unzureichend durch die Nutznießer dieser Umverteilung ersetzt. Ähnlich erging es der CDU, die mit ihrer zunehmenden Sozial- und Umweltpolitik ihre Wählergruppe enttäuschte. Während dies alles durchaus im Sinne eines gesellschaftlichen Gemeinwohls bewertet werden kann, haben die beiden großen Volksparteien dennoch ihre traditionellen Wählerschichten vielfach verprellt. Die ehemaligen Parteien der Mitte haben folglich einen Teil ihrer traditionellen Wählerschaft verloren. Auch Bündnis 90/Die Grünen, die einst als frische und unkonventionelle Partei galten, haben diesen Status inzwischen verloren. Die deutsche Politik wird zunehmend von den Themen Umweltschutz und Umverteilung geprägt. Während dies die Stammwählerschaft der Grünen durchaus zufriedenstellt, findet diese Politik oder zumindest ihre Umsetzung keine demokratische Mehrheit. Und auch die FDP hat es als letzte der Regierungsparteien der letzten Jahrzehnte nicht geschafft, sich vom Nimbus der „Reichenpartei" zu befreien und für breitere Wählerschichten attraktiv zu werden.

Stolperstein: Ziele

Die demokratische Idee, Politiker durch Wahlen zu kontrollieren, stößt jedoch auf weitere Hindernisse. Da ist zunächst die wichtige Frage, welche Ziele die Politik verfolgen soll. Offensichtlich waren die Gründerväter der Verfassung der Meinung, dass sich die Politiker dem „Wohle des Volkes", dem „Mehren seines Nutzens", dem „Abwenden von Schaden", der „Verteidigung der Verfassung" und der „Gerechtigkeit gegenüber jedem" widmen sollten. Die Gründerväter haben sich sicher etwas dabei gedacht, diese Ziele in den Amtseid aufzunehmen. Sie haben aber sicher nicht mit der Kreativität nachfolgender Politikergenerationen gerechnet, die jede Art von Politik plausibel mit diesen Zielen in Verbindung bringen. So ist es zum Wohle des Volkes, wenn Erwerbslose dauerhaft von den Erwerbstätigen subventioniert werden (soziale Gerechtigkeit), wenn die Erwerbstätigen den Staat und die Sozialkassen mit Steuern und Abgaben alimentieren, damit dieser seine Aufgaben erfüllen kann (starke Schultern müssen mehr beitragen), die Verteidigungsfähigkeit des Militärs ausgehöhlt wird (wir setzen uns für den Frieden ein und lehnen deshalb das Militär ab), verfassungsfeindliche Organisationen jahrzehntelang „beobachtet" werden, aber nur wenig dagegen unternommen wird (wir suchen den Dialog mit diesen Gruppen) und „Gerechtigkeit gegenüber jedem" darin besteht, die Bedenken jedes Bürgers vor jedem Projektbeginn auszuräumen. Die Ziele unserer Politiker sind folglich viel zu dehnbar, um als Maßstab für die Wähler fungieren zu können.

Stolperstein Messung

Damit geht einher, dass es keine Messgrößen für die Arbeit der Politiker gibt. Das „Wohl" des Volkes oder dessen „Nutzen" wird nicht gemessen, sondern obliegt dem persönlichen Empfinden des einzelnen Wählers. Wie soll sich eine bessere Partei von einer schlechteren differenzieren, wenn es kein besser und kein schlechter gibt? Gleiches gilt für die einzelnen Ministerien. Nach welchen Kriterien wird die Leistung der Regierung in den Bereichen Verteidigung, Wirtschaft, Arbeit und Soziales usw. bewertet? Meist wird die Arbeit daran gemessen, wie viel mehr Geld in den jeweiligen Sektor fließt, um zusätzliche Projekte zu finanzieren, anstatt die Effektivität der jeweiligen Ministerien zu verbessern.

Nach mir die Sintflut

Ein ganz wesentliches Problem stellt der bereits zuvor erwähnte Verzögerungseffekt dar. Wir konnten bereits feststellen, dass eine Wettbewerbsverweigerung oder ein nachlassendes Engagement zunächst ohne erkennbare Folgen bleibt und erst später zu negativen Konsequenzen führt, die dann nicht mehr oder nur mit enormem Kraftaufwand rückgängig gemacht werden können. Viele Versäumnisse der Politik wirken sich daher nicht bei der nächsten Wahl aus. Die Versäumnisse werden erst viel später erkennbar und der kausale Zusammenhang zwischen der sich verschlechternden Situation und der Ursache einer falschen Politik kann häufig gar nicht mehr hergestellt werden. Doch wie will der Wähler dies durch seine Wahlentscheidung beeinflussen? Die Zusammenhänge sind in der Realität doch komplexer, als es einfache populistische Aussagen oder politische Slogans vermitteln, denn die Anpassungen eines Systems an veränderte Randbedingungen werden in einfachen Debatten schlichtweg ignoriert. So führen oft zunächst plausible und wünschenswerte Lösungen zu völlig unerwünschten Effekten, für die die verursachende Partei nicht mehr zur Verantwortung gezogen werden kann. Wir haben einige solcher Beispiele wie die Umverteilung behandelt. Es bedarf also eines aufgeklärten Wählers, um die langfristigen Folgen einer Politik abzuschätzen, und selbst viele Experten scheinen dazu nicht in der Lage zu sein. Die Korrektur politischer Fehlentscheidungen und Versäumnisse durch künftige Wahlen ist damit zumindest limitiert.

Wer nichts tut, macht keine Fehler

Das Fehlen konkreter Ziele und damit einer Leistungsmessung verhindert eine rasche Identifikation ungeeigneter Politiker. Selbst unfähige Minister können sich über die gesamte Legislaturperiode im Amt halten, wenn sie keinen Skandal auslösen, der in der Regel nicht einmal etwas mit ihrer Leistung zu tun hat. Untätigkeit wird in diesem System nur durch Zufall aufgedeckt. Das führt dazu, dass sich viele Politiker mit geringer Qualifikation jahrelang im Amt halten können. Wenn wir es versäumen, Politiker für schlechte Leistungen zur Rechenschaft zu ziehen, werden wir keine guten und qualifizierten Politiker haben, sondern solche, die sich durch „Vergessen" und „Ausreden" ungerechtfertigt lange im Amt halten können. Aber wie können wir eine zukunftsorientierte und dynamische Politik erwarten, wenn an der Spitze Mittelmaß oder noch weniger regiert?

__Licht und Schatten__

Die Demokratie ist eine tolle Erfindung, die uns über einige Jahrhunderte sehr gute Dienste geleistet hat. Aber sie hat auch ihre Tücken, die uns ins Verderben stürzen können. Die Demokratie funktioniert so lange gut, wie es den gewählten Parteien hauptsächlich um die Mehrung des Gemeinwohls geht und nicht um die nächste Wiederwahl oder den Erhalt der persönlichen Position. Es ist zu befürchten, dass dies nicht mehr vorausgesetzt werden kann.

6.2 Ablehnung von Wettbewerb

In den Kapiteln 2 und 5 haben wir uns mit der weitverbreiteten Ablehnung des Wettbewerbs in unserer Gesellschaft befasst. Dabei haben wir uns in Kapitel 2 auf die konkreten Auswirkungen dieser Ablehnung und in Kapitel 5 auf die Gründe für diese Ablehnung konzentriert. Diese Ablehnung ist inzwischen in weiten Teilen der Bevölkerung fest verankert und wird durch Parolen wie „soziale Gerechtigkeit" ersetzt, die auf eine zunehmende Angleichung der Gesellschaft zielen. Die Konsequenz des Wettbewerbs, Leistung zu belohnen und Leistungsmangel zu bestrafen, wird als unmenschlich und unsozial abgelehnt und durch „die starken Schultern müssen mehr leisten" ersetzt. Es handelt sich dabei um die bereits erwähnten einfachen Erklärungen der Politiker zur Rechtfertigung ihrer Wahlgeschenke, die jedoch die zerstörerischen Langzeitfolgen dieser Politik völlig ignorieren.

Viele Jahrzehnte dieser Politik und ihrer Rechtfertigungen haben uns vergessen lassen, dass der Wettbewerb nicht ignoriert werden kann. Er findet auch ohne unser Zutun statt und er bestraft unsere Trägheit ebenso, wie er die Leistung der anderen Teilnehmer belohnt. Es ist, als wollten wir per Definition die Gesetze der Schwerkraft außer Kraft setzen. Aber nur weil wir es gerne so hätten, sollten wir uns nicht von einem Wolkenkratzer stürzen und darauf hoffen, dass unsere Ignoranz der physikalischen Gesetze uns schon vor dem freien Fall bewahren wird.

Die Mantras zur Rechtfertigung von Wahlgeschenken müssen dringend kritisch hinterfragt werden. Solange wir als Gesellschaft glauben, dass es ohne Wettbewerb und Anstrengung schon irgendwie gut gehen wird, werden wir den Niedergang nicht aufhalten können.

6.3 Lobbyismus und Manipulation

Unsere Demokratie ist leider nicht perfekt, was unsere Politiker ausnutzen, um ihre Position zu erhalten. Es wäre aber sicherlich zu kurz gegriffen, den Niedergang Deutschlands allein den Politikern anzulasten, obwohl sie zweifellos die Möglichkeit hätten, die Situation zu verbessern. Letztlich ist es aber die Aufgabe der Wähler und der Medien, den Politikern auf die Finger zu schauen, was, wie wir ebenfalls feststellen konnten, nicht so einfach ist, wie es sich anhört. Erschwerend kommt hinzu, dass unsere Demokratie von allen Seiten durch Lobbyismus untergraben wird. Die erfolgreiche Manipulation von Politikern durch Lobbyisten wird z.B. von Markus Balser und Uwe Ritzer eindrucksvoll beschrieben (98). Dabei bedienen sich nicht nur Unternehmen spezieller Agenturen oder ehemaliger Politiker und deren persönlicher Netzwerke, sondern auch Personen aus anderen Staaten, um ihre Interessen durchzusetzen.

Ein verträumter Blick auf ein großes Problem

Während der Lobbyismus an sich durchaus eine sinnvolle Funktion erfüllt, so steht doch außer Frage, dass der Lobbyismus in sehr vielen Fällen bzw. in der derzeitigen Praxis fast immer zu Missbrauch führt. Die Munich Business School bietet in ihrem BWL-Lexikon die folgende Definition des Lobbyismus an (99): „In modernen Demokratien spielen Interessengruppen und Verbandsvertreter eine wichtige Rolle bei der Beeinflussung politischer Entscheidungen. Sie setzen vor allem auf Druck gegenüber Parteien, Abgeordneten, Regierungen, aber auch der Öffentlichkeit und den Medien. In pluralistischen Gesellschaften sind ihre Aktivitäten unverzichtbarer Bestandteil politischer Entscheidungsprozesse." Des weiteren: „Es ist eine Form der politischen Beteiligung, bei der Interessengruppen versuchen, Entscheidungsträger durch direkte Kommunikation und Präsentation von Argumenten zu beeinflussen." Die letzte Aussage stellt eine durchaus verharmlosende oder zumindest recht naive Sichtweise des Lobbyismus dar, wie wir noch sehen werden.

Eine gute Idee…

Lobbyismus ist vom Grundgedanken her eine sinnvolle Sache. Da auch unsere Politiker nicht alle Probleme im Detail kennen können, sind sie bei der Gestaltung von Gesetzen und Verordnungen auf den Input aus der Gesellschaft angewiesen. So ist es durchaus sinnvoll, Gesetzesvorhaben oder Entscheidungen aus verschiedenen Blickwinkeln zu beleuchten, um einerseits ein Problem möglichst vollständig zu verstehen, andererseits die

Auswirkungen zu erkennen und schließlich gute Lösungsvorschläge zu entwickeln. Hier können Lobbyisten helfen, diesen Prozess möglichst umfassend zu gestalten. In diesem Sinne können unterschiedliche Interessen in der Gesellschaft berücksichtigt werden, was zu einem guten demokratischen Prozess dazu gehört.

... die leider nicht mehr existiert

Doch diese Form des Lobbyismus, wie sie auch von Politikern und Lobbyisten gerne dargestellt wird, gibt es in der Realität kaum (mehr?). Lobbyismus findet eben nicht in einem Umfeld des freien Meinungsaustausches statt, sondern über diskrete Netzwerke zu Entscheidungsträgern oder auch über eine mediale Beeinflussung/Manipulation der Bevölkerung. Lobbyismus wird gerne mit Unternehmen in Verbindung gebracht, die versuchen, ihre Geschäftsinteressen durchzusetzen (99), aber Lobbyismus ist viel weiter verbreitet. Nicht nur in Deutschland gibt es eine Vielzahl unterschiedlicher Interessengruppen, die Lobbyarbeit betreiben, wie z.B. Gewerkschaften, Frauen-, Sozial- oder Umweltverbände.

Die naive Darstellung der Profiteure...

Nun könnte man argumentieren, dass sich die verschiedenen Interessengruppen in ihrer Lobbyarbeit gegenseitig neutralisieren. Wenn sich die Arbeitgebervertreter für niedrige Löhne einsetzen, setzen sich die Gewerkschaftsvertreter für höhere Löhne ein. Damit hätten beide Interessengruppen die gleiche Chance, ihre Interessen zu vertreten. Es käme somit zu einem Ausgleich der unterschiedlichen Interessen im Sinne der Demokratie. In der Tat wird diese Ansicht von vielen Politikwissenschaftlern noch immer vertreten.

... und die Realität

Allerdings hat Mancur Olson diese Auffassung bereits 1965 widerlegt (100). Nach Mancur Olson ist bei den Interessengruppen zwischen organisierten und potenziellen Gruppen zu unterscheiden. Während organisierte Interessengruppen aktives Lobbying betreiben und über eine gute Basis von Unterstützern verfügen, sind potenzielle Interessengruppen nur latent vorhanden. Ihnen gelingt es nicht, eine starke Basis für die Lobbyarbeit zu aktivieren. Zudem ist es für kleine Interessengruppen leichter, eine entsprechende Unterstützung zu organisieren als für große Gruppen (100). Diese wichtigen Unterschiede finden sich auch in der Arbeitswelt wieder. Auf der einen Seite haben wir eine „kleine" Gruppe von Unternehmen, die ihre Interessen durchsetzen wollen. Die potenziellen

Vorteile einer gemeinsamen Lobbyarbeit sind für die einzelnen Unternehmen groß genug, um eine starke Basis für die Lobbyarbeit zu bilden. Auch bei den Gewerkschaften findet sich eine starke Unterstützung von Lobbyarbeit, da die Mitglieder ihre Interessen im Verbund eindeutig besser durchsetzen können als einzeln. Schwieriger stellt sich die Situation für die latente Interessengemeinschaft der höheren Einkommensgruppen dar. Diese Gruppe ist deutlich kleiner als die der unteren Einkommensgruppen, aber auch deutlich größer als die der Unternehmen. Es handelt sich um eine latente Interessengemeinschaft, der es aber nie gelungen ist, eine entsprechende gemeinsame Interessenvertretung zu etablieren. Wir haben also de facto nur zwei Lobbygruppen, obwohl es mindestens drei verschiedene Interessengruppen gibt. Aufgrund dieser Konstellation könnte man vermuten, dass die Interessen der Unternehmer und der Gewerkschaftsmitglieder in der Politik stärker gewichtet werden als die der mittleren und höheren Einkommensgruppen. Und in der Tat haben wir festgestellt, dass die Lohnzuwächse der unteren Einkommensgruppen in den letzten Jahrzehnten ein gutes Stück stärker angewachsen sind als die der mittleren. Umgekehrt wurden auch Zugeständnisse an die Unternehmen gemacht, z.B. im Sinne einer Lockerung des Kündigungsschutzes. Die Interessen der oberen Einkommensschichten wurden dagegen vernachlässigt, obwohl gerade hier die Leistungsträger zu finden sind, die unser Land voranbringen können. Im Sinne der „sozialen Gerechtigkeit" wird aber gerne darauf verwiesen, dass diese Gruppe ohnehin über ein auskömmliches Einkommen verfüge und folglich keinen Anspruch auf ein höheres Einkommen habe, eine These, der sich die beiden anderen Interessengruppen anschließen können. Damit ist es auch für den Staat ein Leichtes, sich der Einkommen der Gutverdiener zu bemächtigen, um die Interessen der anderen Gruppen zu befriedigen. Ist es da noch verwunderlich, dass die Mittelschicht immer mehr verschwindet? Vermutlich ließe sich diese latente Interessengemeinschaft mobilisieren. Doch die gesellschaftlichen Werte der „sozialen Gerechtigkeit" sind so stark verwurzelt, dass eine solche Gruppierung einen Aufschrei der Entrüstung hervorrufen würde.

Des einen Vorteil ist des anderen Nachteil
Aktive Interessengruppen sind daher sehr erfolgreich, wenn es darum geht, Sonderinteressen durchzusetzen. Dies ist jedoch kein legitimes Recht, da es zulasten aller anderen geht und ein „Siegen um jeden Preis" darstellt. Gleichzeitig ist eine ausgewogene Berücksichtigung der unterschiedlichen Interessen durch Lobbying nicht gegeben. Es wird daher immer zu einem Ungleichgewicht zugunsten spezieller Interessengruppen kommen. Wäre dem nicht so, würden sich der Aufwand und Kosten des Lobbying nicht

lohnen und der Lobbyismus würde sich von selbst auflösen. Lobbying stellt daher immer eine Verzerrung der politischen Meinung durch Minderheiten und Interessengruppen dar und ist daher in der heute fast ausschließlich praktizierten Form grundsätzlich abzulehnen.

Lobbyismus auf dem Rücken der Steuerzahler

Diese Aussage lässt sich auch aus einer anderen Perspektive bestätigen. Die fünf größten Umweltverbände erzielten im Jahr 2020 Spendeneinnahmen von knapp 300 Millionen Euro (101). Interessant ist, dass Bund, Länder und die EU selbst solche Organisationen unterstützen, wie z.B. die Deutsche Umwelthilfe, bei der mehr als ein Drittel aller Spenden von der öffentlichen Hand kommen. Die öffentliche Hand fördert also selbst den Lobbyismus, der ihre Entscheidungen beeinflussen will. Ob es wirklich im Sinne einer demokratischen Mehrheit ist, wenn der Staat diese Organisation unterstützt, sei dahingestellt. Insgesamt werden diese fünf Organisationen von etwa zwei Millionen Menschen gefördert, wobei einzelne Personen natürlich auch mehrere Organisationen unterstützen können (101). Das sind stolze 2,5% aller Deutschen. Im Durchschnitt setzen sich die Förderer mit 150 € pro Kopf und Jahr für die diversen Organisationen ein, alles in allem beeindruckende Zahlen, die das Engagement der Deutschen für den Umwelt- und Naturschutz unterstreichen. Sehen wir uns einige Auswirkungen der Lobbyarbeit an, so rechnet z.B. der Deutsche Bauernverband aufgrund der EU-Standards im Umwelt- und Tierschutz mit Mehrkosten in Höhe von über 4 Milliarden Euro gegenüber ausländischen Konkurrenten ohne diese Auflagen (102). Insgesamt belaufen sich die geschätzten Umweltschutzausgaben im Jahr 2020 auf rund 80 Milliarden Euro (103). Darin sind periphere Folgekosten von Umweltauflagen, erhöhter Bürokratie- und Planungsaufwand, Bauverzögerungen, Gerichtskosten oder projektbezogene Auflagen noch nicht enthalten. Gerade die Kosten der unterbundenen Agilität können nicht annähernd realistisch beziffert werden, da sie nur indirekt und zeitversetzt anfallen, sich aber im Laufe der Zeit überproportional stark auswirken – siehe das Beispiel des Langstreckenläufers aus Kapitel 2.6. Zeitverluste durch extrem umfangreiche und damit langwierige Planungszeiten und Zögern lassen sich im intensiven Wettbewerb nicht aufholen und führen unweigerlich zu hinteren Plätzen.

Etwa 3/4 der Ausgaben entfallen auf den Bereich der Abwasser- und Abfallwirtschaft und nur rund 17% auf den Bereich „Beseitigung von Umweltbelastungen", der Maßnahmen zur Luftreinhaltung und Klimaschutz beinhaltet. Angesichts der viel diskutierten gravierenden Klimaveränderungen ist dies eine außergewöhnliche Prioritätensetzung.

Interessant ist ebenfalls, dass für Forschung und Entwicklung im Umweltbereich nur knapp über 2% ausgegeben werden, obwohl unsere Regierung gerade im Bereich der Umwelttechnologien das zukünftige Wirtschaftswachstum Deutschlands vermutet. Nicht alle Umweltausgaben lassen sich auf die Lobbyarbeit der fünf großen Umweltverbände zurückführen. Dennoch scheinen die wenigen Millionen, die in diese Lobbyarbeit gesteckt werden, eine sehr gute Rendite für die Förderer zu bringen. Spenden in Höhe von 300 Millionen Euro führen zu Umweltausgaben von etwa 80 Milliarden Euro pro Jahr. Die Kosten pro Bundesbürger belaufen sich damit auf mindestens 1.000 € pro Jahr und werden z.B. durch das „Heizungsgesetz" drastisch erhöht. Der wirtschaftliche Einsatz von Wärmepumpen setzt bei vielen Bestandsbauten überproportional hohe Investitionen in die Gebäudesanierung voraus, die sich nur selten amortisieren. Ob diese finanziellen Belastungen auch dann noch viele Befürworter finden würden, wenn jedem Bürger, der für die Maßnahmen votiert, sein Anteil an den entstehenden Kosten direkt abgezogen würde, ist eher fraglich. Schließlich müssten dann die 2 Millionen Förderer der Umweltverbände die 80 Milliarden aufbringen, was einer Belastung von 40.000 Euro pro Unterstützer gleichkäme. Dass das „Heizungsgesetz" jetzt mit Brachialgewalt im Jahr 2023 durchgedrückt wurde, zeugt von der Angst, dass viele Bürger diese Kosten eben nicht tragen wollen und auf konventionelle Technik gesetzt hätten. Die kurze Frist verhinderte genau diesen Effekt. Erst das intransparente Abwälzen der verursachten Kosten auf die „Allgemeinheit" hält eine breite Unterstützung in der Gesellschaft aufrecht – die Zeche zahlen ja andere. Hier zeigen sich die undemokratischen Auswirkungen des Lobbyismus und der Kostenumlage auf die Allgemeinheit, wäre doch ansonsten die Finanzierung des Umweltschutzes möglicherweise nicht durchsetzbar. Eine Minderheit von 2,5% aller Bürger verursacht folglich durch Lobbyismus Kosten für die breite Masse der Bevölkerung, wobei diese Aussage definitiv präzisiert werden muss. Es sind nicht die 80 Millionen Mitbürger, die diese Kosten tragen, sondern die wesentlich kleinere Gruppe der Erwerbstätigen. Bei einer Erwerbsquote von ca. 50% und etwa einem Drittel der Einkommen, die wir zu den oberen Steuerzahlern zählen können, werden die Kosten in der Realität von etwa 15% der Bevölkerung getragen. Diese Gruppe wird somit mit rund 6.000 € Nettoeinkommen oder, da wir vom Spitzensteuersatz ausgehen müssen, mit knapp 12.000 € Bruttoeinkommen belastet. Es ist leicht, sich für den Klimaschutz auf die Straße zu kleben, wenn man die Rechnung nicht selbst zahlen muss. Das ist keine Demokratie! Natürlich kann mit der langfristigen Alternativlosigkeit des Umweltschutzes argumentiert werden, die dieses Engagement auch ohne wirkliche demokratische Unterstützung notwendig macht. Dieser Standpunkt hat durchaus seine Berechtigung. Das Abwälzen der Kosten auf eine Minderheit entspricht jedoch der oben angesprochenen Gefahr durch die Demokratie, wenn die Wähler Entscheidungen treffen, deren Konsequenzen sie nicht selbst zu tragen haben.

Blutsauger

Lobbyisten beschränken sich aber nicht mehr darauf, Meinungen durch Beziehungsgeflechte zu beeinflussen. Das ist schlimm und undemokratisch genug, wird aber von den perfiden Methoden des modernen Lobbyismus in den Schatten gestellt. Damit ist vor allem der gezielte Einsatz von Social Media gemeint, um Unternehmen oder Politiker unter Druck zu setzen. Ein Beispiel für solches Lobbying ist die berühmte Kampagne von Greenpeace gegen Nestlé im Jahr 2010. Greenpeace veröffentlichte damals mehrere Videos, die das Töten von Orang-Utans und die Zerstörung des Regenwaldes durch KitKat-Riegel zeigten. Die Aussage: Nestlé verwendet Palmöl in seinen KitKat-Riegeln und verantwortet damit die Zerstörung des Regenwaldes und das Aussterben der Orang-Utans. Die Verwendung von Palmöl kann sicherlich kritisch gesehen werden, auch wenn andere Ölsorten wie z.B. Soja- oder Kokosöl dem Regenwald mehr Schaden zufügen (104). Der springende Punkt an dieser Stelle ist jedoch nicht die Position, sondern die Art und Weise, wie Greenpeace „Meinung" macht. Zum einen sprechen solche Videos in erster Linie die emotionale Seite des Betrachters an, während die ursprüngliche Idee des Lobbyismus die rationale Auseinandersetzung mit Problemen war. Wichtige Fakten, wie z.B. dass die Hauptabnehmer von Palmöl, China, Indien und andere asiatische Länder sind, werden ignoriert (104). Zum anderen wird ein Anbieter unter Hunderten gezielt angegriffen und unter Druck gesetzt. Von Seiten des Handelsblatts wurde diese Aktion wie folgt bewertet (105):

„Das Internet kann sehr schnell zu einer echten Empörungsmaschine werden", weiß Krisen-PR-Spezialist Möhrle. In der Logik von Greenpeace gehe es darum, dem Empörungsmomentum mehr Gewicht zu verleihen als den Fakten. Wenn das gelinge, hätten sachliche Gegenargumente keine Chance mehr."

Greenpeace selbst sieht solche Aktionen unter dem folgendem Blickwinkel (106): „Aktivistinnen und Aktivisten überschreiten nicht bewusst Gesetze, sondern deren Motivation ist: Wir treten ein für höherwertiges Recht und die Umsetzung dieses Rechts." Nun, warum ist das alles andere als lobenswert, sondern vielmehr problematisch? Letztlich bedeutet diese Aussage: „Der Zweck heiligt die Mittel". Wir haben hier eine Gruppierung, die von weniger als einem Prozent der Bevölkerung aktiv unterstützt wird, die aber für sich in Anspruch nimmt, „höherwertiges Recht" zu vertreten, also über dem geltenden, demokratisch bestimmten Recht zu stehen. Auch die gezielte Attacke gegen ein einzelnes Unternehmen ist besorgniserregend. Unternehmen werden in der Gesellschaft gerne angeprangert. Solche Aktionen können daher mit der stillen Unterstützung der Massen rechnen. Die Methode ist jedoch perfide und ähnelt der von Machtgruppen, die an Schwächeren ein Exempel statuieren. Die Rollen von David und Goliath sind inzwischen vertauscht. Während früher große Konzerne wie Nestlé Goliath verkörperten, so sind die Social-Media-Angriffe von Umweltorganisationen längst zu einer mächtigen Waffe geworden, die jeden vermeintlichen Goliath zur Strecke bringen kann. Richten sich Social-Media-Attacken gegen Einzelpersonen, nennt man das Mobbing, was gesellschaftlich zu Recht abgelehnt wird. Werden hingegen einzelne Unternehmen Opfer solcher Attacken, gibt es keine Sympathiebekundungen für sie, da sich die Masse für eine vermeintlich gute Sache emotional missbrauchen lässt.

Während Politik und Gerichte gegen Hass und Hetze im Netz vorgehen, herrscht beim Schutz von Politikern oder Unternehmen weitgehend Laissez-faire. Wird ein Unternehmen oder ein Politiker durch Shitstorms massiv unter Druck gesetzt oder beleidigt, müssen die Betroffenen dies nach gängiger Rechtsprechung aushalten und es wird als freie Meinungsäußerung gewertet. Allerdings ist ein Shitstorm ein weitaus zerstörerischeres Mittel als eine Demonstration von Neonazis vor dem Haus eines Politikers. Beiden gemeinsam ist die Verbreitung der Angst, der nächste zu sein, den es treffen könnte. Die Gerichte sollten den existenzbedrohenden Charakter solcher Angriffe auf Unternehmen, einzelne Politiker und die Meinungsfreiheit erkennen und unterbinden. Bei diesen Angriffen handelt es sich nicht um Kavaliersdelikte, freie Meinungsäußerung oder politischen Aktivismus, sondern die Verhinderung sachlicher Diskussionen durch die Verbreitung von Angst und Schrecken. Kann Demokratie in einem Klima der Angst funktionieren? Die NSDAP hat uns gezeigt, wohin das führen kann.

Wir alle sind Opfer

Lobbying zielt jedoch nicht nur auf Entscheidungsträger ab, sondern beeinflusst längst auch die öffentliche Meinung. Ein äußerst empfehlenswertes Buch von Patrick Gensing befasst sich mit der Verbreitung von Fake News und medialer Manipulation und schärft die Sinne dafür (68). Darin heißt es: „Mindestens genauso wichtig ist der bewusste und strategisch geplante Einsatz von Verleumdungen und von Hate

Speech: Personen, die politisch auf der Gegenseite stehen oder journalistisch tätig sind, sollen durch koordinierte Attacken im Internet bedroht und eingeschüchtert werden. Solche neuen Strategien und Möglichkeiten würden den gesamten demokratischen Wettbewerb verändern, warnen Forscherinnen und Forscher des Institute for Strategic Dialogue (ISD)". Das Buch von Patrick Gensing behandelt primär die strategischen und durchgeplanten Aktivitäten rechtsextremer Gruppen. Hier ist der Versuch der Meinungsmanipulation massiv und auffällig. Der mediale Kampf um die Beeinflussung der öffentlichen Meinung ist aber nicht auf diese Gruppen beschränkt. Auch andere Staaten, hier wohl an vorderster Front Russland, greifen uns gezielt medial an. Dabei geht es nur darum, Zwietracht, Hass, Zweifel an der Demokratie und falsche Ziele zu schüren und die Aufmerksamkeit der Bevölkerung auf irrelevante Themen zu lenken.

Die Macht entfachter Hetze in den sozialen Medien, sogenannte Shitstorms, ist gewaltig. Bei der letzten Wahl wurde Armin Laschet Opfer eines solchen Shitstorms. Sicherlich erinnern sich die meisten Leser an seinen verheerenden Lacher bei einem Besuch der Betroffenen der Ahrtal-Katastrophe, der der bis dahin im Wahlkampf führenden CDU am Ende massive Stimmenverluste einbrachte. Ohne Partei ergreifen zu wollen, zeigt dies aber, wie stark emotionale Bilder die öffentliche Meinung beeinflussen. Die Frage stellt sich dann, nach welchen Kriterien die Bürger in Deutschland ihre Stimme abgeben: nach den politischen Agenden der Parteien oder nach dem perfekten Schein von Moral und Anstand? Aber auch im Zusammenhang mit unserem Thema gibt es bedrückende Beispiele von Shitstorms, die eine sachliche und faktenbasierte Diskussion unterdrücken sollen. So wurde Thilo Sarrazin wegen verschiedener Thesen zur Zuwanderung von seinem damaligen Arbeitgeber, der Bundesbank, aus dem Amt gedrängt (107). Die SPD interpretierte seine Äußerungen als rassistisch und distanzierte sich davon. Nach einem dritten Parteiordnungsverfahren wurde Thilo Sarrazin schließlich 2020 aus der SPD ausgeschlossen. Statt damals sachlich über die Ansätze zu diskutieren und Maßnahmen einzuleiten, wurden einzelne Elemente seiner Aussagen als vermeintlich rechte Gesinnung gedeutet, um die gesamte Diskussion zu unterbinden. Auch Daniel Stelter weist in seinem Buch „Das Märchen vom reichen Land" mehrfach auf entsprechende Vorgänge hin, bei denen sachliche und statistisch belegbare Aussagen in eine rechte Ecke gedrängt werden, um sich einer sachlichen Diskussion zu entziehen.

Sprachpolizei

Auch die Woke-Bewegung schürt gerne soziale Empörung gegen vermeintliche Diskriminierungen. Auch ihre Macht ist so groß, dass beispielsweise ein Buchklassiker wie Karl May von einem Verlag aus dem Programm genommen wird. Eine drastischere Form, abweichende Meinungen zu unterdrücken, war die Bücherverbrennung der NSDAP im Oktober 1933, die jedoch nicht so effektiv war wie die latente Entrüstung über Social Media. Noch vor wenigen Jahrzehnten lehnte sich die Jugend gegen Denkverbote und Moralapostel auf, heute sind sie selbst die größten selbst ernannten Sittenwächter. Das ist keine Rechtfertigung für Hass auf andere, aber die krampfhafte Suche nach vermeintlichen Diskriminierungen oder abwertenden Wörtern im allgemeinen Sprachgebrauch ist schon fast krankhaft. Während wir uns über die russische Sprachpropaganda lustig machen, die statt von einem Krieg in der Ukraine von einer „Spezialoperation" spricht, gelten inzwischen Begriffe wie Ausländer, Neger, Farbige, Dunkelhäutige, Menschen mit Migrationshintergrund, Migranten, Türkischstämmige oder Weiße als rassistisch oder diskriminierend. Viele wurden selbst erst in den letzten Jahren kreiert, um Diskriminierung zu verhindern (108). Ob sich rassistische Einstellungen durch immer neue Wortschöpfungen, die alte „Stigmata" vermeiden sollen, verhindern lassen, ist als probates Mittel wohl eher zweifelhaft.

Der Einäugige

Leider nehmen wir eine externe Manipulation vor allem in Bereichen wahr, in denen wir anderer Meinung sind. Es liegt wohl in der menschlichen Natur, dass unterstützende Berichte vorbehaltloser in die Kategorie „wahr" eingeordnet werden als widersprechende Berichte zum Nachdenken anregen, eine Beobachtung, die Joel Arthur Barker bereits 1992 in einem anderen Zusammenhang als „Paradigmen" beschrieb (109). Die im vorliegenden Buch behandelten Beispiele medialer Einflussnahme beziehen sich daher auch ganz bewusst nicht auf die „üblichen Verdächtigen" wie rechtsextreme Gruppen oder Wirtschaftsverbände. Das wäre „verinnerlichtes Wissen", das in der Kategorie „wahr" verbucht und vergessen würde. Erst durch Beispiele, die dem „anerkannten Wissen" widersprechen, regt sich „geistiger Widerstand", der zum Nachdenken über die eigene Beeinflussbarkeit anregt.

Selbst Patrick Gensing scheint diesem Effekt erlegen zu sein, liest sich doch sein Faktencheck zur Stickoxidproblematik in Städten anders als der oben erwähnte Faktencheck von „Correctiv" in Kapitel 2.6. Damit soll weder Herr Gensing noch sein Buch diskreditiert werden und schon gar nicht die Manipulationsversuche rechter Gruppierungen verharmlost werden. Vielmehr sollte diese Beobachtung uns allen zeigen, wie subtil und wirksam Manipulationsversuche sind, wenn sie selbst bei Experten wirken, die sich professionell mit dem Thema befassen.

Anscheinend müssen wir alle viel mehr darauf achten, welche Interessen gerade in Politik und Medien (von rechts, links und der Mitte) kolportiert werden und wie mediale Bilder zur Manipulation eingesetzt werden.

Opfer: Demokratie

Wird die Meinung der Bürger manipuliert oder Politiker, Gerichte und Unternehmen unter Druck gesetzt, verkommt die Demokratie. Es ist kein Zufall, dass in autokratischen Staaten wie Russland oder Ungarn die Medien zum Sprachrohr der Regierungsparteien geworden sind. All dies dient dazu, die Bürger zu manipulieren bzw. die Glaubwürdigkeit der Medien zu untergraben.

Lobbyismus, hier am Beispiel der Umweltverbände dargestellt, untergräbt unsere Demokratie. Die weitverbreitete Durchsetzung gemeinsamer Interessen seitens der Lobbygruppen beeinflusst die Politik unabhängig davon, aus welcher Richtung sie agieren. Die gleichermaßen vorhandenen Interessen nicht organisierter und inaktiver Interessengruppen geraten ins Hintertreffen. Die Effektivität der Lobbyarbeit kann sehr anschaulich anhand des Multiplikators der „Beiträge" im Verhältnis zu den Kosten für die Umsetzung dieser Interessen dargestellt werden. Gezielte Angriffe auf einzelne Unternehmen oder Personen durch ein „Empörungsmomentum" erzeugen einen latenten Druck auf alle anderen Unternehmen oder Personen. Diese Methoden spielen sich zwar auf einer anderen Ebene ab, sind aber in ihrer Wirkung vergleichbar mit denen der Neonazis, die einzelne Politiker stellvertretend für alle Politiker unter Druck setzen, um deren Entscheidungsfreiheit zu unterdrücken. Dies sollte für jeden inakzeptabel sein, der nicht der Meinung ist, dass der Zweck die Mittel heiligt. Für die anderen gelten dann offensichtlich auch keine demokratischen Werte.

Zur Klarstellung: Es geht ausdrücklich nicht darum, die propagandistischen Mittel der Nazizeit zu verharmlosen, sondern im Gegenteil darum, die modernen Methoden der Meinungsmanipulation in ihrer Gefährlichkeit darzustellen. Ein Prinzip kann nicht einmal wohlwollend unterstützt und einmal zutiefst abgelehnt werden. Falsch bleibt falsch!

6.4 Medien

In den letzten Jahrzehnten haben wir eine starke Zunahme von Lobbyisten aus wirtschaftsfernen Bereichen verzeichnet, die über die sozialen Medien durch Emotionalisierung der Massen und engagiertes

Lobbying unsere Politik zunehmend in ihrem Sinne beeinflussen. Das ist weder eine positive Entwicklung noch gelebte Demokratie, sondern die Durchsetzung von Einzelinteressen.

Medien und Lobbyismus

Wichtig ist jedoch auch die mediale Aufbereitung, die sich scheinbar an den Interessen der Lobbyisten und der Social-Media-Welt orientiert. Die Neutralität der Medienlandschaft scheint nicht mehr gegeben zu sein. Natürlich ist eine solche Behauptung schwer zu belegen. Wir werden aber versuchen, die Neutralität der Medien anhand einiger Themen zu überprüfen. Dazu werden wir Gegenpositionen zur Mainstream-Meinung beziehen und die Berichterstattung dazu bewerten.

Der finale Akt

Kritische Berichterstattung und Hinterfragen scheinen bei vielen Journalisten aus der Mode gekommen zu sein. Ein einfaches Frage-Antwort-Spiel wird nicht dazu führen, dass die Bürger umfassend und hintergründig informiert werden. Wenn z.B. die vermeintliche Energieexpertin Claudia Kemfert im Fernsehen behauptet, die Kernenergie sei zu keiner Zeit wettbewerbsfähig gegenüber Kohle, Erdgas oder erneuerbaren Energien gewesen, wie es in einem entsprechenden Artikel heißt (110), so steht das im krassen Widerspruch zu vielen anderen wissenschaftlichen Untersuchungen. Im gleichen Artikel wird der Ökonom Ferdinand Dudenhöffer zitiert: „Das Risiko der Kernkraft wird in Deutschland viel höher bewertet, als es in Frankreich oder Schweden der Fall ist. Atomkraft-Gegner haben es in Deutschland sehr gut verstanden, der Politik ihre Risikobewertung aufzudrücken." Des Weiteren wird der Grünen-Bundestagsabgeordnete Jürgen Trittin in einem Interview mit der Welt aus dem Jahr 2022 wie folgt zitiert: „Uns war klar, dass wir Atomkraft nicht nur über Protest auf der Straße verhindern können. Daraufhin haben wir in den Regierungen in Niedersachsen und später in Hessen versucht, Atomkraftwerke unrentabel zu machen, indem man die Sicherheitsanforderungen hochschraubt." Wurden die Wähler hier etwa bewusst von Politikern hinters Licht geführt, um die eigenen Überzeugungen durchzusetzen? Und was haben die Medien dazu beigetragen, diese offensichtliche Täuschung der Wähler offenzulegen? Bezeichnenderweise wird die Position Kemferts von einer Schweizer Zeitung angezweifelt, während sich der Deutsche öffentlich-rechtlicher Rundfunk (ÖRR) mit einer plakativen Antwort zufrieden gibt und ihr immer wieder Sendezeit einräumt, um ihre Meinung medienwirksam in Szene zu setzen.

Garnierter Faktencheck

Laut einer Studie der Universität Stuttgart wird durch die Abschaltung der letzten drei Kernkraftwerke etwa doppelt so viel CO2 emittiert, wie durch das Gebäudeenergiegesetz eingespart wird, wie der ehemalige CDU-Innenpolitiker Wolfgang Bosbach in der Sendung „Maischberger" ausführte (Anm. des Autors: ursprüngliche Webseite aktuell nicht mehr verfügbar) (111). Wesentlich interessanter als diese schon an sich bestürzende Aussage ist jedoch der Umgang mit dieser Aussage im sogenannten Faktencheck. Zwar wird die Aussage Bosbachs grundsätzlich bestätigt, die Studie wird jedoch mit fragwürdigen Argumenten diskreditiert. So wird auf höhere CO2-Emissionen der Kernkraftwerke hingewiesen, die von anderen Studien ermittelt wurden. Selbst bei Verwendung der höchsten CO2-Emissionen aller Studien läge die CO2-Einsparung immer noch deutlich über der des Gebäudeenergiegesetzes (GEG). Die höchsten publizierten Emissionswerte beinhalten die CO2-Mengen, die beim Bau und Rückbau anfallen. Bei den bestehenden AKW sind diese bereits angefallen, ob sie nun weiter betrieben werden oder nicht. Lediglich die CO2-Emissionen, die durch den Uranabbau entstehen, dürfen bei der Berechnung der CO2-Mengen der bestehenden Atomkraftwerke berücksichtigt werden. Der Faktencheck führt weiter aus, dass die Studie von einem CO2-Ausstoß von 500 kg pro Megawattstunde im Strommix ausgeht, der Mix im Durchschnitt aber nur 434 kg beträgt. Abgesehen davon, dass sich der Mix per se durch die Abschaltung der drei AKW auf ca. 460 kg verschlechtert, wird dabei geflissentlich übersehen, dass die Abschaltung der AKW vor allem durch Atomstrom aus Frankreich und Strom aus Kohle ermöglicht und ersetzt wird. Die Kohleverstromung erzeugt jedoch 1150 kg CO2 pro Megawatt (112). Würden wir nicht auch auf französischen Atomstrom zurückgreifen, der bei uns nicht mehr verwendet werden darf, so hätten wir 50 bis 100 kg CO2-Emissionen der restlichen drei Kernkraftwerke durch 1150 kg CO2-Emissionen der Kohleverstromung ersetzt. Damit hätten wir nicht 15 Mio. Tonnen CO2, sondern rund 30 Mio. Tonnen CO2 pro Jahr mehr durch die Abschaltung der 3 Kernkraftwerke emittiert.

Die Alternativlosigkeit des GEG

Unabhängig von der Einsparung gegenüber dem GEG haben wir dem Klimaschutz durch die Abschaltung der verbliebenen AKW einen absoluten Bärendienst erwiesen. Dies ist unabhängig von unberücksichtigten Punkten wie die „mittel-und langfristigen Sekundäreffekte ... auf den Ausbau der erneuerbaren Energien", die im Faktencheck ebenfalls als Gegenargument angeführt werden. Letztlich wird die unbestreitbare Kernaussage der Stuttgarter Studie in diesem Faktencheck als haltlos und unqualifiziert abgetan: „Der Wissenschaftliche Dienst des Bundestages geht davon aus, dass diese komplexen Zusammenhänge nicht in einer einfachen Rechnung dargestellt werden können." Selbst bei einer überschlägigen Schätzung sind 15 Millionen viel mehr als sieben! Es ist diese Diskreditierung offensichtlicher Tatsachen, die uns an rationalen Entscheidungen hindert. Unliebsame Fakten werden so im ÖRR unter den Teppich gekehrt oder zumindest nicht sachlich zur Diskussion gestellt. Eine sachlich neutrale Bewertung von Fakten sieht anders aus. Ob dieser Faktencheck nun bewusst irreführend formuliert wurde oder „nur" eine innere Überzeugung die Oberhand gewonnen hat, was ja durchaus menschlich ist, spielt dabei keine Rolle. Dem eigenen Anspruch des ÖRR, aus neutraler Perspektive dem interessierten Zuschauer Klarheit über die getroffenen Aussagen zu verschaffen, wird er nicht gerecht.

Wir können und müssen aber in Bezug auf die Studie noch einen Schritt weiter gehen. Neben den drei noch aktiven AKW gab es drei weitere, die bereits abgeschaltet waren. Auch deren Reaktivierung wurde diskutiert, aber von SPD und Grünen kategorisch abgelehnt. Hätte man die obige Rechnung mit sechs statt drei AKW gemacht und dafür alte Kohlekraftwerke stillgelegt, so hätte man gegenüber der heutigen Situation etwa 60 Millionen Tonnen CO_2 eingespart (Gesamteinsparung ca. 6,5% der deutschen Gesamtemissionen). Zur Erinnerung: Für das durchgepeitschte GEG werden Einsparungen von etwa 7,5 Millionen Tonnen CO_2 erwartet, verbunden mit jährlichen Kosten für den Steuerzahler von etwa neun Milliarden Euro bis 2028 (113). In dem Artikel heißt es: „Ohne ein schnelles Umsteuern im Bereich der Gebäudewärme könne Deutschland weder die Klimaziele erreichen noch die Abhängigkeit von fossilen Rohstoffen rasch reduzieren." Diese Aussage ist natürlich vollkommen irreführend. Wir hätten nur die drei laufenden Kernkraftwerke am Netz lassen oder besser noch die drei anderen Kernkraftwerke wieder ans Netz nehmen müssen und wir hätten mit einem Bruchteil der Kosten viel schneller sehr viel mehr CO_2 eingespart. Die vom BMWK (Bundesministerium für Wirtschaft und Klimaschutz) dargestellte Alternativlosigkeit und Dringlichkeit des neuen GEG kann unter diesem Blickwinkel nicht aufrechterhalten werden, sondern könnte durchaus als bewusste Wählertäuschung gewertet werden. Die Abschaltung der AKWs kann auch nicht mit einer demokratischen Entscheidung vor zehn Jahren gerechtfertigt werden, denn die letzten Umfragen vor der Abschaltung ergaben eine Mehrheit für den Weiterbetrieb der Anlagen. Das Problem ist: Wo waren diese Diskussionen im ÖRR vor und während der Entscheidung, die AKWs abzuschalten? Warum musste sich kein verantwortlicher Politiker diesen kritischen Fragen stellen? Wäre die Entscheidung so gefallen, wenn alle Bürger diese Informationen gehabt hätten und es eine offene Debatte darüber gegeben hätte?

Rationale Entscheidungen

Es genügte das „Machtwort" des Bundeskanzlers, um die Diskussion im Keim zu ersticken: „Die Kernkraft ist zu Ende. Sie wird in Deutschland nicht mehr eingesetzt" (114). Sieht so wirklich eine kritische Berichterstattung aus? Sieht so eine sachliche politische Diskussion aus?

Wiederverwendung einer bewährten Strategie

Bei der Automobilität verfahren die Grünen übrigens nach dem gleichen Strickmuster wie bei der Kernkraft, auch hier, ohne von den Medien kritisch hinterfragt zu werden. Da die Grünen auf absehbare Zeit keine Mehrheit gegen das Auto erzielen können, wird das Autofahren mit allen erdenklichen Mitteln unattraktiv gemacht:

- So wie die Gefahrenlage der Kernkraft bewusst übertrieben wurde und zu massiven Verteuerungen beim Bau und zum Betrieb von Atomkraftwerken führte, werden jetzt lokale Stickoxidkonzentrationen in Städten vorgeschoben, um den Individualverkehr künstlich unrentabel zu machen.
- Die EU gibt das Ziel „Null Verkehrstote" vor. Damit werden weitere Möglichkeiten zur Einschränkung des Individualverkehrs geschaffen. Jede Maßnahme zur Einschränkung des Verkehrs und zur Einführung neuer Fahrzeugvorschriften kann dann mit diesem Ziel begründet werden und erhält damit eine rechtliche Legitimation
- Zunehmende gesellschaftliche Ächtung (Verbotsbestrebungen von SUVs, das Auto als Umweltkiller)
- Stetige Verteuerung des Individualverkehrs (politisch verursachte höhere Kraftstoffpreise, weniger Parkplätze und steigende Parkgebühren in den Städten, teure Motoren- und Abgasreinigung durch immer höhere Anforderungen)
- Reduzierung der durchschnittlichen Fahrgeschwindigkeit (Lärmschutzzonen, Tempo-30-Zonen innerorts - sogar auf Bundesstraßen, Verkehrsinseln, immer niedrigere zulässige Höchstgeschwindigkeiten und mehr automatische Radarkontrollen)
- Ablehnung von Infrastrukturprojekten, die den Autoverkehr begünstigen. Die daraus resultierenden höheren Verkehrsdichten und Staulängen erhöhen den CO_2-Ausstoß, verringern die Durchschnittsgeschwindigkeit der Fahrzeuge und erhöhen die Unfallgefahr

- Maßnahmen zur Verbannung des Autos aus den Städten (Busspuren und Fahrradwege, die den Autoverkehr in den Städten einschränken, grüne Plakette, Dieselfahrverbote zur Stickoxidreduzierung)
- Bevorzugung des ÖPNV durch subventionierte Fahrpreise und Vorfahrt für Busse durch spezielle Busspuren (trotz punktuell höherer Lärmbelastung und konventioneller Antriebstechnik)

Kritische Berichterstattung?

Der ÖRR unterstützt solche Maßnahmen wohlwollend, mit entsprechenden Bildern von fröhlichen Radfahrern bei schönem Wetter oder Menschen, die einen Kaffee auf der Straße genießen. Massiv überfüllte Busse im Berufsverkehr, leere Busse am Abend oder Radfahrer im Schneegestöber bei Dunkelheit werden hingegen nicht gezeigt. Dass der ÖPNV in ländlichen Regionen aufgrund der hohen Kosten nicht praktikabel ist und die Menschen auf ein Fahrzeug angewiesen sind, wird nur als Randnotiz erwähnt.

Und jedes Jahr wird die gleiche Sau durchs Dorf getrieben

Die Fahrleistung auf Autobahnen betrug im Vor-Corona-Jahr 2019 ca. 250 Milliarden Kilometer (Landstraße ca. 100 und innerorts ca. 70 Milliarden Kilometer), das sind rund 25 % mehr als im Jahr 2000 (115). Die Durchschnittsgeschwindigkeit lag auch ohne Tempolimit bei 124,7 km/h (116). Bei einem Tempolimit von 100 km/h erhöht sich die Fahrzeit gegenüber diesem Durchschnitt um 20 %. Dieser zeitliche Mehraufwand kann grob bewertet werden, indem der durchschnittliche Nettolohn in Deutschland von ca. 15 €/Stunde mit der längeren Fahrzeit multipliziert wird. Daraus ergibt sich eine Mehrbelastung von 7,5 Milliarden Euro. Im gleichen Artikel wird darauf hingewiesen, dass jährlich ca. 22 Milliarden Liter Benzin und Diesel verbraucht werden (nicht nur auf Autobahnen). Nach Berechnungen des Umweltbundesamtes könnten durch Tempo 100 rund 2,1 Milliarden Liter Kraftstoff eingespart werden. Das entspricht etwa 10 Prozent des derzeitigen Gesamtverbrauchs, einer finanziellen Ersparnis von ca. 3,7 Milliarden Euro und einer jährlichen CO2-Einsparung von rund 4 Millionen Tonnen. Eine entsprechende Berechnung kann auch für den innerstädtischen Verkehr aufgestellt werden. Eine generelle Reduzierung der Höchstgeschwindigkeit von 50 km/h auf 30 km/h verursacht bei dem oben zugrunde gelegten Durchschnittseinkommen Mehrkosten in Höhe von ca. 14 Milliarden Euro, denen keine oder nur geringe Einsparungen durch geringeren Kraftstoffverbrauch gegenüberstehen. Es gibt also durchaus eine nicht zu vernachlässigende Kehrseite von Tempolimits aus Klimaschutzgründen, die aber nie diskutiert wird, übrigens auch nicht in dem

Artikel der Autozeitung (116). Darin heißt es in Bezug auf die Kosten für die längere Reisezeit lapidar: „Aus Sicht der Autor:innen sind die vorgebrachten Argumente irreführend." Zitiert wird dann noch der Verkehrsökologe Prof. Udo Becker, der die Sicht der Autor:innen teilt. Offensichtlich wird der Bedeutung von Zeit für den Menschen keine relevante Bedeutung beigemessen. Dabei stellt die Reisedauer ein gewichtiges Merkmal im Wettbewerb der Verkehrssysteme dar. Warum sonst würde die Bahn Milliarden in ICEs und neue Strecken investieren, um einige Minuten Reisezeit zu sparen oder Passagiere ein Flugzeug anstelle der Bahn nutzen? Wenn Freizeit keinen Wert hat, warum fordern Gewerkschaften dann immer kürzere Arbeitszeiten? Bedeutsam ist auch hier der bestenfalls unkritische, schlimmstenfalls einseitige Umgang des ÖRR mit solchen Themen.

Wenn es doch nur so einfach wäre

Auch in der Migrationspolitik vermitteln die Medien den politisch erwünschten Eindruck, die unkontrollierte Zuwanderung von Migranten könne unseren Fachkräftemangel lösen. Dies wäre sicherlich richtig, wenn wir durch Migration wirklich hoch qualifizierte Fachkräfte gewinnen würden. Der durchschnittliche Bildungsstand der derzeit zu uns strömenden Migranten ist jedoch alles andere als „hoch qualifiziert" und wird laut Statistik unsere Sozialsysteme auf Jahre hinaus belasten (84) / (95). Erst mit dem massiven Erstarken der AFD bei den Landtagswahlen in Bayern und Hessen im Jahr 2023 wurde die Migrationspolitik hinterfragt und eine sachliche Diskussion in den Medien begonnen, aber auch schnell wieder vergessen. Die Mehrheit der Deutschen ist sicherlich bereit, wirklich Verfolgten Asyl zu gewähren und ihnen zu helfen. Das ist aber nicht gleichbedeutend mit der Politik, jeden Wirtschaftsflüchtling in Deutschland aufzunehmen und ihm in kürzester Zeit die deutsche Staatsbürgerschaft zu verleihen. Auch das ist eine gut gemeinte, aber nicht zielführende Angleichung, die unsere Wettbewerbsfähigkeit reduziert.

Eine weitere, nie sterbende Sau im Dorf

Wir können auch einen Blick auf die neu entbrannte Diskussion um die Schuldenbremse werfen. Selbstverständlich gibt es plausible Gründe für schuldenfinanzierte Investitionen. Die eigentliche Frage muss aber lauten, warum unser Staat trotz jahrelanger Rekordeinnahmen nicht in der Lage war bzw. ist, diese Investitionen aus den laufenden Einnahmen zu finanzieren. Bei einem Haushalt von 450 Milliarden Euro, einer überbordenden Bürokratie und einem ständig wachsenden Beamtenapparat schafft es unsere Regierung nicht, die notwendigen Mittel für Investitionen aufzubringen.

Offensichtlich genießen wichtige Investitionen des Staates nicht die gebotene Priorität in der Ausgabenplanung. Da stellt sich die Frage, warum mit der Lockerung der Schuldenbremse plötzlich eine bessere Haushaltspolitik betrieben werden soll. Eine schuldenbasierte Politik verleitet nur zu weiteren Ausgabenorgien, die letztlich wieder nicht den zukunftsrelevanten Themen zufließen. Aber auch hier erweist sich der ÖRR als zahnloser Tiger.

Gnadenlos kritisch wie die staatliche Perwy Kanal, Rossija 1 und NTW (staatlich kontrollierte TV Sender Russlands)

Dies sind nur einige Beispiele für Themen von Lobbyisten, die im ÖRR unkritisch oder sogar einseitig unterstützend dargestellt werden. Es steht jedem frei, die hier aufgezeigten Diskussionspunkte zu diesen Themen für sich abzulehnen oder eine andere Position dazu einzunehmen. Es zeugt aber von einer angepassten Berichterstattung, wenn unsere Politiker mit solchen Punkten nicht konfrontiert werden. So mancher Journalist (und der ÖRR generell) scheint vergessen zu haben, dass es nicht seine Aufgabe ist, die Bevölkerung zu bekehren, sondern den Verantwortlichen auf die Finger zu schauen. Politiker und Experten sollten sich vor Interviews fürchten, weil auch kritisch hinterfragt wird, anstatt die Regierungsmeinung widerspruchslos zu übernehmen. Wer braucht zahnlose Tiger in den Medien? Die gibt es genug in Staaten wie Ungarn, China oder Russland.

Von der Bildfläche verschwunden

Ein weiteres Problem in den Medien ist die Themenauswahl, die an Interessengruppen ausgerichtet ist. Wie jedes Land haben auch wir viele Probleme. Einige davon sind für die Zukunft unseres Landes von großer Bedeutung: Bildung, Forschung, wirtschaftliche Wettbewerbsfähigkeit, eine solide und fortschrittliche Infrastruktur, eine funktionierende Armee, Klimawandel und Umweltschutz, der Wohlstand der Bevölkerung, ein solider Umgang mit den Steuereinnahmen. Was in Deutschland definitiv kein gravierendes Problem ist, ist Armut, auch wenn uns das die EU mit ihrer Armutsdefinition weismachen will und in Deutschland Menschen durch das Netz der Sozialsysteme fallen. Nur weil es in Deutschland ärmere Menschen gibt, haben wir noch kein Armutsproblem. Den Menschen in den wirklich armen Ländern muss es wie Hohn vorkommen, wenn wir unseren Armutsbegriff anwenden, während fast eine Milliarde Menschen auf der Erde nicht einmal zwei Euro am Tag zum Leben haben und ihre Kinder aufgrund fehlender Bildungschancen auch keine Perspektive für die Zukunft haben. *Dort ist Armut ein Problem*! Dennoch werden die Medien in Deutschland nicht müde, über die grassierende Armut in Deutschland zu berichten und Obdachlose in den Städten als Symbol dieser Armut zu zeigen.

Die Regierung verabschiedet ein Gesetz zur sexuellen Selbstbestimmung. In den Medien wird „gegendert", in Schulen und Universitäten wird die Gendersprache vorgeschrieben, obwohl die Mehrheit der Deutschen das nicht befürwortet. Sind das wirklich die gravierenden Zukunftsthemen in Deutschland? Wie oft wird in Deutschland wirklich kritisch über Bildung debattiert und nicht nur Geld vom Staat für Bildung gefordert, indem man defekte Fensterrahmen anprangert? Wird in den Medien je über die Forschung in Deutschland berichtet? Wenn ja, warum kennt dann „niemand" die Bundesministerin für Bildung und Forschung, Frau Bettina Stark-Watzinger? Wurde sie jemals in den Medien darüber interviewt, wie sie die Bildung und die Forschung in Deutschland an die Weltspitze führen will? Warum gibt es keine regelmäßigen Debatten darüber, wie die deutsche Wirtschaft im internationalen Wettbewerb unterstützt werden kann? Sicher nicht durch ein Lieferkettengesetz und immer neue Auflagen und Regulierungen. Die Infrastruktur für die „Auto-Mobilität" wird seit vielen Jahren kaputtgespart, obwohl 78 Prozent der deutschen Haushalte ein Auto besitzen und der Trend zu mehr Autos ungebrochen ist (117). Zugleich wird betont, dass „von einer umfassenden Verkehrswende weg vom Auto… in der Statistik des Jahres 2022… noch wenig zu erkennen" ist. Dennoch wird die dazu notwendige Infrastruktur kaputt gespart, ohne einen Aufschrei in der Gesellschaft oder den Medien. Offensichtlich ist es nicht der politische Wille der Mehrheit, auf die individuelle Mobilität zu verzichten, vielleicht auch nur, weil es keine konkurrenzfähige Alternative zum Individualverkehr gibt. Aber wurde der über viele Jahre bewusst herbeigeführte (und von den Grünen aktiv geforderte) Verfall der Infrastruktur für den Individualverkehr in den Medien diskutiert oder hinterfragt? Im Gegenteil: Jede noch so kleine Demonstration gegen den Ausbau der automobilen Infrastruktur wird medial aufbereitet (z.B. eine Handvoll „Aktivisten", die sich von einer Brücke über die Autobahn abgeseilt hatten). Bezeichnenderweise ist Berlin die einzige Region, in der die Pkw-Dichte im Zehnjahresvergleich rückläufig war (117). Hier funktionierte offensichtlich die autofeindliche Politik von Rot-Grün-Rot im Sinne von Jürgen Trittin, die mit umfangreichen Maßnahmen das Autofahren in Berlin massiv behindert und eingeschränkt hat.

BSW & AFD: Putin ist doch eigentlich ganz nett

Gleiches gilt für die Bundeswehr. Auch hier herrscht mediale „Funkstille". Liegt es vielleicht daran, dass es populär ist, vom Frieden ohne Verteidigungsfähigkeit zu träumen, eine Idee, die trotz der russischen Aggression in vielen Teilen der Welt in den letzten Jahrzehnten immer noch Anhänger findet? Putin wird gewiss keine Panzer abziehen, nur weil jemand eine weiße Friedenstaube aufsteigen lässt. Dennoch findet eine „Friedens"-

Demonstration mit Sahra Wagenknecht in Berlin mediale Aufmerksamkeit, während andere kleine Parteien weitgehend ignoriert werden.

Zum Glück das Geld der anderen

Die Medien thematisieren auch nicht den soliden Umgang mit Steuermitteln. Zwar gibt es mit „Mario Barth deckt auf" eine Sendung, die Steuerverschwendung anprangert, aber leider hat diese Sendung eher Unterhaltungscharakter. Konsequenzen hat kein Politiker zu befürchten. Der Bundesrechnungshof veröffentlicht jährlich einen Bericht über die Verwendung von Steuermitteln und spricht Empfehlungen aus. Die mediale Aufmerksamkeit beschränkt sich auf etwa 30 Sekunden Bilder von der Übergabe des Berichts. Die Sendezeit für die „Aiwanger-Affäre" (Shitstorm) betrug ein Vielfaches. Wann wurde ein Politiker ganz konkret mit Steuerverschwendung konfrontiert oder nach der Umsetzung der Vorschläge gefragt? Der Staat verwaltet unser Geld, aber kein Politiker muss fürchten, für Misswirtschaft wirklich zur Rechenschaft gezogen zu werden.

Verpönter Wohlstand

Haben sich die Medien bei all der Diskussion um die angeblich um sich greifende Armut in Deutschland jemals für den Wohlstand der Bevölkerung interessiert, außer dass er ungleich und ungerecht verteilt ist? Ist es ein Thema in den deutschen Medien, dass mehr Menschen zu Wohlstand kommen sollten? Ist es ein Thema, dass die rasante Steuerprogression das „Aufsteigen" für untere Einkommen nahezu unmöglich macht?

Das einzig relevante Thema

Von allen wichtigen Themen, die wir oben aufgelistet haben, wird einzig und allein das Thema Klimawandel und Umwelt ausführlich und umfassend behandelt. Bei allem Verständnis für die Bedeutung dieses Themas: Es wird nicht allein über die Zukunft unseres Landes entscheiden, auch wenn dies immer wieder proklamiert wird. Der Versuch von Fridays for Future (FFF) im Jahr 2022, die politisch beschlossene und gesellschaftlich vereinbarte Erweiterung des Tagebaus Hambach im Rahmen des Kohleausstiegs zu stoppen, erhielt viel Sendezeit. Werden diese undemokratischen Praktiken in den Medien kritisch hinterfragt?

Es drängt sich einfach der Verdacht auf, dass der ÖRR seine Aufgabe nicht (mehr?) neutral und kritisch wahrnimmt, sondern sich an Regierungsinteressen und Interessengruppen orientiert. Natürlich gibt es auch viele Medien, die kritisch berichten. Und natürlich gibt es kritische und kontroverse Berichterstattung in den verschiedenen Tageszeitungen oder Magazinen. Aber der ÖRR hat eine wesentlich größere Zuschauerbasis und folglich eine entsprechende Verantwortung, die er auch nicht müde wird zu betonen.

Wollen Sie eine Million Euro?

Fragwürdig sind auch die Art der Befragungen und der Umgang mit den Ergebnissen. Die Frage, wie wichtig Frieden sei, lässt sich sicherlich leicht mit „sehr wichtig" beantworten. Ein Mandat zur vollständigen Abrüstung lässt sich daraus aber nicht ableiten. Aus der Frage, ob eine verteidigungsbereite Bundeswehr erstrebenswert sei, ließe sich eher eine Richtung für die Meinung der Bürger ableiten. Auch aus dem Wunsch der Deutschen nach sozialem Frieden lässt sich keine massive Einkommensumverteilung ableiten. Würde jeder Erwerbstätige gefragt, ob er 20 Prozent seines Einkommens dafür ausgeben möchte, so könnte die Antwort unsere Anstrengungen in diesem Bereich relativieren. Hätte man die Menschen gefragt, ob beim Bau von Stuttgart 21 der Schutz von Eidechsen für 20 Millionen Euro Vorrang vor der Förderung von Schulen haben soll, wäre das Geld vielleicht anders verwendet worden. Meinungsumfragen können also in zweierlei Hinsicht kritisiert werden. Zum einen führen alternativlose Fragen nicht zu sinnvollen Aussagen, zum anderen lassen sich aus diesen Aussagen keine Handlungsempfehlungen ableiten. Auch wenn viele Deutsche den Klimaschutz für sehr wichtig erachten, werden die wenigsten davon Verständnis für eine Deindustrialisierung Deutschlands mit einem Verlust von Arbeitsplätzen und Wohlstand oder für die Abschaffung der individuellen Mobilität haben. Hätte der Klimaschutz für die Deutschen oberste Priorität, bräuchte es keine finanziellen Anreize für den Kauf eines Elektroautos, keine Heizungsvorschrift durch ein Gebäudeenergiegesetz und die Abschaltung der Atomkraftwerke hätte nie stattfinden dürfen. Finanzielle Anreize wären überflüssig, weil die Deutschen dann freiwillig mehr Geld für Elektroautos und Heizungen ausgeben würden, und die Atomkraft wäre nicht ideologischen Prinzipien geopfert worden. Welche Schlussfolgerungen Politiker aus Umfragen ziehen, kann der ÖRR nicht beeinflussen, wohl aber die Art der Fragestellung.

TikTok im Sekundentakt

Vermutlich ist die folgende Kritik den sozialen Medien mit ihren kurzen Aufmerksamkeitsspannen geschuldet. Dennoch: Wie sollen wichtige Themen behandelt werden, wenn Politikern zur Darlegung ihrer Position nur zehn Sekunden Zeit eingeräumt wird? Mehr als plakative und simple Wenn-dann-Beziehungen sind in dieser Zeitspanne kaum möglich. Das begünstigt populistische Statements wie: „Deutschland den Deutschen". So sehr die Fähigkeit der Politiker zu prägnanten Aussagen zu würdigen ist, so wenig tragen sie zu sinnvollen Lösungen und schon gar nicht zur Information der Bürger bei. Die Diskussion über relevante Themen wird durch solche Zeitformate effektiv unterbunden.

Zur Wahrheit gehört auch, dass eine seriöse Berichterstattung im heutigen Medienumfeld nicht immer einfach ist, weil oft Zeit und Ressourcen fehlen, um die Faktenlage eindeutig und vor allem zeitnah zu prüfen (68). Die Schnelllebigkeit der Informationsströme fordert durchaus auch seine Opfer in der Seriosität der Weitergabe.

Zusammenfassend drängt sich trotz aller Schnelllebigkeit der Eindruck auf, dass insbesondere der ÖRR seine Neutralität verloren und sich dem Druck von Interessengruppen gebeugt hat. Die Art der Berichterstattung und die Themenauswahl spielen jedenfalls den Lobbyisten in die Hände.

Es ist schwer zu unterscheiden, ob die Lobbyisten inzwischen so mächtig sind, dass sie Politik und Medien durch Druck beeinflussen oder ob die bereits jahrzehntelange Meinungsmanipulation viele ihrer Anhänger in entscheidenden Positionen etabliert hat. Um nicht missverstanden zu werden: Sehr viele Ziele sind gut gemeint. Wir alle wollen eine lebenswerte Zukunft, ein harmonisches Miteinander und Frieden. Die Frage ist nur, wie wir uns diesen Zielen nähern wollen und ob wir dafür unseren Wohlstand und unsere Freiheit aufgeben wollen. Wollen wir die Ziele erreichen und unseren Wohlstand erhalten oder bestenfalls mehren, so brauchen wir intelligentere Lösungen. Diese entstehen aber nicht durch die dogmatische und unreflektierte Umsetzung von Ideologien, sondern durch einen offenen und sachlichen Diskurs und die Beachtung elementarer Wettbewerbsprinzipien. Im Folgenden werden daher Lösungen für unsere Probleme vorgeschlagen, die auf einer Rückbesinnung von Wettbewerbsprinzipien beruhen.

7. Lösungsansätze

In den letzten beiden Kapiteln wurden zwei wesentliche Problemzonen identifiziert, die für den Niedergang Deutschlands verantwortlich sind: die gesellschaftliche Ablehnung von Wettbewerb und die Macht von Interessengruppen, die eine bessere Politik für alle verhindern. Wir werden uns mit möglichen Veränderungen in beiden Bereichen befassen, um einerseits unsere Wettbewerbsfähigkeit zu erhöhen und andererseits unsere Politik zukunftsfähig aufzustellen. Letzteres ist ein schwieriges Unterfangen, denn nach vielen Jahrzehnten einer wettbewerbsfeindlichen Politik sind entsprechende Wertvorstellungen in weiten Teilen der Gesellschaft fest verankert und die Macht vieler Interessengruppen gefestigt. Auch die Politik selbst ist durch Jahrzehnte intensiver Lobbyarbeit sensibilisiert, diese Strömungen nicht mehr zu hinterfragen oder gar herauszufordern. Doch wie können wir diese Bremsklötze für die Zukunft lösen?

In diesem Kapitel wollen wir einige Lösungsansätze aufzeigen, die auf unseren erworbenen Erkenntnissen zum Wettbewerb beruhen. Fast alle vorgestellten Maßnahmen bezwecken eine Intensivierung des Wettbewerbs, denn nur so können wir wieder auf den Pfad des Erfolges und des Wohlstandes zurückkehren. Diese Erkenntnis mag bei dem einen oder anderen Leser immer noch Unbehagen auslösen. Das ist auch nicht verwunderlich. Seit Jahrzehnten hat sich eine wettbewerbsfeindliche Einstellung in der Gesellschaft ausgebreitet. Dass genau diese Haltung letztlich die Ursache für unsere Misere ist, mag auf den ersten Blick schwer zu akzeptieren sein. Dennoch: Die Grundprinzipien des Wettbewerbs sind so unumstößlich wie die Erdanziehungskraft. Wir können sie ignorieren und weitermachen wie bisher. Aber wir werden ihren unausweichlichen Konsequenzen nicht entkommen können.

Einige Vorschläge haben auch einfach mit einer anderen Denkweise zu tun. Es geht darum, den Blick nach vorne und nach „oben" zu richten. Wir sollten uns viel öfter an der Weltspitze orientieren, von der Weltspitze lernen und Maßnahmen ergreifen, die uns an diese Weltspitze heranführen oder sie sogar überholen. Wenn wir nur unser eigenes Süppchen kochen oder uns am Mittelfeld orientieren, werden wir unseren Wohlstand definitiv verlieren. Wer hat je behauptet, dass es einfach wird?

Eine detaillierte Beschreibung der möglichen und notwendigen Maßnahmen würde den Rahmen dieses Buches sprengen. Der Versuch wäre auch nicht zielführend, da im Sinne eines positiven Lobbyings und bestmöglicher Lösungen die Probleme und Lösungsmöglichkeiten aus verschiedenen Blickwinkeln betrachtet, analysiert und optimiert werden müssen. Dies ist keine Aufgabe, die von einem Einzelnen erfolgreich bewältigt werden kann. Aus diesem Grund wollen wir uns hier auf einige wesentliche Punkte konzentrieren, die grundsätzliche Denkanstöße geben sollen, mit welchen Maßnahmen wir unsere Situation verbessern können. Neben der Darstellung möglicher Maßnahmen ist auch die Art der Umsetzung von entscheidender Bedeutung. Die explizite Umsetzung kann hier jedoch nicht behandelt werden.

7.1 Politik, Interessenverbände, Medien

Zu Recht wird die Politik der letzten Jahrzehnte für den sich nun deutlicher abzeichnenden Niedergang Deutschlands verantwortlich gemacht (84) (95). Politiker aller Parteien sehen sich aber in erster Linie dem Zwang zur Wiederwahl verpflichtet. Hier setzen die Interessengruppen an, um ihre Interessen durchzusetzen. Der Trend zu sinkenden Wahlbeteiligungen hängt womöglich auch mit dem Einfluss von Lobbyisten zusammen, die sich gegen politische Mehrheiten ihren Vorteil verschaffen. Die Bürger, die sich auf die Versprechungen des demokratischen Prozesses verlassen, werden zunehmend enttäuscht, weil politische Entscheidungen nicht mehr im Sinne der Wähler bzw. des Volkes getroffen werden, sondern Interessengruppen und der Wiederwahl geopfert werden.

Doch wie kann die Macht der Lobbygruppen gebrochen werden?

Maßnahme 1: Erkenntnis

Alle hier vorgestellten Maßnahmen werden nicht auf fruchtbaren Boden fallen, solange der demokratie- und gesellschaftsfeindliche Charakter des Lobbyismus nicht erkannt wird. Entgegen vieler populärer Meinungen und naiver Definitionen von Interessenvertretung ist Lobbyismus eine klare Verzerrung politischer Entscheidungen und Handlungen zulasten der Allgemeinheit. An dieser Erkenntnis führt einerseits kein Weg vorbei, andererseits fehlt in weiten Teilen der Gesellschaft das Verständnis, Lobbyismus als Angriff auf die Demokratie zu verstehen. Wenn ein Politiker korrupt ist, sind wir empört und zeigen kein Verständnis. Wird ein Politiker oder Richter von rechten Gruppierungen unter Gewaltandrohung unter Druck gesetzt, sind wir entsetzt. Aber wenn ein Politiker durch Lobbyisten und Shitstorms diffamiert und unter Druck gesetzt wird, dann schauen alle weg, auch die Politik und die Gerichte selbst. Wir alle sollten darauf achten, unsere politischen Vertreter vor einseitiger Beeinflussung zu schützen. Dazu gehört auch, sich der Gefahren der Einflussnahme stets bewusst zu sein. Schädlicher Lobbyismus ist kein Kavaliersdelikt und muss von der gesamten Gesellschaft in jeder Form nicht nur abgelehnt, sondern bekämpft werden.

Maßnahme 2: Ethischer Selbstverzicht

Vielleicht wäre es ein erster Schritt, wenn alle Politiker eine Lobbytätigkeit nach ihrer politischen Karriere ausschließen würden. Das wäre ein ethisch vorbildlicher Schritt. Es kann wahrlich nicht im Sinne aller Bürger sein, wenn ehemalige Politiker ihre Netzwerke in der Politik zur Vertretung von Interessengruppen und ihrer eigenen (finanziellen) Bedürfnisse nutzen. Ist eine spätere „Karriere" als Lobbyist ausgeschlossen, findet sich vielleicht auch eine Mehrheit für die Bekämpfung des verdeckten Lobbyismus. Zum Schutz der Demokratie müssen Politiker Korruption und Lobbyismus widerstehen.

Maßnahme 3: Sinnvollen Lobbyismus fördern

Eine weitere Möglichkeit, dem schädlichen Lobbyismus entgegenzuwirken, wäre, Lobbying öffentlich zugänglich zu machen. Dies käme der ursprünglichen Idee und den positiven Effekten von Lobbying recht nahe und könnte verdeckten Lobbyismus zurückdrängen. Problematisch an diesem Konzept wäre jedoch die Beteiligung weniger gut organisierter Interessengruppen, die ohne eine entsprechende Beteiligung auch bei dieser Form des Lobbyings nicht vertreten wären.

Maßnahme 4: Lobbyismus kontrollieren

In Deutschland existiert ein Verfassungsschutz. Er befasst sich jedoch mit dem Schutz vor konkret verfassungsfeindlichen und extremistischen Gruppierungen, insbesondere vor rechten, linken und neuerdings auch radikal-islamischen Verbindungen. Artikel 20 des Grundgesetzes lautet: „(1) Die Bundesrepublik Deutschland ist ein demokratischer und sozialer Bundesstaat. (2) Alle Staatsgewalt geht vom Volke aus. Sie wird vom Volke in Wahlen und Abstimmungen und durch besondere Organe der Gesetzgebung, der vollziehenden Gewalt und der Rechtsprechung ausgeübt" (118). Die Verfasser des Grundgesetzes gingen aufgrund der schlechten Erfahrungen in der NS-Zeit sogar noch einen Schritt weiter: "Gegen jeden, der es unternimmt, diese Ordnung zu beseitigen, haben alle Deutschen das Recht zum Widerstand, wenn andere Abhilfe nicht möglich ist." Es ließe sich durchaus argumentieren, dass verdecktes Lobbying oder die Nutzung sozialer Medien zur Ausübung von Druck auf Politiker und Gerichte ein Verstoß gegen das Grundgesetz darstellt. Zudem stellt sich die Frage, ob rechts- oder linksradikale Kleingruppen einen größeren Anteil an der Aushöhlung des Grundgesetzes haben als Lobbyisten, auch wenn Erstere Gewalt als Mittel einsetzen und Letztere „nur" medialen Druck und Manipulation. Die Politik könnte den Verfassungsschutz mit der Kontrolle und Verhinderung von schädlichem Lobbyismus beauftragen. Streng genommen ist dies nicht nur eine mögliche, sondern eine zwingende Maßnahme, wenn eine weitere Einflussnahme von Interessengruppen auf die demokratisch gewählten Volksvertreter und die Judikative verhindert werden soll.

Maßnahme 5: Schädlichen Lobbyismus ächten

Hier kann auch der ÖRR seinen Beitrag leisten. Natürlich sollte er sich auf die Prinzipien der neutralen Berichterstattung besinnen und bei der Themenauswahl auch die fundamentalen Probleme des Landes aufgreifen und nicht die von Lobbyisten lancierten. Auch eine neutrale Auswahl der Experten ist geboten, da auch sie durchaus ihre persönliche Meinung vertreten. Es ist auch nicht im Sinne einer objektiven Berichterstattung, wenn Zuschauer einseitig eine Meinung äußern, die dann verallgemeinernd dargestellt wird – ein häufig genutztes Mittel, um einseitig Stellung zu beziehen, ohne parteiisch zu wirken. Darüber hinaus sollten Shitstorms durch deren Verbreitung nicht noch zusätzlich angeheizt werden. Stattdessen wäre eine sachliche und emotionslose Darstellung der Fakten angebracht. Wer das Mobbing von Privatpersonen und die Angriffe auf Politiker durch rechte Kreise kritisiert, sollte sich nicht auf der anderen Seite zum Komplizen ähnlicher Methoden machen lassen.

Dieser Appell richtet sich auch an die Förderer von Interessengruppen, die solche Methoden anwenden. Der Zweck heiligt nicht die Mittel und das sollte auch für Interessengruppen gelten. Wer Einschüchterung und sozialen Druck einsetzt, um eigene Interessen durchzusetzen, sollte nicht auch noch von den Bürgern unterstützt werden. Dieses Verhalten untergräbt den demokratischen Prozess und verhindert eine sachorientierte Politik.

Maßnahme 6: Resilienz gegen Einflussnahme

Offensichtlich wird die eigene Meinung kontinuierlich manipuliert, auch wenn der Prozess unbewusst abläuft. Umso wichtiger ist die Förderung eines seriösen Journalismus, der sich einer möglichst objektiven Berichterstattung über gesellschaftliche Themen verpflichtet fühlt. Für uns alle, insbesondere für diejenigen, die im Netz nach Fakten suchen, kann die Empfehlung ausgesprochen werden, die eigene Meinungsblase hin und wieder bewusst zu verlassen. Die eigene Logik und Meinung durch eine respektvolle

Streitkultur auf den Prüfstand zu stellen, kann die eigene Manipulation erschweren. Dazu gehört auch eine Portion gesunder Menschenverstand. Wenn Themen emotional aufwühlend angesprochen oder dargestellt werden, liegt der Verdacht der Manipulation nahe. Wenn Sie also mit „Fakten" konfrontiert werden, die Sie emotional aufwühlen, gebietet es die Vernunft, skeptisch und besonnen zu reagieren, auch wenn diese „Fakten" Ihre Meinung widerspiegeln. Oft hilft schon die Frage, wer von der kolportierten Meinung oder Emotion profitiert.

Maßnahme 7: Mediale „Kontrolle"

Sinnvoll könnte auch eine unabhängige, überparteiliche Kontrollinstanz sein, die die Neutralität und den Informationsgehalt der Berichterstattung überprüft. Eine solche Instanz könnte die politische Einflussnahme von Interessengruppen oder der Politik auf die Berichterstattung aufdecken, transparent machen und dadurch die Objektivität der Berichterstattung verbessern. Unser Vertrauen in den sich selbst kontrollierenden Journalismus ist vielleicht etwas naiv. Die geringen Kosten dafür wären sicherlich eine effektive Verwendung von Rundfunkgebühren. Natürlich kann auch ein solches Gremium eine externe Einflussnahme auf die Berichterstattung nicht gänzlich verhindern, da auch seine Mitglieder der Beeinflussung ausgesetzt sind. Kritisch wäre bereits die Auswahl der Mitglieder dieses Gremiums, da deren Auswahl bereits eine Selektion von Meinungen darstellt. Die Amtszeit der Mitglieder sollte zudem relativ kurz sein, um eine direkte Einflussnahme von außen zu minimieren und die Meinungsvielfalt innerhalb des Gremiums zu erhöhen. Dennoch sollte allein die Existenz eines solchen Gremiums das Bewusstsein für die Gefahr der Manipulation schärfen, was bereits ein Schritt in die richtige Richtung darstellt. Zugegeben: Von einem solchen Gremium kann es ein kleiner Schritt in Richtung einer einseitigen Medienkontrolle sein, was natürlich verhindert werden muss. Auf der anderen Seite haben wir auch Gerichte, die die Arbeit der Volksvertreter unabhängig überprüfen sollen. Wenn hier eine funktionierende Kontrollinstanz etabliert wurde, sollte auch ein solches Gremium funktionieren können.

7.2 Bildung

Wie die PISA-Studien zeigen, liegen wir im Bildungsbereich nur im OECD-Mittelfeld, obwohl wir uns seit mehr als zwei Jahrzehnten bemühen, unser Bildungssystem im internationalen Vergleich zu verbessern. Das

Scheitern liegt vor allem an unserem wettbewerbslosen System und an falschen politischen Zielsetzungen, wie das „Abitur für alle" oder niedrigen „Abbrecherquoten".

Beginnen wir doch mit der Frage, was eigentlich das Ziel unserer Bildungspolitik sein soll. Diese Frage ist sicherlich nicht so einfach zu beantworten, wie es auf den ersten Blick scheint. Sicherlich würden viele spontan auf die Vermittlung von Wissen verweisen. Das ist aber ein eher untergeordneter Teil der Aufgaben. Vielmehr geht es darum, jeden jungen Menschen bestmöglich bei der Entwicklung seiner individuellen spezifischen Kompetenzen optimal zu unterstützen. Dies ermöglicht ihm, ein wertvolles Mitglied der Gesellschaft zu werden und für sich selbst Wohlstand und Zufriedenheit zu finden. Aus gesellschaftlicher Sicht ist es zudem notwendig, den jungen Menschen das Rüstzeug zu geben, damit sie sich zu mündigen und verantwortungsbewussten Bürgern entwickeln können.

Maßnahme 1: Leistungsmessung vor Schuleintritt

Eine Einschulung kann nur erfolgen, wenn ausreichende Sprachkenntnisse vorhanden sind. Sind diese nicht vorhanden, müssen sie erst erworben werden. Ohne ein gutes Verständnis der deutschen Sprache können Kinder dem Unterricht nicht ausreichend folgen. Damit wird ihnen schon bei der Einschulung die Chance genommen, dauerhaft gute Leistungen zu erbringen. Wie kann man von Kindern ohne ausreichende Sprachkenntnisse ernsthaft gute Leistungen in der Schule erwarten? Schon nach kurzer Zeit ist die Kluft zu sprachlich ausreichend vorbereiteten Kindern nicht mehr zu überbrücken. Ein solches Defizit bei der Einschulung zerstört die Zukunft der Kinder, bevor sie begonnen hat. Ein großer Teil der herkunftsbedingten Leistungsunterschiede lässt sich sicherlich allein auf diese Ursache zurückführen. Dies ist weder im Interesse der Kinder noch der Gesellschaft und fördert auch nicht die Integration von Migranten. Zudem behindern Kinder ohne Sprachkenntnisse den Lernfortschritt der anderen. Eine Einschulung ohne ausreichende Sprachkenntnisse senkt das Leistungsniveau aller Schüler.

Wie können ausreichende Sprachkenntnisse bei der Einschulung sichergestellt werden? Denkbar ist hier die konsequente Ausrichtung des Vorschuljahres auf die Vermittlung von Sprachkenntnissen, wenn diese unzureichend sind. Dies ist ein elementarer Baustein der Chancengleichheit und muss daher konsequent beachtet werden. Dass diese naheliegende Maßnahme nicht umgesetzt wird, unterstreicht die zahlreichen aufgeworfenen Fragen zur politischen Handlungsfähigkeit.

Maßnahme 2: Klare Leistungsbewertung der Schüler

Ein Grundprinzip des Wettbewerbs ist die Leistungsbewertung. Nur wenn möglichst objektiv zwischen Besseren und Schlechteren differenziert werden kann, entsteht Wettbewerb. Dies muss von der ersten Klasse an gewährleistet sein. Eine klare und möglichst objektiv nachvollziehbare Benotung der erbrachten Leistung ist daher zwingend erforderlich. Wie sollen Schüler ihren eigenen Leistungsstand beurteilen, wenn er nicht durch Noten transparent gemacht wird? Ohne eine präzise Rückmeldung über die erbrachten Leistungen kann sich jeder Schüler einreden, gar nicht so schlecht zu sein, und braucht keine Konsequenzen aus seinem Verhalten zu ziehen. Durch die Benotung können die Lehrkräfte auch den Umgang mit Wettbewerb vermitteln. Es ist nicht nachvollziehbar, warum unsere hervorragend ausgebildeten Pädagogen nicht in der Lage sein sollten, den Umgang mit Wettbewerb, Sieg und Niederlage positiv motivierend für die Schüler zu vermitteln. Entscheidend ist, die Motivation zur Verbesserung zu wecken und auf die vielfältigen Möglichkeiten der Kompetenzbildung hinzuarbeiten.

Maßnahme 3: Frühzeitige adäquate Förderung

Diese Forderung wird sicherlich bei sehr vielen Menschen, in der Politik und bei den entsprechenden Interessengruppen Empörung auslösen. Sie ist aber zentral und absolut folgerichtig, wenn wir unsere Einsichten in die Prinzipien des Wettbewerbs ernst nehmen und unser Bildungssystem modern und effizient gestalten wollen. Die Forderung beruht im Wesentlichen auf der Normalverteilung der Intelligenz und auf unseren Erkenntnissen über die bestmögliche Förderung durch Berücksichtigung unterschiedlicher Leistungsniveaus. Es ist einfach nicht realistisch, ein breites Spektrum von Fähigkeiten gleichzeitig zu unterrichten und dabei den Bedürfnissen aller gleichermaßen gerecht zu werden. Während die einen sich langweilen, sind die anderen völlig überfordert. Ist es wirklich sozial und unser gesellschaftliches Ziel, wenn wir den Kindern nicht die bestmögliche Förderung zukommen lassen, sondern eine Einheitsförderung? Ist dann unser schlechtes Abschneiden bei den PISA-Studien wirklich verwunderlich?

Eine leistungsgerechte Förderung der Kinder muss so früh wie möglich einsetzen, idealerweise bereits im Kindergarten, spätestens jedoch mit der Einschulung. So kann auf die leistungsschwächeren Kinder besonders eingegangen werden und die Kinder können in dieser Gruppe auch Erfolgserlebnisse für sich erfahren. Umgekehrt können die leistungsstärkeren Kinder ihrer Neugier freien Lauf lassen und sich in einem angemessenen Tempo weiterentwickeln.

Maßnahme 4: Rückmeldungen

Um effektiv lernen zu können, brauchen Kinder ein angemessenes, ehrliches und objektives Feedback über ihre Fortschritte. Wenn beispielsweise ein Wort falsch ausgesprochen oder geschrieben wird, muss es korrigiert werden, bis es richtig ist. Die Unterscheidung zwischen richtig und falsch ist ein wesentlicher Bestandteil des Lernprozesses. Welchen Vorteil hat es für ein Kind, einen Fehler zuerst zu verinnerlichen? Die rasche Korrektur von Fehlern ist die Grundlage für einen raschen Lernerfolg, und unsere Pädagogen haben sicher das nötige Fingerspitzengefühl für eine angemessene und motivierende Korrektur.

Maßnahme 5: Leistungsgebundene Zielerreichung

Ein Hauptschulabschluss darf nur vergeben werden, wenn mindestens der OECD-Durchschnitt im Lesen, Schreiben und Rechnen erreicht wird. Womöglich wäre es sogar sinnvoll, alte Prüfungsaufgaben aus den 50er oder 60er-Jahren zu reaktivieren und das Leistungsniveau daran auszurichten (21).

Maßnahme 6: Permeabilität des Wettbewerbs

Die Durchlässigkeit des Schulsystems ist zu verbessern. Einerseits muss ein jährlicher Wechsel von der Hauptschule zur Realschule bzw. von der Realschule zum Gymnasium möglich sein, damit Kinder, deren Leistungen sich im Laufe des Schullebens verbessern, mit dem Besuch einer höheren Schule belohnt werden können und umgekehrt. Es ist nicht plausibel, warum sehr gute Realschüler auf diesem Niveau stagnieren *müssen*, während überforderte Gymnasiasten dort verbleiben können. Der Übergang muss aber auch in umgekehrter Richtung erfolgen, um die Schülerzahlen in den jeweiligen Schulen stabil zu halten. Anzustreben ist eine Verteilung von etwa 20% Hauptschule, 60% Realschule und 20% Gymnasium. Damit wird das Gymnasium wieder aufgewertet, und nur die objektiv Besten eines Jahrgangs können das Abitur machen. Dadurch entsteht ein Wettbewerb unter den engagierten Schülern, zu den besten 20% zu gehören. Als Nebeneffekt wird der Ansturm auf die Hochschulen eingedämmt, die davon ebenfalls profitieren werden.

Maßnahme 7: Individuelle Talente fördern

Es sollten mehr Möglichkeiten geschaffen werden, auf die individuellen Fähigkeiten und Interessen der Schüler einzugehen. D.h., neben den „Pflichtfächern" Deutsch und Mathematik sollten auch handwerkliche, soziale oder auch technisch-naturwissenschaftliche Fähigkeiten stärker als bisher gefördert werden. Teilweise wird dies bereits durch Wahlfächer und Leistungskurse realisiert. Ziel sollte es jedoch sein, noch stärker auf die individuellen Interessen und Begabungen der Schüler einzugehen. Zum einen können die Kinder ihre Interessen und Talente früher erkennen und ihnen nachgehen. Zum anderen trägt es zu einer positiven Schulerfahrung bei, da die Kinder ihre Fähigkeiten auf verschiedenen Ebenen verbessern und weiterentwickeln können.

Maßnahme 8: Transparenz der Leistung

Die Bildungsleistung der Schulen muss messbar und transparent gemacht werden. Für Schüler und Eltern muss klar erkennbar sein, welche Schule im Vergleich die beste Bildungsleistung erbringt. Der Zugang zu den besten Schulen steht allen Schülern offen, die eine entsprechende Qualifikation nachweisen können. Im Sinne eines lebendigen Wettbewerbs dürfen finanzielle oder soziale Kriterien bei der Aufnahme in eine Schule keine Rolle spielen. Entscheidend sind allein die Leistungen der Schüler. Dadurch entsteht ein Wettbewerb um die Aufnahme in die besten Schulen, der Anreize zur Verbesserung der schulischen Leistungen schafft. Zusätzlich werden die Schulen angespornt, ihre Ausbildung zu optimieren, um selbst eine begehrte Schule zu werden. Wir erzielen dadurch Wettbewerb, der zu besseren Schulen und engagierten Schülern führt. Natürlich ist damit auch ein gewisser „Druck" verbunden. Aber ohne Anstrengung sind selbst mittelmäßige Leistungen im Wettbewerb nicht zu erreichen. Wenn wir unser Bildungssystem und unseren PISA-Rang wirklich verbessern wollen, führt kein Weg an Anstrengung und einer Differenzierung in besser und schlechter vorbei.

Maßnahme 9: Leistungsgebundene Förderung der Schulen

Als extrinsische Motivationshilfe sollten bessere Schulen zusätzlich gefördert werden. Auch hier muss ein durchlässiges System geschaffen werden, das es den Schulen ermöglicht, jährlich in der Rangliste aufzusteigen und damit mehr Fördermittel zu erhalten.

Maßnahme 10: Leistungsgebundene Entlohnung der Pädagogen

Wenn wir die Vermittlung von Kompetenzen messbar und vergleichbar gestalten, können wir gute Pädagogen belohnen und damit auch Anreize für eine bessere Vermittlung von Kompetenzen schaffen. Die verwendeten Methoden dürfen nicht vorgegeben werden, denn der Wettbewerb lebt von der Vielfalt der Verbesserungsversuche. Vorgegebene Methoden strangulieren den Wettbewerb.

Maßnahme 11: Leistungsgebundene Belohnung der besten Schüler

Nachdem Schulen und Lehrer durch finanzielle Anreize zusätzlich motiviert werden, sollte dies auch auf die Schüler ausgeweitet werden. Denkbar wären schulübergreifende Wettbewerbe, bei denen die Besten Preise gewinnen können, oder Freistunden bei frühzeitigem Erreichen der Kompetenzziele. Auch Förderkurse zur Vertiefung besonderer Interessen und Fähigkeiten könnten als Belohnung für gute schulische Leistungen angeboten werden.

Maßnahme 12: Individuelle Förderung

Um allen Kindern eine erfolgreiche Teilnahme am schulischen Wettbewerb zu ermöglichen, bietet sich ein „Sonderunterricht" auf freiwilliger Basis an, der leistungsschwächeren Schülern hilft, ihren Rückstand aufzuholen. Dies könnte z.B. in den Ferien oder durch zusätzlichen Unterricht am Wochenende stattfinden. Eine Verpflichtung zur Teilnahme an solchen Förderangeboten ist vermutlich wenig zielführend, da Lernen unter Zwang vermutlich keine gute Voraussetzung darstellt.

Maßnahme 13: Resilienz gegenüber Manipulation

Das Thema „mündiger Bürger" muss vermittelt werden. Ein kritischer Umgang mit den Medien und Kenntnisse über Meinungsmache sind wichtiger denn je. Politischer Aktivismus allein ist kein angemessenes Ziel für den mündigen Bürger. Vielmehr muss er in der Lage sein, sich bestmöglich zu informieren und Meinungen und Werte zu hinterfragen. Insbesondere die neuen Möglichkeiten der Meinungsbeeinflussung durch den Einsatz künstlicher Intelligenz machen hier die Vermittlung entsprechender Kompetenzen notwendig.

Maßnahme 14: Neugierde für wichtige Bereiche wecken

Bereits in der Grundschule kann ein Unterrichtsfach „Wissenschaft" eingeführt werden, um Kinder bereits frühzeitig mit einfachen naturwissenschaftlichen Erkenntnissen vertraut zu machen und ihre Neugier zu wecken. Warum erwarten wir ernsthaft gute Leistungen in den MINT–Fächern, wenn wir Kinder erst sehr spät mit diesen Fächern in Kontakt bringen? Je früher die entsprechenden Fähigkeiten und Kenntnisse vermittelt werden, desto größer ist die Wahrscheinlichkeit für gute Leistungen in höheren Klassenstufen. Auch hier können wir sicherlich auf die Kompetenzen unserer Pädagogen vertrauen, einen angemessenen Unterricht zu gestalten.

Maßnahme 15: Frühzeitige Konsequenzen

Wir haben wiederholt darauf hingewiesen, dass die Verweigerung eines wichtigen Wettbewerbs lange Zeit ohne spürbare Konsequenzen bleibt und der Schaden nahezu irreversibel ist. Angesichts des mangelnden Bewusstseins vieler Schüler für die Bedeutung der Schulbildung sollten wir den Kindern die Konsequenzen einer Wettbewerbsverweigerung klar aufzeigen, bevor es zu spät ist. Es empfiehlt sich daher, frühzeitig und konsequent sinnvolle, aber dennoch negative Konsequenzen aus einer Wettbewerbsverweigerung folgen zu lassen. Dies könnten z.B. verpflichtende Zusatzstunden unter der Woche und/oder ggf. auch Zusatzstunden am Wochenende sein. Sicherlich gibt es noch weitere sinnvolle Maßnahmen, die zu diesem Zweck ergriffen werden können. Bei geschickter Ausgestaltung können solche Maßnahmen:

- frühzeitig die negativen Folgen von Leistungsverweigerung aufzeigen
- sehr schwache Schüler gezielt fordern und fördern, damit sie den Anschluss an die Klassengemeinschaft nicht verlieren
- Ansporn bieten, um nicht von solchen Maßnahmen betroffen zu sein.

Alle diese Maßnahmen führen schlagartig zu einer Intensivierung des Wettbewerbs. Diese und weitere Maßnahmen können sehr schnell umgesetzt werden, was angesichts des derzeitigen Bildungsniveaus dringend angeraten ist. Es wäre denkbar, Pilotschulen einzurichten, um diese Maßnahmen umzusetzen und ihre Wirksamkeit zu verifizieren. Man muss sich darüber im Klaren sein, dass diese Schulen nichts mehr mit dem aktuellen Zustand der Schulen zu tun haben werden. Für sehr viele Schüler, Lehrer, Kultusminister und andere Verantwortliche im Bildungsbereich sind diese Perspektiven eines intensiven Wettbewerbs sicherlich nicht attraktiv, lebt es sich doch ohne Wettbewerb viel angenehmer. Doch hier geht es um Bildung und die Zukunft unserer Kinder. Wenn der Wettbewerb in unser Bildungssystem zurückkehrt, werden die Ergebnisse die Maßnahmen rechtfertigen, auch wenn es nicht für alle angenehm sein wird.

Kritiker werden auf die hohen Kosten, den Lehrermangel oder Detailfragen verweisen. Die Einführung wettbewerbsfördernder Methoden ist jedoch nicht zwangsläufig mit hohen Kosten verbunden. Angesichts der hohen Bedeutung unseres Bildungssystems für die Zukunft des Landes und seiner Schüler stellt sich zudem die Frage der Prioritätensetzung. Wenn es uns als Gesellschaft wichtig ist, den ÖPNV mit Milliardenbeträgen zu fördern oder das Bürgergeld aufzustocken, sollten Mehrausgaben für die Bildung durchaus verkraftbar sein. Auch der viel zitierte Lehrermangel kann und darf kein Gegenargument sein. Wenn wir uns gedanklich ein wenig von unserem konventionellen Verständnis von Schule und der Rolle der Pädagogen darin lösen können, sind viele Maßnahmen durchaus auch ohne Neueinstellungen von Lehrkräften umsetzbar. Allein die Entlastung von Nebenaufgaben, die nichts mit der pädagogischen Arbeit zu tun haben, könnte sicherlich viele Arbeitsstunden für die Kernaufgaben freisetzen (119). Detailfragen sind lösbar, wenn der politische Wille zur Umsetzung vorhanden ist und Macher statt Bedenkenträger die Verantwortung für die Umsetzung übernehmen.

Aus einem „geht nicht" muss der Wille werden, das vermeintlich Unmögliche dennoch zu realisieren.

7.3 Forschung und Entwicklung

Obwohl wir im Bereich von Forschung und Entwicklung insgesamt noch auf einem guten internationalen Niveau agieren, kann uns auch hier die Einführung zusätzlicher Wettbewerbsprinzipien weiterbringen.

Maßnahme 1: Bedeutende Wettbewerbe in der Forschung priorisieren

Definition von Zukunftstechnologien bzw. Forschungsfeldern, die für die zukünftige Wettbewerbsfähigkeit Deutschlands von herausragender Bedeutung sind, wie z.B. Künstliche Intelligenz, Quantencomputing, Mathematik, Gentechnologie etc. Diese bilden gewissermaßen die „Pflichtfächer", die durch die Exzellenzcluster gefördert werden sollen. Damit soll eine aktive Rolle in den wichtigsten Zukunftstechnologien gesichert werden. Gleichzeitig soll ein Wildwuchs an "Forschungs- und Studienbereichen" zur Erlangung von Abschlüssen oder des Titels "Eliteuniversität" unterbunden werden.

Maßnahme 2: Leistungsniveaus differenzieren

Die Universitäten sollten in Leistungsgruppen eingeteilt werden, wie dies bereits vor Jahrzehnten mit dem dreigliedrigen Schulsystem eingeführt wurde: Weltklasseforschung, erweiterte Weltklasse, nationale Spitzenforschung, regionale Forschung und Basisforschung.

Maßnahme 3: Leistungsgebundene Förderung

Die Universitäten auf Weltklasseniveau erhalten die höchsten Fördermittel, die bis zur Basisforschung kontinuierlich abnehmen. Eine exponentielle Verteilung der Förderung ist anzustreben, sodass die Besten auch überproportional profitieren – siehe extrinsische Motivation. Andererseits dürfen die Übergänge nicht so groß gewählt werden, dass der Auf- oder Abstieg in eine andere Gruppe allein aufgrund der finanziellen Förderung zu schwierig wird. Gegebenenfalls muss der Exponent aufgrund der gemachten Erfahrungen angepasst werden.

Maßnahme 4: Permeabilität

Spätestens nach zwei Jahren ist der Status der Exzellenzcluster zu überprüfen. Das System ist nach oben und unten hin offen. Auch eine Eliteuniversität muss alle zwei Jahre nachweisen, dass sie den Titel weiterhin zu Recht trägt. Für die wissenschaftliche Forschungsarbeit ist das ein recht kurzer Zeitraum, der aber einerseits notwendig ist, um den Übergang von einer Gruppe in die andere realistisch zu halten. Andererseits führt eine häufigere Überprüfung zu einem intensiveren Wettbewerb.

Maßnahme 5: Transparenz der Leistung

Wie die Schulen müssen sich auch die Universitäten an ihren Ausbildungsleistungen messen lassen. Für jeden Studenten muss klar erkennbar sein, welche Universität die beste akademische Ausbildung bietet, insbesondere im internationalen Vergleich. Auch hier gilt das Leistungsprinzip, das eine Bevorzugung aus räumlichen, finanziellen oder sozialen Gründen ausschließt. Dieses System muss auch für die Studenten durchlässig sein, sodass jedes Jahr die leistungsstärksten Studenten auch an den besten Universitäten studieren können. Wer das Leistungsniveau nicht halten kann, muss diese Universitäten verlassen. Die Übergangsregelungen müssen einen häufigen Wechsel vermeiden, damit diese Regelung auch für die Studenten praktikabel bleibt (Umzugsproblematik). Die Zahl der Studenten an den besten Universitäten muss begrenzt werden, damit wirklich nur die Besten dort studieren. Ansonsten besteht die Gefahr einer „Inflation" der „Besten". Anstatt Studiengebühren einzufordern, könnten die besten Studenten durch spezielle Stipendien angelockt werden.

Maßnahme 6: Optimale Randbedingungen für Wettbewerb

Die Intensität des Wettbewerbs kann erhöht werden, indem die besten Studenten aus der ganzen Welt angeworben werden. Dies kann ggf. durch eine großzügige finanzielle Unterstützung geschehen, die dann natürlich in gleicher Höhe auch den einheimischen Studenten gewährt werden muss. Eine Bevorzugung oder Benachteiligung aufgrund leistungsfremder Kriterien ist auszuschließen. Erst durch die Internationalisierung der Studenten auf Weltklasseniveau entsteht Wettbewerb auf höchstem Niveau. Aus diesem Pool exzellenter Studenten können dann die Exzellenzcluster bedient werden, was diesen auch im internationalen Vergleich zugutekommt.

Maßnahme 7: Effektive Nutzung der Forschung

Während die Forschung in Deutschland noch auf einem relativ guten Niveau ist, hapert es jedoch bei der Weiterentwicklung der Forschungsergebnisse und der Umsetzung in konkrete Produkte. Hier sind uns andere Länder seit vielen Jahren voraus. Viele Produkte, die in der Vergangenheit in Deutschland erforscht und entwickelt wurden, werden heute im großen Stil in anderen Ländern produziert. Damit bringen wir uns selbst um die Früchte unserer Forschungsarbeit, ein Trend, der sich weiter fortsetzt. So liegen wir zwar in der KI-Erforschung durchaus noch auf einem akzeptablen Niveau, die Umsetzung in unterschiedliche Anwendungen findet jedoch in anderen Ländern statt und damit auch der wirtschaftliche Nutzen. Wir müssen daher zusätzliche Anstrengungen unternehmen, um die Transformation von der Forschung über die Entwicklung hin zu marktfähigen Produkten zu forcieren.

Die Förderung einer Elite mag auch hier manchen stören. Sie ist jedoch das Salz in der Suppe des Wettbewerbs. Die Belohnung der Besten motiviert viele, am Wettbewerb teilzunehmen und ihr Bestes zu geben. Dies hebt insgesamt das Niveau und führt zu herausragenden Studenten, Universitäten und Forschungsarbeiten. Man stelle sich die Leistungsfähigkeit optimal geförderter Spitzenuniversitäten mit den weltweit besten Professoren und Studenten vor.

7.4 Mindestlohn, Lohnforderungen und Besteuerung

Wie zuvor beschrieben, darf der Weg nach oben nicht so steinig werden, dass ihn niemand mehr gehen will.

Maßnahme 1: Keine staatlichen Eingriffe – anstelle dessen intelligente Randbedingungen

Es darf keine weiteren staatlichen Eingriffe in die Tarifautonomie geben, wie z.B. die Erhöhung des Mindestlohns, um "Wahlgeschenke" an Interessengruppen zu machen. In Tarifverhandlungen stehen sich zwei Interessengruppen gegenüber, die sich bei etwas gutem Willen auf beiden Seiten und ähnlichen Kräfteverhältnissen auch auf gute und ausgewogene Kompromisse einigen können. Staatliche Eingriffe wie beim Mindestlohn wirken sich negativ auf die Wettbewerbsfähigkeit der Unternehmen aus, führen zu höherer Inflation und verhindern eine leistungsgerechte Entlohnung. Das alles ist auf Dauer keine gute Entwicklung, auch wenn sich viele Mindestlohnempfänger über dieses Wahlgeschenk gefreut haben dürften. Es zeichnet sich ab, dass sich dieser Prozess hin zu höheren Lohngruppen fortsetzen wird und wir alle dies mit höheren Preisen und einer schlechteren internationalen Wettbewerbsfähigkeit bezahlen werden. Schließlich ist es nicht so, dass wir in Deutschland ein international konkurrenzfähiges Lohn-Leistungs-Verhältnis hätten.

Maßnahme 2: Objektive Leistungskriterien für Entlohnung

Bereits vor rund 20 Jahren wurde ein sogenannter Entgeltrahmen-Tarifvertrag (ERA) eingeführt. Das Elegante an diesem Punktesystem ist die relativ objektive Bewertung von Arbeitsplätzen hinsichtlich ihrer Anforderungen. So sind z.B. die Einarbeitungszeit oder die notwendige Weiterbildung wesentliche Bewertungskriterien. Aber auch andere Kriterien sind objektiv beschrieben und führen zu Punkten, die dann in der Summe das Entgelt für einen Arbeitsplatz bestimmen. Die leidige Diskussion, warum andere Arbeitsplätze höher entlohnt werden, wird damit umgangen und auf eine solide und rationale Grundlage gestellt. Eine entsprechende Übertragung dieses Prinzips auf alle Berufsgruppen wäre sinnvoll. Denn auch heute haben wir ständig Diskussionen, weil bestimmte Berufsgruppen ihre eigenen Kompetenzen subjektiv höher einschätzen als die der anderen. Der Mangel an objektiven Bewertungsmaßstäben nährt das Anspruchsdenken und so werden immer höhere Forderungen gestellt, ob sie nun sachlich gerechtfertigt sind oder nicht. Eine objektive Bewertung der Berufe würde womöglich mehr sozialen Frieden und persönliche Zufriedenheit schaffen als so manche Lohnrunde.

Maßnahme 3: Adäquate Belohnung für Aufwand

Der starke Anstieg der Steuer- und Abgabenprogression im unteren Einkommensbereich muss deutlich abgeflacht werden, damit von der

Mehrleistung auch mehr in der Tasche der Arbeitnehmer bleibt. Das wäre eine Alternative zur Erhöhung des Mindestlohns gewesen. Doch der Staat, immer auf der Suche nach mehr Geld, erhöht lieber die Kosten für die Unternehmen und erzielt dadurch Steuergewinne, als auf Steuereinnahmen zu verzichten und damit den Wettbewerb nicht zusätzlich zu behindern. Gleichzeitig muss der Spitzensteuersatz wieder in Richtung höherer Einkommen verschoben werden. Dies führt unweigerlich zu erheblichen Steuerausfällen, die kompensiert werden müssen. Einige mögliche Maßnahmen zur Kompensation der Mindereinnahmen werden weiter unten aufgezeigt. Dennoch ist diese Maßnahme unumgänglich, um der zunehmenden Angleichung der Löhne und Gehälter entgegenzuwirken und Spitzenleistungen wieder attraktiver zu machen.

Maßnahme 4: Finanzierung wichtiger Investitionen

Für sehr hohe Einkommen und/oder sehr hohe Vermögen kann eine „Zwangsinvestition" vorgeschrieben werden, deren Verwendung den Betroffenen weitgehend freigestellt ist. Die Abgabe darf nur für Investitionen in Bildung, Forschung, Entwicklung, Infrastruktur oder Unternehmensgründungen in Deutschland verwendet werden. Der Aspekt der selbstbestimmten Verwendung ist wichtig. Würde die Politik stattdessen die Steuern für diesen Personenkreis erhöhen, würden die Mittel nur zur Umverteilung und nicht für wettbewerbsfördernde Maßnahmen verwendet. Wir wollen diese hohen Einkommen und Vermögen aber gezielt nur für langfristig wettbewerbsfördernde Maßnahmen einsetzen. Dies schließt eine staatliche Verwendung aus. Für erfolgreiche Investitionen in den genannten Bereichen muss ein Rückfluss der eingesetzten Mittel vorgesehen werden. Dadurch würde Kapital für notwendige Investitionen freigesetzt, die Belastung der höchsten Einkommen und Vermögen aber nicht dauerhaft angegriffen und damit eine Kapitalflucht vermieden. Es würde lediglich mehr Kapital in sinnvolle Investitionen fließen. Damit diese Idee auch bei unseren findigen Politikern funktioniert, muss eine Mindestinvestition des Bundes in den genannten Bereichen an die Höhe der Zwangsabgabe gekoppelt werden. Sonst wird der Haushalt zukünftig ohne Investitionen geplant und das Geld wird doch wieder zur Umverteilung missbraucht.

Maßnahme 5: Interessengruppen ausgleichen

Die jahrzehntelange Praxis der Gewerkschaften, höhere Einkommen zu benachteiligen, ist im Hinblick auf eine leistungsgerechte Entlohnung und die langfristigen Folgen deutlich zu kritisieren. Warum sich die höheren Einkommensgruppen diese Ungleichbehandlung durch die Gewerkschaften gefallen lassen, ist nicht ohne weiteres nachvollziehbar. Es könnte an der Angst liegen, sonst überhaupt keine Interessenvertretung zu haben. Die Gründung einer zweiten Gewerkschaft, die speziell die Interessen der höheren Einkommensgruppen vertritt, wäre sicherlich eine sinnvolle Alternative, um der Benachteiligung der höheren Einkommensgruppen entgegenzuwirken.

7.5 Bürgergeld & Co. – Leistungen für Erwerbslose

Wir haben die hohen Staatsausgaben und damit die hohe Belastung der Erwerbstätigen bereits analysiert. Eine Reduzierung der Umverteilung ist aus Wettbewerbssicht unbedingt erforderlich. Die Gründe dafür haben wir bereits hinlänglich erörtert. Unser Umverteilungssystem dämpft die Leistungsmotivation sowohl der Zahler als auch der Empfänger von Sozialleistungen und fördert ein bequemes Leben ohne Verpflichtungen, wenn auch ohne großen finanziellen Spielraum. Es steht für „Zielerreichung" ohne Leistungserbringung, ein wirksames Mittel, um die Wettbewerbsintensität abzuwürgen. Das sind nicht die Spielregeln, die unsere Zukunft sichern. Hier muss der Hebel angesetzt werden, wenn wir den Niedergang Deutschlands aufhalten wollen. Gleichzeitig bieten sich hier recht einfache Möglichkeiten, viele Milliarden zur Finanzierung wettbewerbsfördernder Maßnahmen zu gewinnen.

Der Aufschrei aller Politiker und Sozialverbände ist bei dieser Forderung gewiss. Eine Forderung nach Kürzung der Sozialleistungen oder nach Erhöhung der Einkommen für ohnehin schon Besserverdienende „auf dem Rücken der Schwächsten in unserer Gesellschaft" ist so konträr zu unseren Wertvorstellungen geworden, dass schon der Gedanke daran ketzerisch ist.

Doch wie soll dieses System der bedingungslosen Almosen weiter finanziert werden? Die Kosten des heutigen Sozialsystems sprengen bereits jetzt die finanziellen Möglichkeiten. Diese Entwicklungen können nur durch zusätzliche Staatsverschuldung und/oder eine stärkere Belastung der verbleibenden Erwerbstätigen finanziert werden. Denkbar wäre auch die Abschöpfung von Vermögen durch eine Vermögensabgabe, höhere Erbschaftssteuern etc. Diese Ideen sind jedoch, wie ausführlich dargestellt, kontraproduktiv. Theoretisch könnte die Finanzierung auch über eine Erhöhung der Staatseinnahmen durch eine spürbare Verbesserung der wirtschaftlichen Entwicklung erfolgen. Aufgrund der derzeitigen politischen Ausrichtung, die eine Verbesserung unserer Wettbewerbsfähigkeit zugunsten steigender Sozialleistungen stark eingeschränkt, ist dies in den nächsten Jahren leider nicht zu erwarten.

Derzeit reagiert die Regierung auf die finanziellen Herausforderungen genau wie oben beschrieben: Die Abschaffung der Schuldengrenze wird vehement gefordert (angeblich um notwendige Zukunftsinvestitionen zu finanzieren (120)) und die Belastung der Bürger durch zusätzliche Abgaben steigt, u.a. durch eine 50%ige Erhöhung der CO2-Abgabe auf fossile Brennstoffe (121). Es gibt leider keinen Grund anzunehmen, dass eine Lockerung der Schuldengrenze tatsächlich für Zukunftsinvestitionen in Deutschland genutzt würde. Vielmehr wurden in der Vergangenheit Mehreinnahmen des Staates primär für den beschriebenen Ausbau des Sozialsystems genutzt und dafür die übrigen Ressorts beschnitten. Eine Abkehr von der Schuldenbremse würde die dringend notwendige Prioritätensetzung nur verzögern, die Probleme verschärfen und eine Umkehr immer unwahrscheinlicher machen.

Die Frage stellt sich jedoch, was unser Sozialsystem wirklich leisten soll und was nicht. Zum einen soll unser Sozialsystem sicherlich den Menschen helfen, die unverschuldet in eine Situation geraten sind, die sie selbst nicht mehr bewältigen können. Das kann zum Beispiel eine plötzliche Arbeitslosigkeit sein, eine längere Krankheit, ein Unfall, die Pflege eines Angehörigen und Ähnliches. Dabei muss die Unterstützung immer das Ziel haben, die Betroffenen so schnell wie möglich aus dieser Situation zu befreien. Sicherlich gibt es einige wenige Fälle, in denen wirklich keine Perspektive besteht, den Zustand der Bedürftigkeit zu beenden. Doch solche Situationen sind sicher eher selten. Daher gilt der Grundsatz, die Menschen so schnell wie möglich wieder in die Eigenverantwortung zurückzuführen. In der Übergangszeit ist die aktive Mitwirkung der Leistungsempfänger einzufordern. Im Rahmen der Möglichkeiten muss die Bedürftigkeit selbst finanziert werden. Darüber hinaus ist der Aufbau von Kompetenzen unabdingbar, da die Bedürftigkeit in fast allen Fällen durch fehlende Kompetenzen oder mangelnde Nachfrage nach vorhandenen Kompetenzen verursacht wird. Hier zeigen sich zumeist die langfristigen Folgen einer Wettbewerbsverweigerung in jungen Jahren. Werden Schulbildung, Sprachkompetenz oder Berufsausbildung versäumt, sind die Voraussetzungen für eine langfristige Bedürftigkeit gegeben. Sicherlich lässt sich darüber streiten, ob dies noch "unverschuldet" ist. Tatsache ist: Um die langfristigen Perspektiven der Betroffenen zu verbessern, ist die Entwicklung von Kompetenzen, die in der Wirtschaft benötigt werden, unabdingbar.

Unser modernes Sozialsystem sollte daher folgende Randbedingungen erfüllen:

- Zumutbare Eigenbeteiligung der Leistungsempfänger am Lebensunterhalt

- Schnellstmögliche Wiedereingliederung in den Arbeitsmarkt
- Aufbau von Kompetenzen als Gegenleistung für die Unterstützung, die eine langfristige Perspektive für ein selbstbestimmtes Arbeitsleben ermöglichen
- Anhebung des effektiven Renteneintrittsalters
- Konsequente und direkte Sanktionierung bei Nichteinhaltung der Rahmenbedingungen oder Leistungsverweigerung.

Natürlich wollen wir Menschen in Not nicht ohne Hilfe lassen oder ihnen die Chance nehmen, im Rahmen ihrer Möglichkeiten Wohlstand und Zufriedenheit für sich zu schaffen. Das entspricht auch durchaus den Prinzipien des Wettbewerbs. Andererseits sollen Leistung, außergewöhnliche Fähigkeiten und Anstrengungen zu einer spürbaren Besserstellung führen.

Wenn uns das Wohlergehen künftiger Generationen am Herzen liegt, müssen wir intelligentere Lösungen finden, um die wirklich Bedürftigen zu unterstützen. Die Gesellschaft profitiert durchaus von solidarischen Unterstützungsmaßnahmen. Das darf aber nicht mit Sozialismus verwechselt werden, der auf einer bedingungslosen Umverteilung beruht. Eine derartige Differenzierung ist wichtig, um den Wettbewerb nicht zu bremsen. Ziel der folgenden Maßnahmen ist es, soziale Unterstützung gezielt den wirklich Bedürftigen zukommen zu lassen und anderen zu einem selbstbestimmten Leben zu verhelfen.

Maßnahme 1: Klare Spielregeln

Die wohl vordringlichste Aufgabe für unser Sozialsystem ist die klare Festlegung von Spielregeln, die sich an den oben aufgeführten Zielen orientieren sollten. Ein ganz wesentliches Element dieser Spielregeln muss die Mitwirkungspflicht des Leistungsempfängers umfassen. Der Begriff der Zumutbarkeit muss deutlich weiter gefasst werden als dies derzeit der Fall ist. Es ist den Erwerbstätigen in unserem Land nur schwer zu vermitteln, warum es für Bezieher von Bürgergeld eine "unzumutbare" Arbeit geben kann, wenn andere Arbeitnehmer sie für ihren Lebensunterhalt für zumutbar halten.

Hier müssen entsprechende gesetzliche Rahmenbedingungen geschaffen werden, die klare Voraussetzungen für den Leistungsbezug beschreiben, diese im Vorfeld auch klar kommunizieren und bei Nichteinhaltung auch sanktionieren.

Maßnahme 2: Konsequente Einhaltung der Randbedingungen

Es wird sicherlich Fälle geben, in denen sich Leistungsempfänger weigern, ein vermitteltes Arbeitsangebot oder ein Ausbildungsangebot anzunehmen. Dies kann relativ einfach durch Arbeitsverweigerung, ständiges Zuspätkommen oder ähnliche Maßnahmen der Leistungsverweigerung geschehen. Solange dies geduldet wird (siehe Maßnahme 1), greift zwangsläufig wieder die staatliche Verpflichtung zur Sicherung des Existenzminimums. Hier bedarf es geeigneter Maßnahmen, um diese Verpflichtung mit möglichst geringem finanziellem Aufwand und unter Einbeziehung der Leistungsempfänger zu realisieren. Denkbar sind z.B. selbstorganisierte Gemeinschaftsunterkünfte, die vermutlich deutlich kostengünstiger realisiert werden könnten als die derzeit staatlich geförderten Wohnungen. Gut geeignet wären ehemalige Kasernen oder ungenutzte Asylunterkünfte. Selbstorganisation bedeutet, dass die Bewohner solcher Gemeinschaftsunterkünfte selbst für den Erhalt und die Leistungen der Gemeinschaft verantwortlich sind. Der Einkauf von Lebensmitteln und deren Zubereitung, die Reinigung des Gebäudes, das Waschen der Wäsche, kleinere Reparaturen und die Finanzierung der laufenden Kosten liegen somit in der Verantwortung der Bewohner. Derartige Unterkünfte würden die Kosten für die Bereitstellung des Existenzminimums im Vergleich zu einer individuellen Unterstützung deutlich reduzieren. Die Notwendigkeit einer weitgehenden Selbstfinanzierung setzt eine Arbeitsaufnahme der Bewohner voraus. Auch hier wird sicherlich wieder die Unzumutbarkeit geltend gemacht werden. Unzumutbar ist es aber eher, wenn Mitglieder einer Gesellschaft nicht bereit sind, einen angemessenen Beitrag zu leisten, und das hat dieser Personenkreis ja durch Arbeits- und Ausbildungsverweigerung deutlich gemacht. Wenn die Unterbringung von Soldaten in einer Gemeinschaftsunterkunft zumutbar ist, warum sollte dies nicht auch für Leistungsverweigerer gelten?

Maßnahme 3: Selbstbeteiligung an ALG 1

Während bis 2020 eher ein Arbeitskräfteüberschuss zu verzeichnen war, hat sich die Situation seit Corona stark verändert. Mit dem beginnenden Ausscheiden der Babyboomer aus dem Erwerbsleben ist nun auf absehbare Zeit mit einem Arbeitskräftemangel zu rechnen. Dies schließt jedoch individuelle Arbeitslosigkeit nicht aus. In diesem Fall greift die Arbeitslosenversicherung ALG 1, die in der Regel für ein Jahr, bei älteren Arbeitnehmern bis zu zwei Jahre, einen Teil der wegbrechenden Löhne und Gehälter übernimmt. Das Ziel, Arbeitslose bis zur Wiedereinstellung finanziell zu unterstützen, ist durchaus sinnvoll. Niemand soll dadurch seine Existenz verlieren. Auf der anderen Seite ist es nicht nachvollziehbar, warum eine vorübergehende Beschäftigung ausgeschlossen wird, wo doch überall Arbeitskräfte gesucht werden. So wäre es durchaus denkbar, den Satz des Arbeitslosengeldes zu reduzieren, indem eine Nebenbeschäftigung auf

Minijobbasis vorausgesetzt wird. Dies entspricht einer monatlichen zeitlichen Belastung von etwas mehr als 40 Stunden, sodass genügend Zeit für die Suche nach einem neuen Arbeitsplatz oder für Umschulungsmaßnahmen bleibt.

Ausgehend von einem fiktiven durchschnittlichen ALG 1-Bezug von 2.000 € würden bei automatischer Anrechnung eines Minijobs ca. 500 € weniger ausgezahlt, was einer Einsparung von ca. 25% gegenüber der heutigen Situation entspricht. Bei einem Bezug von 1.000 € könnten bereits 50% der Kosten eingespart werden. Durch diese Einsparung könnten die Beitragssätze zur Arbeitslosenversicherung drastisch gesenkt werden, sodass sich die Einkommenssituation der Arbeitnehmer insgesamt und die Lohnnebenkosten der Arbeitgeber entsprechend verbessern würden. Diese Maßnahme kostet den Staat keinen Cent, aber Arbeitnehmer und Arbeitgeber profitieren. Das System käme einer Eigenbeteiligung im Falle der Arbeitslosigkeit gleich. Eine Beteiligung der ALG-1-Empfänger an der eigenen Erwerbssituation stellt sicherlich keine unzumutbare Belastung dar, auch wenn weder die Art der Arbeit noch der Stundenlohn in Relation zur ursprünglichen Beschäftigung stehen müssen. Dieses Konzept könnte auch optional als Alternative zur bisherigen Praxis angeboten werden, um dem Arbeitnehmer eine Wahlmöglichkeit einzuräumen.

Maßnahme 4: Digitale Hilfe für ALG 1?

Gegenwärtig haben wir ein „digitales" System der Arbeitslosenunterstützung. Für einen festen Zeitraum gibt es einen festen Satz, danach sinkt die Unterstützung auf das Niveau des Bürgergeldes. Ein fließender Übergang würde dem Wettbewerbsgedanken besser entsprechen. Die kontinuierliche Absenkung des ALG 1 mit zunehmender Bezugsdauer erhöht den Druck auf die Betroffenen, sich schnell eine neue Stelle zu suchen, auch wenn diese nicht ganz den eigenen Vorstellungen entspricht.

Maßnahme 5: Eigenleistung beim Bürgergeld

Analog zu Maßnahme 3 für die Bezieher von ALG 1 sollte eine ähnliche Regelung auch für die Bezieher von ALG 2/Bürgergeld gelten. Es gibt keinen plausiblen Grund, warum Langzeitarbeitslose nicht zumindest auf Minijob-Basis arbeiten und damit ihren Lebensunterhalt in Höhe des Bürgergeldes selbst finanzieren können. Damit dies bei den Maßnahmen 3 und 5 durchgängig funktioniert, müssen Unternehmen verpflichtet werden, ALG 1- und Bürgergeld-Empfänger bevorzugt auf Minijob-Basis einzustellen. Denkbar wäre auch eine exklusive Vermittlung von Minijobs durch die Arbeitsagentur. Das würde nicht nur den Staatshaushalt schlagartig in Milliardenhöhe entlasten, sondern vor allem dringend benötigte Arbeitskräfte wieder in den Arbeitsmarkt spülen - ganz ohne die kostspielige Integration von Asylbewerbern ohne Bleibeperspektive. Und wenn es Erwerbstätigen zumutbar ist, einer Vollzeitbeschäftigung nachzugehen, dann ist es sicherlich auch Sozialhilfeempfängern zumutbar, einen Eigenbeitrag zu leisten. Eine Unterschreitung des „Existenzminimums" wäre damit auch nicht verbunden, da sich die Höhe des Bürgergeldes bereits am Existenzminimum orientiert und derzeit keine Eigenbeteiligung erfordert. Dies dürfte auch mit dem Grundgesetz vereinbar sein. Durch die Verpflichtung zur bevorzugten Einstellung von Bürgergeldbeziehern für Minijobs besteht für jeden Bezieher die Möglichkeit, einen Eigenbeitrag zum Existenzminimum zu leisten. Damit ist sichergestellt, dass das Existenzminimum nicht unterschritten wird, mehr verlangt das Grundgesetz nicht. Für die Leistungsbezieher kann sich durch die regelmäßige Arbeit auch die Chance erhöhen, wieder in den Arbeitsmarkt integriert zu werden.

Um dem höheren Leistungsniveau von ALG 1-Empfängern bzw. Erwerbstätigen im Vergleich zu Bürgergeldbeziehern Rechnung zu tragen, müsste für letztere der Mindestlohn z.B. auf die Hälfte oder 3/4 des aktuellen Mindestlohns abgesenkt werden, ggf. gestaffelt nach Vermittelbarkeit. Ohne Deutschkenntnisse auf dem Niveau A2 oder höher ist die Vermittelbarkeit deutlich eingeschränkt, sodass hier maximal 50% des üblichen Mindestlohns gezahlt werden können. Dies erfordert dann einen deutlich höheren Zeitaufwand, um den monatlichen Höchstbetrag des Bürgergeldes zu verdienen. Gleichzeitig wird dadurch der Anreiz für Unternehmen erhöht, Langzeitarbeitslose überhaupt einzustellen. Sachlich begründete Ausnahmen von der Pflicht zur Eigenbeteiligung müssen an strenge Voraussetzungen geknüpft und auf ihre Berechtigung hin überprüft werden. Ist diese Benachteiligung der Bürgergeldempfänger sozial ungerecht? Sicherlich eine Kritik, die spontan aufkommen wird. Aber wenn wir die Entlohnung nicht willkürlich festsetzen, sondern an die Leistung knüpfen wollen, dann müssen wir das niedrige Leistungsniveau der Bürgergeldempfänger entsprechend berücksichtigen. Zudem dient dieser spezifische Mindestlohn als Untergrenze. Jedem Bürgergeldbezieher steht es frei, durch besonderen Fleiß, Engagement oder Kompetenzerweiterung mehr als den Mindestlohn zu verdienen. Dem muss dann aber auch eine entsprechende Leistung zugrunde liegen, die diese höhere Entlohnung rechtfertigt. Eine reine Anspruchsmentalität ohne Eigenverantwortung funktioniert dann nicht mehr. Die Integration von Menschen in den Arbeitsmarkt kann nicht gelingen, wenn die geforderte Entlohnung weit über den vorhandenen Kompetenzen liegt. Warum sollte ein Arbeitgeber einem Bürgergeldempfänger ohne besondere Qualifikationen den Mindestlohn zahlen, den er anderen mit besseren Qualifikationen zahlen muss? Der Mindestlohn erweist sich sicherlich für viele Bürgergeldempfänger als hohe Eintrittsbarriere in den Arbeitsmarkt.

Maßnahme 6: Kompetenzaufbau

Nicht die Vermittlung von Arbeit, sondern die Qualifizierung für Arbeit muss im Mittelpunkt der Arbeitsvermittlung stehen. Zu viele Bürgergeldempfänger können sich ohne Konsequenzen auf ihre geringe Qualifikation berufen und sind deshalb nicht vermittelbar. Der Staat muss aber durchaus Forderungen an die Auszahlung des Bürgergeldes knüpfen können. D.h. der Bezug von Bürgergeld wird an Fortschritte in der Berufsausbildung, dem Erwerb notwendiger Sprachkenntnisse oder einer schulischen Grundbildung geknüpft. Pseudoschulungen, wie z.B. ein PC-Kurs oder ein Training für bessere Bewerbungen, sind explizit nicht als Kompetenzentwicklung zu verstehen. Solche "Schulungen" können durchaus durch entsprechende Lehrmaterialien vermittelt werden und stellen keine wirkliche Qualifizierungsmaßnahme für einen sich wandelnden Arbeitsmarkt dar.

Maßnahme 7: Hemmnisse beseitigen

Natürlich müssen auch andere Hindernisse, die einer Teilzeit- oder Vollzeitbeschäftigung entgegenstehen, ausgeräumt werden. So sollten z.B. Alleinerziehende einen vorrangigen und kostenlosen Anspruch auf ganztägige Kinderbetreuung haben, damit sie einer Vollzeitbeschäftigung nachgehen können. Die häusliche Pflege von Angehörigen sollte durch die Pflegeversicherung finanziell so abgesichert werden, dass eine weitergehende Unterstützung durch das Bürgergeld entfallen kann. Darüber hinaus müssen Hilfsmittel zur Verfügung gestellt werden, um z.B. Heimarbeitsplätze für Gehbehinderte zu ermöglichen, damit diese von zu Hause aus einer Beschäftigung nachgehen können. Die technischen Möglichkeiten, auch mit körperlichen Einschränkungen ein aktives Arbeitsleben zu führen, sind sicherlich vielfältig und sollten von der Arbeitsagentur umfassend genutzt werden.

Maßnahme 8: Qualifizierung mit Beginn des Bürgergeldbezugs

Nach Ablauf der Bezugsdauer von ALG 1 sollte eine berufliche Umschulung erfolgen, die sich sowohl an den Kenntnissen und Erfahrungen des Arbeitslosen als auch an den Erfordernissen des Arbeitsmarktes orientiert. Wenn innerhalb eines Jahres keine adäquate Beschäftigung gefunden wurde, sind die Aussichten für die Zukunft nicht mehr erfolgversprechend. Der Leistungsbezug dient daher in erster Linie der Wiedereingliederung in den Arbeitsmarkt und wird auch davon abhängig gemacht. Wenn von Erwerbstätigen erwartet wird, dass sie sich durch gute Leistungen in Schule und Ausbildung auf das Berufsleben vorbereiten und durch Arbeit einen Beitrag für sich und die Gesellschaft leisten, dann kann dies erst recht von Leistungsempfängern erwartet werden. Der Bezug des Bürgergeldes sollte daher an Fortschritte bei Umschulungsmaßnahmen geknüpft werden. Werden Zwischenziele bei der Umschulung nicht erreicht, müssen die Leistungen konsequent gekürzt werden. Auch hier müssen die Arbeitgeber in die Pflicht genommen werden, diesem Personenkreis auch entsprechende Ausbildungs- bzw. Umschulungsangebote zu bieten. Da hier mit zusätzlichen Aufwendungen für die Arbeitgeber zu rechnen ist, sollten entsprechend attraktive Prämien für die Betriebe bei erfolgreichem Abschluss der Umschulungen geschaffen werden. Diese Maßnahme führt nicht nur zu neuen Arbeitskräften in den benötigten Bereichen, sondern ermöglicht den Absolventen auch wieder ein selbstbestimmtes Leben als Teil der Gesellschaft. WIN-WIN

Maßnahme 9: Gleichstellung von Pensionen und Renten

Die Pensionen in Deutschland sind fast doppelt so hoch wie die Renten (122). Bereits nach fünf Jahren erwerben Beamte eine Mindestpension von 1.860 Euro und damit mehr als die Durchschnittsrente nach 45 Arbeitsjahren. Für diese erhebliche Benachteiligung der Rentner gibt es keine sachliche Rechtfertigung. Bei einer „Restlebenszeit" nach Renteneintritt von ca. 12 Jahren errechnet sich eine durchschnittliche finanzielle Besserstellung von ca. 230.000 Euro. Hier ist eine Angleichung der Pensionen an die Renten dringend geboten, wenn wir nicht schon in wenigen Jahren den Bundeshaushalt überwiegend mit Pensionszahlungen belasten wollen. Bei zwingend notwendigen Neueinstellungen von Beamten sollte eine Pension in Höhe der Rente angestrebt werden. Eine Angleichung in umgekehrter Richtung verbietet sich natürlich, da dies den Haushalt noch früher sprengen würde. Auch hier stellt sich die Frage nach der Interessenvertretung der Rentner, die gegen diese Ungleichbehandlung protestiert. Statt weiter über die mangelnde Finanzierbarkeit der Renten zu reden, müssen die Pensionen erst einmal an die Renten angeglichen werden. Seit Jahrzehnten wird viel von „sozialer Gerechtigkeit" gesprochen. Aber wo ist sie in der Rentenfrage? Die Politiker, die sie sonst vehement und kompromisslos einfordern, schweigen zu dieser ungerechten Ungleichbehandlung, vielleicht auch, weil sie selbst davon profitieren.

Maßnahme 10: Digitaler Alterungsprozess

Unsere politischen Vertreter scheinen von einem „digitalen" Alterungsprozess auszugehen. Bis zu einem festgelegten Alter ist der Arbeitnehmer anscheinend noch zu 100% leistungsfähig, um einen Tag später "nutzlos" zu sein. Diese Vorstellung entbehrt natürlich jeder praktischen Erfahrung. Die Leistungsfähigkeit nimmt zwischen dem 50. und ca. 70. Lebensjahr nur relativ langsam ab und kann gerade in der Anfangszeit oft durch den größeren Erfahrungsschatz kompensiert werden. Warum aber spiegelt unser Rentensystem diese Tatsache nicht wider? Es wäre doch naheliegend, kein fixes Renteneintrittsdatum vorzuschreiben, sondern einen fließenden Übergang zu ermöglichen. Anstelle eines früheren oder späteren Renteneintrittsalters kann auch ein gleitender Übergang in den Ruhestand vorgesehen werden. Beispielsweise könnte das Arbeitspensum zwischen 60 und 65 Jahren auf 30 Wochenstunden, zwischen 65 und 70 Jahren auf 25 Wochenstunden und (optional) zwischen 70 und 75 Jahren auf 10 oder 15 Wochenstunden reduziert werden. Der geringeren Leistungsfähigkeit im Alter sollte auch durch eine geringere Entlohnung Rechnung getragen werden. So wie heute die Entlohnung mit zunehmender Betriebszugehörigkeit - aufgrund steigender Kompetenz - ansteigt, sollte die Entlohnung für ältere Arbeitnehmer wieder reduziert werden, da sie im Vergleich zu jüngeren Arbeitnehmern ein schlechteres Kosten-Leistungs-Verhältnis aufweisen. Letzteres ist für die Betroffenen sicher nicht erstrebenswert und wird kontroverse Diskussionen auslösen. Dennoch ist eine solche Regelung gegenüber der jüngeren Generation nur fair. Nur so ist auch eine Beschäftigung älterer Arbeitnehmer überhaupt denkbar, schließlich erfolgt eine Beschäftigung auch nach wirtschaftlichen Kriterien.

Maßnahme 11: Agilität durch flexible Randbedingungen

Obwohl die Renten deutlich niedriger sind als die Pensionen, belasten auch sie den Haushalt aufgrund des demografischen Wandels sehr stark. Hinzu kommt der Mangel an Fachkräften, die in den kommenden Jahren verstärkt in den Ruhestand gehen werden. Diese können nur zu einem geringen Teil durch „Flüchtlinge" kompensiert werden, da diese in den seltensten Fällen über eine entsprechende Qualifikation verfügen. Bloße Forderungen der Politik nach einer Erhöhung des Renteneintrittsalters sind schlichtweg unrealistisch. Wer heute mit 55 Jahren oder älter arbeitslos wird, hat es trotz bester Ausbildung bereits sehr schwer auf dem Arbeitsmarkt. Dies liegt zum einen an den zumeist höheren Löhnen der älteren Arbeitnehmer, sodass junge, motivierte Mitarbeiter trotz der größeren Erfahrung der Älteren häufig bevorzugt werden. Zum anderen genießen

Ältere häufig einen besonderen Schutzstatus, der es den Unternehmen erschwert, sich von ihnen zu trennen, wenn dies betriebswirtschaftlich notwendig ist. Schließlich nimmt die Leistungsfähigkeit mit dem Alter ab, während die Erfahrung der Jüngeren rasch zunimmt. Während ältere Arbeitnehmer also potenziell ein steigendes Kosten-Nutzen-Verhältnis aufweisen, ist es bei jüngeren genau umgekehrt. Ein späterer Renteneintritt ist daher in vielen Fällen schlicht realitätsfern, auch wenn viele Rentner heute durchaus aktiver sind als noch vor einigen Jahrzehnten. Da die Arbeitgeber nur einen geringen Teil der Rentenkosten tragen, ist es wirtschaftlicher, ältere Arbeitnehmer bei Neubesetzungen zu ignorieren und billigere Fachkräfte aus dem Ausland zu fordern.

Ein gleitender Übergang, wie oben beschrieben, kann der abnehmenden Leistungsfähigkeit Rechnung tragen, ohne das Rentensystem durch hohe Kosten zu sprengen. Wenn die Lohnkosten für die Unternehmen in einem angemessenen Verhältnis zur Leistungsfähigkeit stehen, haben die Unternehmen auch einen Anreiz, ältere Arbeitnehmer zu beschäftigen. Das effektive Renteneintrittsalter kann dadurch deutlich nach oben verschoben werden. Diese Entwicklung sollte jedoch vom Staat aktiv unterstützt werden. Gegenwärtig fungiert der Staat als Bremsklotz, indem er das Einkommen der erwerbstätigen Rentner besteuert oder Sozialabgaben einfordert. Ein erster Schritt zur Förderung der Beschäftigung älterer Arbeitnehmer wäre die Senkung der Steuer- und Sozialabgabenlast in Abhängigkeit von der Wochenarbeitszeit. Den Arbeitnehmern bleibt bei geschickter Staffelung trotz geringerer Stundenlöhne das gleiche Nettoeinkommen, und auch die Arbeitgeber werden kostenmäßig entlastet. Dem Staat entgehen zwar Steuereinnahmen, dafür werden aber Rentenbeiträge eingespart, die den Bundeshaushalt nicht mehr belasten. Die Attraktivität dieser Maßnahme für Unternehmen und Rentner könnte noch erhöht werden, indem die Arbeitnehmer zusätzlich bereits einen Teil der Rente erhalten und die Arbeitgeber ebenfalls durch Lohnkostenzuschüsse entlastet werden. Letzteres wäre z.B. eine Option für Beschäftigungsverhältnisse jenseits des 70. Lebensjahres. Arbeitnehmer und Arbeitgeber könnten z.B. 25% der sonst zu zahlenden Rente erhalten. Auch bei einer solchen Regelung profitiert der Staat von geringeren Rentenkosten, die Arbeitgeber erhalten qualifizierte und erfahrene Mitarbeiter zu niedrigen Lohnkosten und die älteren Arbeitnehmer profitieren von einem höheren Einkommen. Win - Win - Win!

Maßnahme 12: Rentengap?

Ein weiteres brisantes Thema ist die Rentenlücke zwischen Männern und Frauen. Frauen erhalten im Durchschnitt rund 27% weniger Rente als Männer (123). Dabei werden die Rentenleistungen auf der Grundlage der insgesamt eingezahlten Beiträge berechnet. Diese Rentenlücke wird als Benachteiligung von Frauen dargestellt und impliziert eine notwendige Erhöhung der Rentenbeiträge für Frauen, um dieser Benachteiligung entgegenzuwirken. Da Frauen jedoch weniger in die Rentenkasse einzahlen, könnte diese Forderung nur durch einen "Ausgleich" zwischen Männern und Frauen oder durch staatliche Maßnahmen (Subventionen) realisiert werden. Doch gibt es überhaupt diese Benachteiligung? Die Lebenserwartung von Frauen liegt mit durchschnittlich 83 Jahren etwa 5 Jahre über der von Männern. Daraus ergibt sich bei einem Rentenbezug ab 67 Jahren eine Rentenbezugsdauer von ca. 11 Jahren für Männer und ca. 16 Jahren für Frauen. Damit liegt die Rentenbezugsdauer der Frauen um rund 40% über der der Männer. Insgesamt erhalten Frauen also eine deutlich höhere Rente als Männer und dies bei insgesamt geringeren Beitragszahlungen.

Diese Sichtweise kann sicherlich kritisiert werden und die Empörung der Feministen ist garantiert. Nüchtern betrachtet handelt es sich aber um eine allgemeine und wirtschaftliche Betrachtung von Versicherungsleistungen. Wer mehr einzahlt, bekommt auch mehr ausbezahlt, und wer eine Versicherung für zwei Jahre abschließt, zahlt mehr als derjenige, der eine Versicherung für ein Jahr abschließt. Eine vermeintlich gerechte Gleichbehandlung ist faktisch nicht gerechtfertigt.

Maßnahme 13: Agilität durch flexible Randbedingungen

Viele Rentner sind durchaus noch einige Jahre aktiv und leistungsfähig. Und viele von ihnen wären sicher nicht abgeneigt, eine „Nebenaufgabe" in der Gesellschaft zu übernehmen. Denkbar wären hier soziale Projekte, Hausaufgabenbetreuung oder das Unterrichten von „Spezialfächern", z.B. Grundlagen in den MINT-Fächern. Der Staat könnte das durch eine leichte Erhöhung der Rentenzahlungen bei entsprechendem Engagement fördern. Rüstige Rentner erhalten die Möglichkeit, noch einen Beitrag für die Gesellschaft zu leisten und ein kleines Zusatzeinkommen zu erzielen. Auch die Gesellschaft profitiert von diesem Engagement.

Maßnahme 14: Grundlegender Umbau des Rentensystems

Die Einsparungen bei den Renten können für einen Umbau des Rentensystems genutzt werden, sodass sukzessive die heute Erwerbstätigen ihre eigene Rente finanzieren und nicht mehr die Generation vor ihnen. Dieser Systemwechsel umgeht alle Probleme des „Generationenvertrages" und der sich verändernden Altersstruktur.

Auch die Familienförderung bedarf eines Umdenkens. Mag die Förderung des Nachwuchses vor einigen Jahrzehnten noch sinnvoll gewesen sein, so stellt sich angesichts der allgemeinen Überbevölkerung der Erde (und Deutschlands) und der daraus resultierenden Auswirkungen die Sinnfrage. Beim Thema Angleichung konnten wir zeigen, dass eine nachhaltige Ressourcenschonung - abgesehen von innovativen Lösungen durch Wettbewerb - nur bei einer konstanten oder sinkenden Zahl von Verbrauchern möglich ist. Für eine staatliche Förderung beliebig vieler Kinder gibt es keine Grundlage mehr. Natürlich entscheidet jedes Paar selbst, ob und wie viele Kinder es haben möchte. Es mag vertretbar sein, dass ein Kind vom Staat geringfügig gefördert wird. Eine darüber hinausgehende Förderung erscheint jedenfalls nicht mehr zeitgemäß. Viel wichtiger ist es, den Kinderwunsch auch für Berufstätige zu ermöglichen, indem Beruf und Kinder für diesen Personenkreis ohne Mehrkosten voll vereinbar werden. Für berufstätige Alleinerziehende und Familien muss daher der Zugang zu Kindertagesstätten und schulischer Betreuung kostenlos und vorrangig sein, da sie auf die Unterbringung ihrer Kinder angewiesen sind. Erwerbslose Eltern und nicht erwerbstätige Alleinerziehende hingegen können die Betreuung ihrer Kinder selbst übernehmen.

7.6 Krankenversicherung

Das Krankenversicherungssystem ist nicht nur in Deutschland ohne jeden Wettbewerb konzipiert. Ausufernde Kosten und schlechte Leistungen für die Patienten sind die fast zwangsläufige Folge. Wenn es gelingt, Wettbewerb in dieses System zu integrieren, können Kosten gesenkt und Leistungen verbessert werden. Da es sich um ein komplexes System handelt, können hier nur grobe Ideen für mehr Wettbewerb aufgezeigt werden. Vor allem aber ist ein geordneter Übergang vom bestehenden zum neuen System schwierig und muss sorgfältig durchdacht und geplant werden.

Maßnahme 1: Kostenumlage auf Allgemeinheit

Wir haben mehrfach Systeme identifiziert, bei denen die Kosten einfach auf die Allgemeinheit abgewälzt werden. Es liegt auf der Hand, dass ein solches System mehr Kosten verursacht, weil für die Kostenverursacher keine Nachteile entstehen. Als Otto von Bismarck 1883 die gesetzliche Krankenversicherung einführte, mag dieses Schlaraffenland noch einleuchtend gewesen sein (55). In den letzten Jahrzehnten hat sich unser

Wissen auf diesem Gebiet jedoch enorm erweitert. Die Zusammenhänge zwischen persönlichem Lebensstil und Krankheiten sind heute bekannt, und jeder Versicherte kann durch eine gesunde Lebensweise wesentlich zu seiner Gesundheit beitragen. Es ist heute allgemein bekannt, dass Rauchen, Alkoholkonsum, fett-, salz- oder zuckerreiche Ernährung und Bewegungsmangel das Risiko für bestimmte Krankheiten beträchtlich erhöhen. Bei Alkohol und Tabak hat der Gesetzgeber darauf „reagiert" und diese Produkte mit Steuern belegt, die in den Staatshaushalt fließen. Das freut zwar den Finanzminister, ist aber eine völlig falsche Verwendung dieser Mittel. Sinnvoller wäre es, durch eine „Steuer" auf ungesunde Lebensweisen einen Beitrag zur Finanzierung der dadurch verursachten Krankheiten zu leisten. Diese Abgabe würde zwar keine spezifische Zuordnung zum individuellen Kostenverursacher herstellen, dies ist aber auch bei anderen Versicherungsleistungen nicht der Fall. Auch bei diesen orientieren sich die individuellen Risikofaktoren und deren finanzielle Bewertung durch die Höhe der Versicherungsbeiträge an statistischen Daten. Statt dem Staat Steuereinnahmen zu bescheren, sollte die „Steuer" zur Teilfinanzierung des Gesundheitssystems verwendet werden. Wenn z.B. 10 Milliarden der jährlichen Krankheitskosten auf das Rauchen zurückzuführen wären, könnte die „Tabaksteuer" entsprechend hoch gewählt werden, um diese Kosten zu decken. Damit würde ein Zusammenhang zwischen persönlichem Lebensstil und Gesundheitskosten hergestellt. Wer viel raucht und daher ein hohes Krankheitsrisiko für sich selbst verursacht, würde über die „Steuer" seinen fairen Anteil an den Gesundheitskosten tragen. Das ist keine Diskriminierung einer bestimmten Personengruppe, sondern nur eine gerechte Lastenverteilung auf der Basis von Ursache und Wirkung. Analog dazu können auch die Beitragssätze zur Krankenversicherung durch entsprechende Tests der körperlichen Fitness (Körperfettanteil, Bauchumfang, Sportabzeichen jeweils in Relation zu Geschlecht und Alter von Vergleichsgruppen) beeinflusst werden. Ein ungesunder Lebensstil würde indirekt zu höheren Beitragssätzen führen, ein gesunder Lebensstil zu niedrigeren. Die Leistungen würden sich dadurch nicht grundlegend ändern, aber die Kosten würden gerechter verteilt und ein nicht zu unterschätzender Anreiz zu einem gesünderen Leben geschaffen. Dies würde zu einer Senkung der Beitragssätze zur Krankenversicherung führen und damit Unternehmen und Leistungserbringer gleichermaßen entlasten. Diese Umstrukturierung käme also ausschließlich den Betroffenen und nicht dem Staat zugute. Wichtig ist natürlich auch, dass eine ungesunde Lebensweise nicht bei der Berechnung des Existenzminimums oder bei Rentenzahlungen berücksichtigt wird, da sonst die Motivation zu einer gesunden Lebensweise verloren geht. Eine verursachergerechte Zuordnung der Gesundheitskosten ist auch nicht unsozial. Ist es nicht vielmehr ungerecht, wenn die Kostenverursacher für ihr Verhalten nicht entsprechend zur Verantwortung gezogen werden? Junge männliche Autofahrer verursachen viel mehr Schäden als erfahrene. Warum sollen die Vorsichtigen das riskante Fahrverhalten finanzieren? Wäre das sozial gerecht?

Maßnahme 2: Belohnung für Leistung

Die Fallzahlbegrenzung für Ärzte blockiert den Wettbewerb. Angenommen, gute Leistungen von Ärzten sprechen sich durch Mundpropaganda herum, dann werden die leistungsstärksten Ärzte stärker frequentiert. Schlechte Ärzte werden dagegen von weniger Patienten aufgesucht. Die Fallzahlbegrenzung erzwingt eine künstliche Angleichung und benachteiligt damit die besseren Ärzte. Der ohnehin geringe Wettbewerb wird durch diese Regelung zusätzlich behindert.

Maßnahme 3: Leistungsmessung

Eine Grundvoraussetzung für Wettbewerb ist die Leistungsmessung. Die Leistungen von Ärzten und Krankenhäusern müssen daher messbar und transparent gemacht werden. Dazu müssen „nur" die Entscheidungsgrundlagen eines normalen Konsumenten im System simuliert werden. Die Leistung eines Arztes bemisst sich demnach an der Effektivität einer Behandlung, d.h. daran, wie schnell die Krankheitsursache erkannt und die Heilung abgeschlossen wurde. Dabei sind auch Neben- und Nachwirkungen zu berücksichtigen. Daneben gibt es weitere „weiche" Kriterien wie Wartezeiten, verständliche Erklärungen, Freundlichkeit usw., die in die „Leistung" eines Arztes einfließen können. Auch die Ausstattung oder Behandlungsmethoden einer Praxis oder eines Krankenhauses können in diese Leistungsbewertung einfließen. Die Leistungsbewertung sollte von der Kassenärztlichen Vereinigung durchgeführt werden, da dort das Fachwissen vorhanden sein sollte, um eine entsprechende Einstufung vorzunehmen. Auch hier wäre eine Einteilung in drei Gruppen denkbar, die jährlich oder besser halbjährlich erfolgen könnte. Die besseren und die schlechteren Ärzte/Krankenhäuser würden jeweils einen Anteil von 25% ausmachen, die mittleren einen Anteil von 50%. Die besseren Ärzte/Krankenhäuser erhalten dann für eine erbrachte Leistung eine höhere Vergütung als die schlechteren. Insgesamt könnte das System kostenneutral gestaltet werden, indem die prozentuale Abweichung nach oben für die besseren Ärzte der Abstufung der schlechteren Ärzte entspricht. Unter Wettbewerbsgesichtspunkten ist dies jedoch nicht wünschenswert. Gute Leistungen müssen sich auch für Ärzte stärker auszahlen, um einen angemessenen Anreiz für bessere Leistungen zu schaffen. Ihre mehrjährige Ausbildung und hohe Arbeitsbelastung muss bei entsprechender Leistung auch durch ein angemessenes Einkommen honoriert werden. Die Gruppe der besten Ärzte sollte daher überproportional vergütet werden. Das Bestreben eines Arztes bzw. eines Krankenhauses muss es dann sein, eine möglichst gute Eingruppierung zu erreichen, um die Einkommenssituation zu verbessern. Neben der reinen Einstufung sollte auch eine prozentuale Angabe der Bewertung erfolgen, sodass gerade in den Übergangsbereichen deutlich wird, wer nur knapp über oder unter der Grenze liegt. Dies würde zu einem verstärkten Wettbewerb um die jeweils höhere Eingruppierung führen.

Eine überproportionale Vergütung der besseren Ärzte erhöht zwar kurzfristig die Kosten für das Gesundheitssystem, langfristig führt der entstehende Wettbewerb aber zu einer besseren und kostengünstigeren Versorgung durch höhere Leistungen.

Bei dieser Einstufung sind die Kriterien und deren Gewichtung von großer Bedeutung. Der Fokus muss eindeutig auf der Effektivität der erbrachten Gesundheitsleistung liegen, denn darum geht es im Gesundheitswesen. Freundlichkeit oder Wartezeiten sind attraktive Nebenkriterien, ersetzen aber nicht das Behandlungsergebnis. Vor diesem Hintergrund sollten die Kriterien und ihre Gewichtung immer wieder überprüft und gegebenenfalls angepasst werden.

Maßnahme 4: Relevante Leistung als Selektionskriterium

Seit über 50 Jahren gibt es den Numerus clausus (NC) für die Zulassung zum Medizinstudium (124). Zum einen kann die Aussagekraft einer Abiturnote für die Beurteilung der späteren ärztlichen Leistungsfähigkeit kritisch betrachtet werden. Zum anderen, und das ist der wesentlichere Punkt, kann es nicht sein, dass wir seit 50 Jahren den Zugang zu diesem Studiengang künstlich verknappen, mit der Folge, dass derzeit ca. 15.000 Ärzte fehlen, Tendenz steigend. Neue Patienten finden keinen Arzt mehr und selbst dringende Behandlungen und Untersuchungen sind oft mit viel zu langen Wartezeiten verbunden. Ende der 60er-Jahre wurde der NC eingeführt, weil es viel mehr Bewerber für das Medizinstudium gab, als Studienplätze zur Verfügung standen. Möglicherweise aus der Not geboren, zeugt es von der Handlungsunfähigkeit unseres Staates, dass dieser Mangel in mehr als 50 Jahren (!) und unter den verschiedensten Regierungskoalitionen nicht beseitigt werden konnte. Wir beschneiden also nicht nur die Zahl der Medizinstudenten, sondern filtern sie auch noch nach einem durchaus zweifelhaften Auswahlverfahren aus. Sinnvoller, weil mit mehr Wettbewerb und einem adäquateren Auswahlverfahren verbunden, wäre es sicherlich, die Zugangshürde zum Medizinstudium zu senken und dafür die Abbrecherquote zu erhöhen, wie dies auch in anderen Studiengängen der Fall ist. So beträgt die Abbruchquote im Maschinenbaustudium ca. 50%, in der Mathematik (ähnlich Chemie und Physik) fast 80%, während die Abbruchquote im Medizinstudium bei vergleichsweise niedrigen 11% liegt (125). Der Vorteil dieses Systems liegt vor allem darin, dass sich diejenigen Mediziner durchsetzen werden, die wirklich am besten für diesen Beruf geeignet sind. Im derzeitigen System haben die Noten in Fächern wie Kunst, Musik, Geografie, Geschichte oder auch Sport einen großen Einfluss auf die Zulassung zum Medizinstudium.

Letztlich liegt hier eine Beschränkung des Wettbewerbs durch eine Begrenzung der Teilnehmer vor; möglicherweise eine Folge entsprechender Lobbyarbeit? Eine geringe Anzahl von Wettbewerbern führt zu einem lebloseren Wettbewerb. Daher muss die Zahl der Studienplätze in der Medizin erhöht werden und die Selektion durch das Studium erfolgen.

Maßnahme 5: Diversität erhöhen

Wenn wir unser Krankenversicherungssystem verbessern wollen, kommen wir nicht umhin, eine Differenzierung vorzunehmen, d.h. die 100%ige Angleichung der Versicherungsgesellschaften aufzuheben. Die Angleichung führt zu einem Stillstand im System, Innovation und Wettbewerb werden effektiv verhindert.

Dabei können wir uns an bestehenden Praktiken anderer Versicherungen orientieren. In einem ersten Schritt könnten wir wiederum drei verschiedene Gruppen unterscheiden, z.B. eine Basis-, eine Standard- und eine Premiumabsicherung. Die Standardabsicherung könnte die heutigen „Normalleistungen" der GKV abdecken, die Premiumabsicherung die der PKV und die Basisabsicherung eine rudimentäre Krankenversicherung, die nur kostengünstige und funktionale Behandlungsmethoden vorsieht, aber auch die Behandlung „aller" Krankheiten sicherstellt. Um die Durchlässigkeit des Systems zu gewährleisten, muss ein Wechsel zwischen den Gruppen mindestens einmal jährlich möglich sein. Dies gibt den Patienten die Möglichkeit, einen Versicherungsvertrag und einen Beitragssatz zu wählen, der ihren Bedürfnissen entspricht.

Die Beitragssätze zu diesen drei Versicherungsgruppen sollten durch Prämien ergänzt werden können. Werden z.B. über einen längeren Zeitraum keine Versicherungsleistungen in Anspruch genommen oder liegt die Summe der Rechnungen unter einem Schwellenwert, erhält der Versicherungsnehmer eine Prämie. Auch dies unterstützt ein Wettbewerbsverhalten mit gesundem Lebensstil, bei dem auch eine ökonomische Abwägung stattfindet. Es sollte auch möglich sein, einen

Selbstbehalt pro Krankheitsfall zu vereinbaren, der den Beitragssatz beeinflusst.

Diese Differenzierung führt zumindest ansatzweise dazu, dass die Versicherten auch ökonomische Kriterien bei der Versorgung berücksichtigen, was ein wesentliches Element zur Belebung des Wettbewerbs darstellt.

Maßnahme 6: Anpassung erlauben

Die wohl wichtigste Einzelmaßnahme im Bereich der PKV wäre die Möglichkeit eines verlustfreien Wechsels von einer PKV in eine andere. Dazu müssten die Altersrückstellungen jederzeit transparent ausgewiesen und bei einem Wechsel verlustfrei übertragen werden. Nur so kann der dringend notwendige Wettbewerb zwischen den Anbietern entstehen. Auch ein Wechsel in die GKV sollte wie oben beschrieben ermöglicht werden, jedoch ohne Benachteiligung der PKV oder der GKV.

Im Bereich der Krankenversicherung sind viele Maßnahmen denkbar, die durch die Einführung von Wettbewerb zu besseren und günstigeren Systemleistungen führen können. Statt das Gesundheitswesen immer stärker durch staatliche Vorgaben regulieren zu wollen, sollte ein flexibles System mit entsprechenden Rahmenbedingungen geschaffen werden, das den Wettbewerb fördert. Darüber hinaus ist eine verursachergerechte Kostendeckung im Gesundheitswesen ein wichtiger Schritt hin zu einem eigenverantwortlichen Umgang mit der eigenen Gesundheit.

7.7 Wirtschaft und Randbedingungen

In Kapitel 2 haben wir ein nahezu wettbewerbsfeindliches Umfeld für unsere Wirtschaft vorgefunden. Viele von den Unternehmen nicht beeinflussbare Faktoren wie überbordende Bürokratie, hohe Energiepreise, marode Infrastruktur etc. sind seit langem bekannt und werden von Experten regelmäßig angemahnt. Die Politik verspricht Abhilfe, vergisst sie aber nach Übernahme der Regierungsverantwortung wieder.

Die Kosten einer gehemmten Agilität werden offenbar permanent unterschätzt, vielleicht weil sie finanziell sehr schwer zu bewerten sind. Wenn Genehmigungs- und Planungszeiten von Projekten in Jahren gemessen werden, kann man sicher nicht mehr von Agilität, sondern nur noch von Stillstand sprechen. Wir brauchen dringend eine Rückbesinnung auf Wettbewerbsprinzipien, die unsere Wirtschaft auch in Zukunft international konkurrenzfähig halten. Hier ist aber auch die Wirtschaft selbst gefordert und in der Verantwortung. Der Ruf nach billigen Fachkräften aus dem Ausland ist verständlich, wird das Problem aber langfristig sicher nicht lösen. Eine rasche Anpassung an neue technologische Möglichkeiten wie Robotik und KI ist nicht nur notwendig, um das Problem des Arbeitskräftemangels zu lösen, sondern auch, um in einer alternden Bevölkerung erheblich produktiver und damit wettbewerbsfähiger zu werden. Das interne Optimierungspotenzial von Unternehmen und Organisationen/Behörden ist sicherlich noch lange nicht ausgeschöpft.

Maßnahme 1: Randbedingungen vereinfachen

Es sollten bundesweit einheitliche und standardisierte Genehmigungsverfahren mit vorgegebenen Grenzwerten eingeführt werden, die auf Länderebene nur noch spezifisch erweitert werden können. So kann z.B. die Lärmbelastung durch Lärmpegel und Einwirkungsdauer bundesweit einheitlich definiert und verglichen werden. Statt Lärmschutzmaßnahmen dort durchzuführen, wo sie am lautesten gefordert werden, könnten die am stärksten belasteten Bereiche bevorzugt angegangen werden. Aufwand und Nutzen müssen auch hier in einem vernünftigen Verhältnis stehen, um zu volkswirtschaftlich vorteilhaften Lösungen zu kommen. An einer stark befahrenen Straße sollte nicht der Lärmpegel eines Waldes bei Windstille angestrebt werden.

Maßnahme 2: Klare und einheitliche Vorgaben

Einführung von bundesweit gültigen Typengenehmigungen, z.B. für Windräder, Biogasanlagen oder andere technische Anlagen. Besitzt ein Windrad eine Typengenehmigung, sind nur noch besondere Umstände am Standort zu prüfen (Lärmbelästigung in der Umgebung oder besondere ästhetische Gesichtspunkte).

Maßnahme 3: Agilität bei Genehmigungsverfahren

Die Einspruchsfristen von Bürgerinitiativen oder Interessenverbänden bei neuen Projekten müssen verkürzt werden. So richtig und wichtig es ist, unterschiedliche Sichtweisen auf ein Projekt und seine Nachteile zu berücksichtigen, darf dies nicht zum Stillstand der Wirtschaft führen. Für die Bearbeitung von Einsprüchen müssen strenge zeitliche Rahmenbedingungen geschaffen werden.

Maßnahme 4: Finanzierbarkeit

Umweltauflagen müssen auf ihr Kosten-Nutzen-Verhältnis überprüft werden. Statt Autobahnen oder Bahnstrecken mit teuren Tunnel- und Brückenprojekten in Milliardenhöhe zu verteuern (siehe A44), könnte auch über Umsiedlungen, alternative Habitate oder Entschädigungen für die Betroffenen nachgedacht werden.

Maßnahme 5: Kostenumlage auf die Allgemeinheit

Negative Umweltauswirkungen oder Gefahren sind häufig schwer mit Sicherheit zu bestimmen. So schwankt die Zahl der Todesopfer des Reaktorunfalls von Tschernobyl zwischen 4.000 (offizielle Angaben) und 1,4 Millionen (NGOs) (126) (127). Neben der Schwierigkeit, exakte Daten zu berechnen bzw. für anstehende Projekte zu prognostizieren, spielt bei solchen Berechnungen immer auch die eigene Meinung eine gewichtige Rolle. So ist es nicht verwunderlich, dass verschiedene Experten immer wieder zu unterschiedlichen Ergebnissen kommen. Während die Richtwerte der WHO für die Stickoxidkonzentration als verlässlich gelten, werden die Annahmen der WHO zu den Todesfällen in Fukushima und Tschernobyl als unzureichend kritisiert. Seit 1985 ereigneten sich mit Tschernobyl und Fukushima zwei große Reaktorunfälle, wobei Fukushima durch einen Tsunami ausgelöst wurde. Bei letzterem stellt sich bereits die Frage, ob die - nicht ausgewiesenen - Todesopfer des Reaktorunfalls überhaupt der Energieerzeugung durch Kernenergie zugerechnet werden können oder sollen. Würden Schiffe durch einen Tsunami untergehen und Menschen sterben, käme sicher niemand auf die Idee, die gefährliche Schifffahrt dafür verantwortlich zu machen. Dass aber die Atomkraftgegner die Ursache in der Atomkraft und nicht in der Naturkatastrophe sehen, wird wie selbstverständlich akzeptiert. Bei diesen beiden Unfällen starben, wie oben erwähnt, nach offiziellen Angaben ca. 4.000 Menschen. Im gleichen Zeitraum starben weltweit ca. 20.000 Menschen durch Blitzschlag (Statistik aus Deutschland mit ca. 5 Toten pro Jahr auf die Weltbevölkerung und 40 Jahre hochgerechnet). Im gleichen Zeitraum ereigneten sich zwei große Schiffskatastrophen mit ca. 7.300 Toten (128). Trotzdem gehen die Menschen im Sommer ins Freie oder fahren mit dem Schiff. Lange Rede, kurzer Sinn: Das Leben ist nicht risikolos. Oder um es mit den Worten von John Augustus Shedd zu sagen: „Ein Schiff im Hafen ist sicher, aber dafür werden Schiffe nicht gebaut". Bei aller Panik vor möglichen Folgen und Gefahren müssen Wahrscheinlichkeiten und Nutzen/Risiken sachlich abgewogen werden. Sachliche Diskussionen mit populistischen Horrorszenarien oder der Forderung nach Risikoausschluss im Keim zu ersticken, ist sicher kein guter Stil. Wollen wir alles, was Risiken birgt, verbieten oder den Risikoausschluss zur politischen Maxime erheben? Wollen wir sinnvolle und nutzbringende Projekte oder Forschungen stoppen oder verbieten, weil wir keinerlei Risiko zulassen wollen? Auf dem Weg in die Zukunft sollten wir uns weder in waghalsige Abenteuer stürzen noch aus Angst jede Veränderung und damit jeden Fortschritt ablehnen.

Maßnahme 6: Konsequente Einhaltung von Randbedingungen

Politische oder gerichtliche Entscheidungen sind auch von Projektgegnern zu respektieren. Die Verzögerung bereits beschlossener Projekte muss verboten werden. Mehrkosten, die durch Polizeieinsätze oder Bauverzögerungen entstehen, müssen von den Aktivisten getragen werden und dürfen nicht auf Unternehmen oder Steuerzahler abgewälzt werden. Normale, genehmigte Demonstrationen sind davon selbstverständlich ausgenommen.

Es geht nicht darum, Einwände und Bedenken auszuschließen oder zu ignorieren. Aber eine Blockade genehmigter Projekte muss vermieden werden. Sind die Einwände stichhaltig, müssen sie nach einer Kosten-Nutzen-Abwägung aus dem Weg geräumt werden oder ein Projekt muss unter Umständen aufgegeben werden. Dabei muss der Nutzen für die Gesellschaft gegen den Schaden für einige Wenige abgewogen werden. Überwiegt der Nutzen für die Gesellschaft, können die Nachteile für Einzelne kompensiert werden.

Maßnahme 7: Gleiche Rahmenbedingungen für alle Teilnehmer

Offensichtlich gibt es in der EU und in den deutschen Behörden zu viele Mitarbeiter. Anders ist die permanente Regulierungs- und Dokumentationswut nicht zu erklären. Sowohl die EU als auch die Bundesregierung sehen sich gerne in einer sozialen und klimapolitischen Vorreiterrolle. Leider beziehen sich diese Ambitionen nicht auf den technologischen Fortschritt und die Wettbewerbsfähigkeit unseres Landes. Regulierungen in diesem Bereich dürfen nicht zu Wettbewerbsverzerrungen führen. Hohe Energiekosten zur Erziehung der Verbraucher fördern zwar den Klimaschutz, sind aber keine sinnvolle Methode, da sie die heimische Wirtschaft im internationalen Wettbewerb drastisch benachteiligen. Eine Lösung aus Sicht des Wettbewerbs wäre es, die Kosten für Ökostrom zu senken und nicht die konventionelle Stromerzeugung künstlich zu verteuern. Oder treibt den Staat hier die unersättliche Gier nach mehr Steuereinnahmen? Da Ökostrom nach offiziellen Angaben deutlich günstiger ist als konventioneller Strom, sollte Deutschland mit seinem hohen Anteil an

Ökostrom in der Lage sein, niedrigere Strompreise anzubieten als Länder wie Indien und China, die noch einen hohen Anteil an konventionellem Strom haben.

Dieser Standortnachteil europäischer und deutscher Unternehmen gegenüber ausländischen Unternehmen gilt für alle bürokratischen Regelungen gleichermaßen. Wettbewerb funktioniert nicht nach dem Motto: „Die Industrie wird es schon richten". Schlechte Rahmenbedingungen für einen Wettbewerber verhindern seinen Erfolg, egal wie gut er unter gleichen Bedingungen abgeschnitten hätte. Erfolglose Unternehmen schaffen aber keine Arbeitsplätze und keine Steuereinnahmen. Setzen wir die einseitige Verschlechterung der Wettbewerbsbedingungen für unsere Unternehmen (und andere Teile der Gesellschaft) fort, sägen wir an dem Ast, auf dem wir sitzen. Ein Pakt für exzellente wirtschaftliche und technologische Rahmenbedingungen in Europa und insbesondere in Deutschland ist deswegen zwingend notwendig. Ziel der Politik muss es sein, die weltweit besten Rahmenbedingungen zu schaffen. Hier haben sich leider weder die EU noch die deutsche Politik in den letzten Jahren und Jahrzehnten besonders hervorgetan. Der Fokus lag und liegt recht einseitig auf Bereichen, die diesem Ziel eher entgegenwirken. Eine Rückbesinnung auf die Bedeutung des Wettbewerbs und eine entsprechende gesellschaftliche Thematisierung ist zwingend und dringend erforderlich.

7.8 Politik

Obwohl die Verantwortung für unsere Probleme auf den Schultern der Politik (aber damit letztlich auch auf den Schultern aller wahlberechtigten Bürger!) liegt, ist es schwierig, hier praktische Lösungen zu etablieren, die nicht dem Grundgedanken der Demokratie widersprechen. In der Demokratie soll die Macht vom Volke ausgehen. Was immer also dem Volk wichtig ist, sollte sich auch in der Politik wiederfinden. Und obwohl unsere Verfassung erst nach dem Zweiten Weltkrieg formuliert wurde, konnte sie nicht alle Gefahren antizipieren. Die massive Beeinflussung von Politikern und Bürgern durch Interessengruppen und damit deren Einfluss auf politische Entscheidungen war von den Verfassern sicher nicht vorauszusehen. Die Gefahr des politischen Machterhalts wurde hingegen durchaus erkannt. Wahlen, Oppositionsrechte und Gewaltenteilung sind hier durchaus als Gegenmaßnahmen vorgesehen. So einfach lassen sich Wettbewerbsprinzipien nicht in die Politik einführen, ohne Gefahr zu laufen, die Demokratie einzuschränken. Außerdem setzen Maßnahmen für mehr

Wettbewerb in der Politik den Willen der Politiker voraus. Und nicht zuletzt obliegt es uns als Bürgern, nicht nur aktiv, sondern vor allem aufgeklärt und kritisch zu sein. Einen guten Demokraten erkennt man nicht daran, dass er sich aktiv und kompromisslos für Einzelinteressen einsetzt, sondern für das Wohl der gesamten Gesellschaft.

Trotz aller Schwierigkeiten wollen wir versuchen, Maßnahmen für eine bessere Politik vorzuschlagen, die weder die Intention der Demokratie noch die der Verfassung verletzen.

Maßnahme 1: Unterbindung von Lobbyismus

Es sollte im Interesse aller Politiker sein, den Einfluss von Interessengruppen zu minimieren. Deshalb ist ein freiwilliger Verzicht aller Politiker auf Lobbyarbeit nach der politischen Karriere notwendig, so groß die Versuchung auch sein mag. Voraussetzung dafür ist die Einsicht in die schädliche Wirkung des „verdeckten" Lobbyismus auf die Politik.

Maßnahme 2: Unterbindung von Lobbyismus

Die Aufgaben des Verfassungsschutzes sollten um die Aufdeckung und Verhinderung „verdeckter" Lobbyarbeit erweitert werden. Auch die Meinungsmanipulation und Einflussnahme durch ausländische Gruppierungen muss stärker in den Fokus rücken. So wichtig die Terrorabwehr für das Sicherheitsgefühl der Bevölkerung ist, stellt sie doch nur eine begrenzte Bedrohung dar. Die Beeinflussung großer Teile der Bevölkerung greift dagegen direkt in den demokratischen Prozess ein. So kann die Demokratie ausgehebelt und durch fremde Interessen ersetzt werden. Womöglich gibt es bereits ein Bewusstsein für diese Gefahren, doch scheint die Demokratie derzeit auf der Verliererseite zu stehen. Die vielfältigen Möglichkeiten der KI werden mit Sicherheit zu einer intensiveren und raffinierteren Manipulation der Demokratien führen.

Maßnahme 3: Leistung als Selektionskriterium

Die Entfremdung der Politiker von den Bürgern wird vielleicht nicht zu Unrecht beklagt, obwohl die Bürger selbst für die Wahl dieser Politiker verantwortlich sind. Ohne die Wahl „alter weißer Männer" propagieren zu wollen, würde dem einen oder anderen Politiker etwas Lebenserfahrung und ein praktischer Bezug zum Alltag der Bürger durch einige Jahre Berufserfahrung gut tun. Die Kenntnis der realen Sorgen und Probleme des Alltags hilft bei der Beurteilung des politischen Handelns und seiner Auswirkungen auf die Bürger. Eine rein ideologische oder theoretische Ausrichtung der Politik geht sicherlich an den Bedürfnissen vieler Menschen vorbei. Ohne eigene praktische Erfahrung mit den Schwierigkeiten ein Einkommen zu erzielen oder ein Unternehmen im wirtschaftlichen Wettbewerb rentabel zu halten, sitzt manchem Volksvertreter der Euro des Steuerzahlers zu locker.

Wer sich in der Politik engagieren will, sollte diese Prise Realitätssinn in ein Amt einbringen wollen, sofern er gute Politik für das Volk machen will. Aber auch für uns Wähler wäre es ratsam, auf diesen Realitätsbezug zu achten. Vielleicht wäre es sinnvoll, <u>vor</u> der Wahl die Vita unserer politischen Vertreter zu lesen. Niemand würde sein Geld jemandem anvertrauen, der nicht nachweislich damit umgehen oder es sinnvoll und mit Bedacht einsetzen würde. Bei der Wahl unserer politischen Vertreter scheinen wir hingegen nicht die gleichen strengen Maßstäbe anzulegen. Wie sonst lässt sich der gegenwärtige Zustand unseres Landes erklären? Trotz Rekordeinnahmen (von uns allen erarbeitet) und Rekordausgaben des Staates befindet sich unser Land im Niedergang und nichts scheint mehr zu funktionieren.

Maßnahme 4: Konkrete Ziele

Wäre es nicht schön, wenn die Parteien vor der Wahl und/oder nach einer Koalitionsvereinbarung ganz konkrete Ziele für ihre Regierungsarbeit veröffentlichen würden? So könnte z.B. der Abbau von 5% der Beamten und Angestellten in einem Ressort ein konkretes Ziel für den jeweiligen Minister sein. Während der Regierungsarbeit könnte dieses Ziel kontinuierlich mit dem Istzustand verglichen werden und die Wähler hätten jederzeit die Möglichkeit, die Aktivitäten zu überprüfen. Natürlich können nicht alle Ziele quantifiziert werden, aber wo es möglich ist, sollte es getan werden. Hier ist die derzeitige Ampelregierung zu loben, die z.B. im Wohnungsbau sehr konkrete Ziele veröffentlicht hat. Leider müssen wir feststellen, dass die praktische Umsetzung weniger lobenswert ist.

Maßnahme 5: Leistungsmessung in der Politik

Da in einer Demokratie die Macht vom Volke ausgehen soll und sich die Meinung des Volkes ja ständig ändern kann, ist es schwierig, allgemeingültige Randbedingungen für den politischen Wettbewerb aufzustellen. Glücklicherweise haben die Verfasser des Grundgesetzes auch hier eine gewisse Hilfestellung gegeben, indem sie dem politischen Diskurs durch den Amtseid eine gewisse Richtung gegeben haben. Schauen wir uns doch den Amtseid noch einmal etwas genauer an und versuchen, daraus feste Kriterien für die Beurteilung der „politischen Leistung" zu entwickeln.

„Ich schwöre, dass ich meine Kraft dem Wohle des Volkes widmen, seinen Nutzen mehren, Schaden von ihm wenden, Verfassung und Recht wahren und verteidigen, meine Pflichten gewissenhaft erfüllen und Gerechtigkeit gegen jedermann üben werde. So wahr mir Gott helfe."

Wir haben bereits über die schwammige Formulierung dieses Eides gesprochen, die fast jede Interpretation und Auslegung zulässt. Wir könnten argumentieren, dass es dem Wohl des Volkes dienen könnte, wenn wir unsere Nachbarn überfallen, auf die Anwendung jeglicher Technologie verzichten oder alles verstaatlichen würden. Aber das war damals sicher nicht die Absicht der Verfasser. Eine etwas pragmatischere Interpretation könnte z.B. die Gewährleistung von Frieden, Sicherheit, Freiheit und eines vergleichsweise angenehmen Lebens bedeuten. Dazu gehört sicher auch der Wohlstand des Volkes. Seine Kraft dem Wohle des Volkes zu widmen, kann als ausschließliche Vertretung der Interessen des Volkes interpretiert werden, d.h. persönliche Befindlichkeiten der Politiker müssen zurückstehen. Die Mehrung des Nutzens für das Volk könnte als Vorgabe für die Politik verstanden werden, Maßnahmen auf einen Mehrwert für die gesamte Bevölkerung und nicht nur für Interessengruppen auszurichten. Die Schadensvermeidung besteht sicherlich in der Erhaltung von Frieden und Unabhängigkeit, dem Schutz vor oder bei Naturkatastrophen oder auch in technischen Richtlinien zur Verringerung von Gefahren durch deren Nutzung. Die Wahrung und Verteidigung von Recht und Verfassung sind dagegen recht explizit und konkret formuliert. Gerechtigkeit gegenüber jedermann beinhaltet sicherlich die Gleichberechtigung aller, ihre freie Meinungsbildung und -äußerung sowie die Möglichkeit zur freien und bestmöglichen Entfaltung.

Was die Erhaltung von Frieden und Sicherheit betrifft, so haben die Regierungen in der Vergangenheit mit der Gründung der EU und der NATO sicherlich einen guten Ansatz verfolgt. Dennoch gehört auch die Verteidigung dazu. Es liegt in der Natur der Sache, dass niemand einen offensichtlich überlegenen Gegner offen angreift. Die Wehrhaftigkeit muss daher unbedingt gewahrt bleiben. Sich auf andere zu verlassen, genügt hier nicht. In einer Solidargemeinschaft wie der NATO muss jeder seinen „fairen" Anteil an den dafür notwendigen Aufwendungen übernehmen. Hier wurde in der Vergangenheit wohl gegen den Amtseid verstoßen. Die Sicherstellung der Verteidigungsbereitschaft gehört daher zu den notwendigen politischen Zielen. Sie konkret zu definieren, ist natürlich eine schwierige Aufgabe, denn es gibt durchaus intelligentere und wirtschaftlichere Lösungen, diesen Auftrag zu erfüllen, als nur die Zahl der Panzer, Schiffe und Flugzeuge zu steigern. Dazu gehören durchaus auch weitergehende internationale Bemühungen um Sicherheitsstrukturen, die eine konsequente Friedenssicherung zum Ziel haben sollten.

Die Vermeidung von Schäden durch den Klimawandel sollte sicherlich stärker in den Fokus gerückt werden. Eine einseitige Ausrichtung auf die Abwehr des Klimawandels erscheint angesichts des relativ geringen Anteils Deutschlands an den Ursachen und der relativ großen Zurückhaltung der Hauptverursacher nicht zielführend. Es handelt sich um eine originäre Aufgabe des Staates, die nicht über Jahrzehnte vernachlässigt oder gar ignoriert werden darf. Die Kosten über eine Elementarschaden-Pflichtversicherung auf alle Bürger abzuwälzen, wird die zukünftigen Schäden um keinen Euro reduzieren, sondern nur die Politik aus der Verantwortung entlassen und den Staatshaushalt schonen. Die Sicherheit der Bürger steigt dadurch nicht und die Zeche zahlen alle. Was hat ein solcher Vorschlag noch mit dem Amtseid zu tun? Eine schlichte Form der Leistungsmessung erfasst alle durch Naturkatastrophen verursachten Kosten pro Jahr. Die Verantwortung muss bei der Politik bleiben und der Amtseid eingehalten werden. Die Mehrung des Gemeinwohls erfordert zumindest die Berücksichtigung des Wohlstands der Bevölkerung und der Leistungen des Staates für seine Bürger. Dazu gehört z.B. die Bereitstellung einer leistungsfähigen Infrastruktur oder eines exzellenten Bildungs- und Ausbildungssystems, das jedem Bürger die bestmögliche Entwicklung seiner Fähigkeiten ermöglicht. Der Wohlstand der Bevölkerung könnte anhand der durchschnittlichen kaufkraftbereinigten Nettoeinkommen der Arbeitnehmer und der entsprechenden Unternehmensgewinne nach Steuern, verteilt auf die Gesamtbevölkerung, gemessen werden. Ausgaben des Staates bleiben ebenso unberücksichtigt wie die Aufwendungen von Arbeitnehmern und Arbeitgebern für die Sozialsysteme (Kranken-, Pflege-, Renten- und Arbeitslosenversicherung). Auch Schlupflöcher wie die Finanzierung von Infrastrukturprojekten durch „versteckte“ Abgaben müssen wie Steuern behandelt werden. Eine solche Kennzahl käme dem „Volkswohl“ vermutlich sehr nahe und würde vor allem die politische Aufmerksamkeit auf eine wesentliche Größe lenken. Alle Staatseinnahmen würden dann korrekterweise vom „Volkswohl“ abgezogen. Natürlich sind Steuern und Abgaben für den Staat unverzichtbar. Allerdings wäre es für die Politik aufgrund der Kennzahl attraktiver, sie auf ein notwendiges Maß zu reduzieren, wenn das „Volkswohl“ gesteigert werden soll. Testen wir grob die Wirkung unserer Kennzahl. Sie kann im Prinzip nur erhöht werden, wenn alle Bürger im Durchschnitt mehr Einkommen zur Verfügung haben. Alle Ausgaben des Staates und der Sozialsysteme belasten den Indikator, sodass eine effiziente Verwaltung und ein sorgsamer Umgang mit den erwirtschafteten Mitteln wünschenswert sind. Darüber hinaus ist es sinnvoll, einen hohen Beschäftigungsstand zu erreichen bzw. die wirtschaftlichen Rahmenbedingungen so zu gestalten, dass zukünftiges Wachstum erreicht werden kann. Die Einkommensverteilung wird weiterhin von den Tarifparteien bestimmt und hat zumindest kurzfristig keinen Einfluss auf die Kennzahl. Eine Umverteilung zugunsten der Erwerbslosen belastet sie hingegen genauso wie andere notwendige Staatsausgaben. Der Staat befindet sich damit in einer ähnlichen Situation wie ein Wirtschaftsunternehmen, das ebenfalls notwendige Ausgaben hat, diese aber möglichst effizient und kostengünstig tätigen muss, um rentabel zu bleiben. Ein zu großzügiger Umgang mit Steuermitteln wirkt sich unmittelbar negativ auf die Kennzahl aus. Die Kennzahl erfüllt also ihren Zweck.

Jede Erhöhung der Staatsausgaben senkt die Kennzahl. Neue Gesetze und Vorhaben können frühzeitig auf ihre Auswirkungen auf das „Volkswohl" geprüft und zur Diskussion gestellt werden. Damit dies funktioniert, müssen „Schönfärbereien" durch zu niedrige Schätzungen durch geeignete Maßnahmen verhindert werden. Am Ende hätten auch die Bürger eine klare Kennzahl, die eine einfache Aussage über die Entwicklung ihres „Volkswohls" darstellt. Viele fragwürdige Entwicklungen der letzten Jahrzehnte, die nicht zum „Volkswohl" beigetragen haben, wären dann vielleicht nicht so leichtfertig getroffen worden. Sicherlich liegt eine solche Kennzahl nicht im Interesse aller Politiker, da die Auswirkungen von Entscheidungen frühzeitig und ungeschönt transparent werden. Wahlgeschenke zum Machterhalt werden schwieriger. Der Bund der Steuerzahler oder der Bundesrechnungshof könnten eine solche Kennzahl im Detail entwickeln und regelmäßig darüber berichten. Das könnte mehr bewirken als so mancher Bericht über Steuerverschwendung.

Wenn wir die Mehrung des Volksnutzens als Aufgabe des Staates verstehen, einen Mehrwert für die Gesellschaft zu schaffen, dann beinhaltet dies im Gegenzug auch die Aufforderung, keine Aufgaben zu übernehmen, die keinen Mehrwert schaffen. Normierungen, Infrastrukturprojekte oder große Forschungsvorhaben schaffen beispielsweise einen Mehrwert für alle und gehören daher zu den Aufgaben des Staates. Wenn jeder Ort sein eigenes Schienennetz mit individuellen Spurbreiten bauen würde, wäre dies sicherlich keine effiziente Methode für eine landesweite Verbindung. Außerhalb dieser Bereiche sollte sich der Staat vor allem auf die Setzung zielführender Rahmenbedingungen und Belohnungssysteme konzentrieren, die den Wettbewerb gezielt intensivieren. Ein Beispiel mag dies verdeutlichen. Seit Jahrzehnten wird die Förderung des Schienenverkehrs bzw. des gesamten ÖPNV vorangetrieben und vom Staat finanziell kräftig unterstützt. Aber dient dies dem Volkswohl, insbesondere wenn wir zugleich Maßnahmen gegen die Wettbewerbsfähigkeit des Individualverkehrs berücksichtigen? Letztlich sollte in einem freien Land jeder Bürger selbst entscheiden können. Statt einseitiger Förderung sollte der Wettbewerb entscheiden. Das setzt faire Wettbewerbsbedingungen voraus. Während Kfz- und Mineralölsteuer die jährlichen Kosten für den Erhalt und den Ausbau des Straßennetzes weitgehend decken, ist dies bei der Schiene nicht der Fall. Und obwohl (oder gerade weil?) die Bahn im Fernverkehr quasi eine Monopolstellung innehat, erwirtschaftet sie keine Gewinne, sondern wird durch staatliche Maßnahmen gestützt. Die weitgehende Ausschaltung des Wettbewerbs im Schienenverkehr zeigt einmal mehr, dass ein Umfeld ohne Wettbewerb den Fortschritt behindert. Der Schienenverkehr braucht einen fairen Wettbewerb zwischen verschiedenen Anbietern. Diesen gilt es nach Kräften zu fördern, anstatt die marode DB durch staatliche Subventionen künstlich am Leben zu erhalten. Durch mehr Wettbewerb hätte der Schienenverkehr durchaus eine Chance, sich gegenüber dem Straßenverkehr zu behaupten. Das wäre ein Mehrwert für die Gesellschaft, nicht die weitere Subventionierung des ÖPNV und die permanente Schwächung des Individualverkehrs. Ideologisch motivierte Subventionen werden durch unsere Kennzahl schwerer zu rechtfertigen sein.

Zum Thema Gerechtigkeit gegenüber allen gehört sicherlich auch eine interessen- bzw. verursachergerechte Kostendeckung. Die Kosten unseres gesellschaftlichen Zusammenlebens werden weitgehend von der Allgemeinheit getragen, anstatt die Verursacher zur Verantwortung zu ziehen. Ein konkretes Beispiel sind Polizeieinsätze bei Großveranstaltungen, deren Kosten nicht von den Veranstaltern und Teilnehmern, sondern von der Allgemeinheit getragen werden. Diese Praxis ist so selbstverständlich geworden, dass sie von niemandem mehr infrage gestellt wird. Eine solche Abwälzung der Kosten auf die Allgemeinheit ist jedoch nicht zielführend, wenn wir ein funktionierendes Zusammenleben ermöglichen wollen. Das wäre vergleichbar mit einer „Schadensversicherung", in die jeder Bürger zwangsweise einzahlen muss und die alle Schäden abdeckt. Wer Schäden verantwortungsvoll vermeidet, wird bestraft. Wer dagegen leichtfertig Schäden in Kauf nimmt, weil er keine negativen Konsequenzen zu erwarten hat, profitiert - siehe auch unser Gesundheitssystem, das nach diesem Prinzip organisiert ist. Hier wären Indikatoren denkbar, die für verschiedene gesellschaftliche Aufgaben die prozentuale Kostendeckung durch die Verursacher ausweisen.

Die Entwicklung aussagekräftiger Kennzahlen für all diese Themenkomplexe ist sicherlich kein leichtes Unterfangen. Es gibt genügend schlechte Beispiele, wo falsche Kennzahlen zu völlig unerwünschten Ergebnissen geführt haben. Sorgfältig durchdachte Indikatoren führen aber zu einer Transparenz der politischen Arbeit. Ein solches Kennzahlensystem würde es den Bürgern deutlich erleichtern, die Arbeit einer Regierung zu überprüfen. Sicherlich würde jeder Bürger bei der Bewertung dieser Kennzahlen andere Prioritäten und Gewichtungen setzen, sodass es dennoch eine Meinungsvielfalt gäbe, die aber sachlich fundierter wäre. Auch hier liegt es eher nicht im Interesse der Politik, solche Kennziffern für die verschiedenen Aufgabenbereiche des Staates zu entwickeln und zu veröffentlichen. In Anlehnung an den Ethikrat könnte ein „Demokratierat" einberufen werden, der sich mit dem Thema einer transparenten Leistungsmessung befasst. Und natürlich könnten auch die Medien eine solche Aufgabe übernehmen.

Maßnahme 6: Leistungsanreize für Politiker

Hätten wir eine solche Leistungsmessung und würden wir sie jederzeit transparent darstellen, könnten wir alle auch die politische Arbeit besser und faktenbasierter beurteilen. Aus Wettbewerbssicht wäre es dann ein logischer Schritt, entsprechende Boni für die Volksvertreter einzuführen. Gute Leistungen könnten dann entsprechend honoriert werden. Solche Boni würden auch den Wettbewerb um Führungspositionen in der Politik verstärken und damit das Leistungsniveau erhöhen. Dies würde insbesondere das Interesse der Politiker wecken, wirklich sinnvolle und der Allgemeinheit dienende Veränderungen herbeizuführen, anstatt sich auf den Machterhalt zu konzentrieren.

In der Wirtschaft werden mit solchen Systemen seit Jahrzehnten überwiegend gute Erfahrungen gemacht. Dies hat sicherlich auch dazu beigetragen, die Wettbewerbsfähigkeit deutscher Unternehmen im internationalen Vergleich hochzuhalten. Warum sollten wir diese bewährte Methode nicht auch auf die Politik übertragen? Die Vorteile wären immens. Ein nicht zu unterschätzender Vorteil wäre ein sich selbst steuerndes System. Sind die Randbedingungen richtig gesetzt und die Kennzahlen durchdacht gestaltet, wird sich der politische Wettbewerb wie von selbst in die gewünschte Richtung entwickeln. Der Machterhalt der Parteien kann dann nur durch entsprechende Leistungen zugunsten der Gesamtgesellschaft erreicht werden. Wahlgeschenke, die gesellschaftlichen Zielen zuwiderlaufen, werden deutlich unattraktiver, der Fokus auf eine effektive Aufgabenerfüllung steigt. Die Einführung von Wettbewerbsprinzipien in einem nahezu wettbewerbsfreien Umfeld wird gerade in der Anfangszeit deutliche Fortschritte ermöglichen.

7.9 Wertevermittlung an unsere Kinder

Wir brauchen uns über das schlechte Abschneiden unserer Kinder im internationalen Vergleich der PISA-Studien nicht zu wundern, wenn wir bei der Wertevermittlung eklatant versagen. Da können die besten und engagiertesten Pädagogen den Unterricht gestalten, wenn das Wertegerüst der Kinder vor allem aus Spaß und Vergnügen besteht, werden auch sie dieses Problem nicht in den Griff bekommen. Es ist nun einmal so, dass gute oder gar herausragende Leistungen eine enorme Anstrengung erfordern. Wenn jede Anstrengung zu „Stress", jeder Leistungsvergleich zum traumatischen Erlebnis und jeder Verzicht auf Freizeit zum persönlichen Freiheitsentzug hochstilisiert wird, werden gute Leistungen unmöglich.

Maßnahme 1: Leistungsloses Anspruchsdenken

Geschenke für Kinder sind gut gemeint und erfreuen Eltern und Kinder gleichermaßen. Der relativ große Wohlstand erlaubt es vielen Eltern, viele große Geschenke zu verteilen. Mitunter müssen die Sprösslinge gar keine Wünsche mehr äußern, weil die Eltern mit den Geschenken auch ihre Kinder beschäftigen wollen, damit sie selbst mehr Freizeit haben. Mit einem eigenen Fernseher, einem Smartphone oder einer Spielkonsole können sich die Kinder selbst beschäftigen. Doch was lernen unsere Kinder dabei? Sie lernen, dass ihre Wünsche sehr oft von ihren Eltern erfüllt werden. Und das Beste ist: Sie müssen nichts dafür tun, im Leben werden die Wünsche von den Eltern erfüllt. Diese Erkenntnis führt zu einem leistungslosen Anspruchsdenken, dem wir schon mehrfach begegnet sind. Diesem Anspruchsdenken kann mit einfachen Gegenleistungen begegnet werden. Wenn das Kind ein bestimmtes Spielzeug haben möchte, können kleine Gegenleistungen eingefordert werden. Das kann eine gute Note in der Schule sein, Hilfe im Haushalt oder vieles mehr. Die Art der Gegenleistung ist dabei nicht so wichtig, solange der Aufwand für das Kind in einem angemessenen Verhältnis zur Bedeutung des Wunsches steht. Wichtig ist, dass die Wünsche nicht einfach erfüllt werden, sondern dass auch eine entsprechende Gegenleistung erbracht wird. Das klingt schlimm, ist aber für das Kind eine positive Erfahrung: Es hat sich durch eigene Leistung einen Wunsch erfüllt.

Maßnahme 2: Umgang mit Wettbewerb schulen

Wie wir in Kapitel 2 gesehen haben, ist die Vermittlung von Werten ein gesellschaftliches Problem. Eltern und Erzieher haben sicherlich die besten Absichten, wenn sie ihre Kinder behütet aufwachsen sehen wollen. Dennoch dürfen Kinder nicht in Watte gepackt werden, wenn sie sich später im richtigen Leben zurechtfinden sollen. Das beginnt schon bei der Erziehung im Elternhaus, wo Werte wie Fleiß, Zielstrebigkeit, Wettbewerb und der Umgang mit Gewinnen und Verlieren, mit Sieg und Niederlage vermittelt werden müssen. Spaß und Interesse gehören dazu, aber das allein macht aus Kindern noch keine selbstbewussten und zufriedenen Menschen. Die Erziehung zum und mit dem Wettbewerb beginnt im Kindergarten und setzt sich in der Schule fort. Wer Leistungsvergleiche aus falsch verstandener Rücksichtnahme vermeidet, beraubt Kinder dieser wertvollen Erfahrung. Die Kinder lernen weder die positiven noch die anstrengenden und frustrierenden Seiten des Wettbewerbs kennen. Ist es da verwunderlich, wenn jede Herausforderung zu „Stress" führt und am liebsten gänzlich vermieden wird? Alle pädagogischen Methoden müssen scheitern, wenn Kinder nie gefordert werden. Eine Wohlfühloase mit Rundum-sorglos-Paket ist eine Illusion, denn Wettbewerb findet statt und hat Konsequenzen - egal, wie inhuman wir ihn empfinden. Die Vermeidung oder gar Ablehnung von Wettbewerb im Kindergarten erleichtert natürlich die Arbeit der Erzieher. Wettbewerbe für Kinder zu organisieren und positiv zu begleiten, ist mit mehr Aufwand verbunden, als eine Welt ohne Wettbewerb zu kreieren.

Maßnahme 3: Spaß als Mittel zum Zweck

Wie bereits erwähnt, sind Spaß und Interesse wichtige Voraussetzungen für eine erfolgreiche Kompetenzentwicklung. Wenn wir uns aber nur auf den Spaß beschränken, können wir keine besonderen Fähigkeiten aufbauen. Dazu sind mentale Fähigkeiten wie Fleiß, Ausdauer, Disziplin, das Überwinden von Hindernissen und der Umgang mit Rückschlägen und Fehlern unabdingbar. In der bereits mehrfach zitierten Wohlfühloase werden diese überlebenswichtigen Fähigkeiten jedoch nie gefordert und somit auch nicht ausgebildet. Daher ist es wichtig, bei Kindern die Freude an unterschiedlichen Fähigkeiten und darüber hinaus den Ehrgeiz zu wecken, persönliche Ziele zu erreichen. Kleine Wettbewerbe unter Geschwistern oder Freunden fördern die Entwicklung der mentalen Stärke und den Umgang mit Wettbewerben. Wenn auf diese Weise die Freude am Wettkampf geweckt wird, sind die besten Voraussetzungen für Erfolg und Zufriedenheit geschaffen.

Maßnahme 4: Leistungsmessung

Ein wichtiger Lernprozess für Kinder besteht darin, durch Üben und Lernen Erfolge zu erzielen. Wenn wir auf eine entsprechende Leistungsmessung verzichten, können Kinder diese Erfahrung aber nie machen. Deshalb sollte der Erwerb von Fertigkeiten immer von

Leistungsmessungen begleitet werden. Wenn die unterschiedlichen Leistungsniveaus im Laufe der Zeit erfasst werden, kann das Kind selbst erkennen, wie sich seine Leistung durch Üben und Lernen verbessert hat und Stolz auf die eigene Entwicklung empfinden. Wenn wir unseren Kindern diese wertvolle Erfahrung vorenthalten, werden sie nie oder viel zu spät den Wert des Übens und Lernens verinnerlichen. Sie werden nie in der Lage sein, ihr Leistungspotenzial auszuschöpfen.

Maßnahme 5: Fehlerkorrektur

Es ist überhaupt nicht nachvollziehbar, warum bei Kindern bewusst auf die Korrektur von Fehlern verzichtet werden soll. Kinder wollen lernen und schauen auf ihre Eltern und Lehrer, um von ihnen zu lernen. Kleine Kinder nehmen auch jede Hilfe dankbar an. Später entwickeln Kinder auch durchaus den Ehrgeiz, etwas erst einmal selbst ausprobieren zu wollen, was ebenfalls eine positive Entwicklung darstellt. Das Ignorieren von Fehlern durch Eltern oder Lehrer ist jedoch kein probates Mittel, um den Lernprozess der Kinder effektiv zu gestalten. Im Gegenteil: Es werden zunächst falsche Abläufe verinnerlicht, die später mühsam korrigiert werden müssen. Solange den Kindern nichts aufgezwungen wird oder sie in ihrem Selbstwertgefühl beeinträchtigt werden, spricht nichts dagegen, Fehler sofort zu korrigieren. Auch hier lernen die Kinder eine wertvolle Lektion: Niemand ist fehlerfrei und niemand kann sofort alles perfekt machen. Auch das ist eine wichtige Erfahrung für das spätere Leben und die Widrigkeiten, die es dort zu überwinden gilt.

Von allen Problemen, die in diesem Buch angesprochen werden, erweist sich die Vermeidung von Wettbewerb für Kinder als das gravierendste. Die Vorstellung einer heilen Welt, in der alle ohne Anstrengung glücklich und zufrieden leben können, wird sich spätestens dann als Illusion erweisen, wenn die letzten Leistungsträger verschwunden sind.

7.10 Ein Ausblick auf die Umsetzung

Bei allen hier skizzierten Maßnahmen, die auf einer Stimulierung der Wettbewerbsintensität beruhen, wäre es naiv davon auszugehen, dass sie in der beschriebenen Form rasch umgesetzt werden könnten. Tiefgreifende Veränderungen bedürfen einer sorgfältigen Detailplanung. Das Problem wird dennoch weniger in der Ausarbeitung der Details als vielmehr in der politischen Umsetzung liegen. So einfach die Prinzipien sind, so groß werden die Widerstände in Teilen der Gesellschaft sein. Die Aversion gegen

Wettbewerb auf der einen Seite und die Befürwortung von Anspruchsdenken und Einzelinteressen auf der anderen Seite sind mittlerweile so tief in der Gesellschaft verankert, dass keine politische Partei die Umsetzung dieser Maßnahmen unbeschadet überstehen würde. Dennoch gilt: Wenn wir die gesellschaftliche Spaltung mit der Stärkung extremer Randgruppen und dem Niedergang Deutschlands umkehren wollen, kommen wir um mehr als kosmetische Veränderungen nicht herum. Realisierbar erscheint dies nur durch eine „Koalition der Willigen", bei medialer Neutralität und vorheriger Beschränkung des schädlichen Lobbyismus und der Macht der Interessengruppen. Wird, wie beim Kohleausstieg, ein gesellschaftlicher Konsens erzielt und dieser dann durch Interessengruppen mit medialer Unterstützung sofort bekämpft, werden wir keine sinnvollen und tragfähigen Veränderungen bewirken können. Nicht umsonst haben wir hier die Vermeidung destruktiver Kräfte durch Lobbyismus als erste Veränderungsmaßnahme aufgeführt.

Die Beschleunigung der Agilität ist eine tragende Säule, um die Entwicklung Deutschlands wieder voranzutreiben, auch wenn dieser Aspekt in der öffentlichen Diskussion bislang zu kurz gekommen ist. Wir brauchen rasche, aber gut durchdachte Entscheidungen, die wir dann auch energisch umsetzen. Wie können wir ernsthaft erwarten, wettbewerbsfähig zu bleiben, wenn hierzulande Planungszeiträume in Jahrzehnten gerechnet werden, während andere Nationen den Planungs- und Umsetzungsprozess im gleichen Zeitraum mehrfach durchlaufen können?

Ausgangspunkt ist aber sicherlich eine offene Einstellung zum Wettbewerbsprozess in der Gesellschaft, die es sich auch zur Aufgabe macht, Kinder und Jugendliche mit entsprechenden Werten und Kompetenzen auszustatten.

8. Gedanken zum Ausklang

Dieses Buch ist durchaus kontrovers angelegt und berührt bewusst viele Tabuthemen und gesellschaftlich verinnerlichte Werte, die aber ursächlich für den desolaten Zustand unseres Landes sind. Viele Schlussfolgerungen sind sicher auch umstritten und werden bei vielen Betroffenen und ihren Interessenvertretungen auf massive Ablehnung stoßen. Andere hingegen werden politische Entscheidungen, gesellschaftliche Moralvorstellungen und Einstellungen sowie die Entwicklung unseres Landes vielleicht mit anderen Augen sehen und vieles verstehen, was bisher als zufällige Entwicklung erschien. Wenn dieses Buch zu hitzigen Diskussionen anregt oder den einen oder anderen an unseren politischen Leitlinien zweifeln lässt, dann hat es sein Ziel erreicht. Es soll vor allem dazu anregen, alles, was wir vorbehaltlos für richtig halten, kritisch zu hinterfragen.

Nach den Erfahrungen einiger anderer Autoren, deren Kernthesen in den Medien diskreditiert wurden, erscheint es angebracht, die hier dargelegten Standpunkte noch einmal zu präzisieren und mögliche Missverständnisse auszuräumen.

Ausgangspunkt unserer Überlegungen ist die sich verschlechternde Wettbewerbsfähigkeit Deutschlands, über die bereits viele Bücher, Berichte und Meinungen veröffentlicht wurden. Hinzu kommt, dass sich der Wohlstand der Gesellschaft in den letzten Jahrzehnten nur marginal verbessert hat. Und auch wenn die Verärgerung über die aktuelle Ampelregierung größer zu sein scheint als über die Vorgängerregierungen, so zieht sich diese Beobachtung doch seit Jahrzehnten durch die deutsche Politik und kann nicht allein dieser Regierung zugeschrieben werden. Die Probleme liegen offensichtlich tiefer und werden ebenso offensichtlich seit Jahrzehnten nicht richtig erkannt. Beispiele dafür sind die seit über 20 Jahren durch die PISA-Studien bekannten Schwächen unseres Bildungssystems, eine naive Migrationspolitik oder die Hoffnungsmentalität bei der Sicherung der Renten. Da alle Parteien der „Mitte" in den letzten Jahrzehnten in einer oder mehreren Regierungskoalitionen vertreten waren oder sind, lässt sich das Problem nicht an einer einzelnen Partei festmachen.

Als Grundursache können wir jedoch eine seit Jahrzehnten andauernde Abkehr von den Wettbewerbsprinzipien ausmachen. Einerseits konnten wir zeigen, dass der Wettbewerb eine überaus starke Urkraft ist, die unsere menschliche Entwicklung entscheidend vorangetrieben hat. Vielfältige Leistungsvergleiche mit und ohne Wettbewerb beweisen diese Kraft eindrucksvoll. Andererseits konnten wir in den unterschiedlichsten

Bereichen eine Abkehr vom Wettbewerb nachweisen. Wettbewerb wird gerne als Sündenbock für menschliche Schwächen wie Machtmissbrauch, "Siegen um jeden Preis" oder unerwünschte Ergebnisse von Wettbewerbsprozessen herangezogen. Der Wettbewerb ist jedoch nicht die Ursache dieser menschlichen Schwächen, sondern sie sind normaler Bestandteil des sozialen Zusammenlebens. Wenn der Wettbewerb zu unerwünschten Ergebnissen führt, liegt das an falschen Rahmenbedingungen oder an deren mangelnder Überwachung und Einhaltung.

Wir konnten auch zeigen, dass intensiver Wettbewerb zu größeren Fortschritten führt: Aufwand und Nutzen einer Wettbewerbsteilnahme hängen zusammen. Den größten Nutzen aus einem Wettbewerb ziehen die Teilnehmer, die den größten Aufwand betreiben. Letzteres empfinden viele in unserer Gesellschaft als ungerecht und versuchen deshalb, „korrigierend" in den Wettbewerb einzugreifen, indem sie den leistungsbasierten Erfolg zunehmend durch aufwandslosen Erfolg ersetzen. Die Folgen einer weitgehenden Umverteilung sind hinreichend beschrieben worden. Dies schließt jedoch eine Umverteilung nicht per se aus. Es kann davon ausgegangen werden, dass eine geringe Umverteilung auch nur einen geringen Einfluss auf die Wettbewerbsintensität hat. Dient die Förderung primär der Selbsthilfe und der Teilnahme am Wettbewerb und nicht der dauerhaften Alimentierung, dann wird der Wettbewerb sicherlich auch weiterhin seine Dienste tun. Aber das ist längst nicht mehr der Fall. Wenn - überspitzt formuliert - heute die „starken Schultern" dort anfangen, wo früher eher Bedürftigkeit herrschte, dann stimmt etwas nicht.

Ein hier sicherlich kontrovers behandeltes Thema sind die verschiedenen Lobbygruppen, hier insbesondere die Umwelt- und Klimaschützer, Feministen sowie die Sozialverbände. Warum wurden gerade diese Interessengruppen für dieses Buch herausgegriffen? Das Bewusstsein für den Lobbyismus der großen Wirtschaftsverbände ist bereits vorhanden und auch die Meinungsmanipulation durch rechte Gruppierungen ist nicht unbedingt Neuland. Doch so schädlich diese Gruppen sind, so destruktiv wirken auch viele der hier behandelten Umwelt- und Sozialverbände. Dabei sind einige Ziele dieser Gruppen oftmals vertretbar. Zu kritisieren sind aber die Methoden der Meinungsmanipulation, die massive Kostenabwälzung dieser Einzelinteressen auf die Allgemeinheit und die lähmende Wirkung auf den Wettbewerb. Es sind also nicht die Ziele, die hier verurteilt werden, sondern der exklusive Rechtsanspruch, der für diese Gruppen jedes Mittel heiligt. Abgelehnt werden auch der undemokratische Prozess des Lobbyings und der wettbewerbsfeindliche Charakter der Umsetzung. Sicherlich ist die Bekämpfung der Armut in der Welt ein moralisch richtiges Ziel. Es wäre aber falsch, jede ökonomische Vernunft über Bord zu werfen und unser

Volkseinkommen ohne Rücksicht auf die Prinzipien des Wettbewerbs allein diesem Ziel zu opfern. Die wenig zielführenden Endergebnisse einer solchen Politik haben wir mehrfach aufgezeigt. Vielmehr muss es darum gehen, intelligente Lösungen zu finden, die sowohl die Ziele erreichen als auch unser Land wettbewerbsfähig in die Zukunft führen. Es ist jedoch naiv zu glauben, dass neue umweltfreundliche Technologien die deutsche Wirtschaft schnell beleben werden. Im Gegensatz zur Automobilindustrie, in der wir uns über viele Jahrzehnte mühsam Wettbewerbsvorteile erarbeitet haben, sind alle Umwelttechnologien ein völlig neues Spielfeld. Eine deutsche Industrie, die ohnehin schon durch ungünstige Rahmenbedingungen benachteiligt ist, wird in diesen Bereichen kaum in die Weltspitze vorstoßen können. Es wäre folglich eine weise Politik, das Alte nicht aufzugeben oder zu verbieten, bevor sich das Neue fest etabliert hat. Mit der derzeit praktizierten Einschränkung von Wettbewerb und Fortschritt erreichen wir weder Umweltschutz noch Wettbewerbsfähigkeit.

Auch der ÖRR wurde hier heftig attackiert. Das ist das Problem, wenn der eigene hohe Anspruch nicht ganz mit der Realität übereinstimmt. Dem ÖRR kommt eine besonders bedeutsame Rolle zu, zu der er sich auch bekennt und für die alle Bürger auch entsprechend zur Kasse gebeten werden. Bei diesem hohen Anspruch sollte Kritik aber durchaus willkommen sein, dient sie doch der eigenen Reflexion. Vielleicht bewirkt diese Kritik ja auch eine Rückbesinnung auf die sachliche Diskussionsfreudigkeit und das kritische Hinterfragen der wirklich wichtigen politischen Positionen. Möglicherweise kann durch eine frühzeitige sachliche Diskussion und entsprechendes politisches Handeln verhindert werden, dass Interessengruppen und politische Randgruppen zu immer radikaleren Methoden greifen, nur um Aufmerksamkeit zu erregen und ihre Interessen rücksichtslos durchzusetzen. Generell wäre eine kritischere Haltung gegenüber Interessengruppen durchaus wünschenswert.

Auch die Thesen zur Umverteilung werden sicherlich kontrovers diskutiert werden. Der Leser käme allerdings zu einem falschen Schluss, wenn er die hier gemachten Vorschläge als Abkehr von einer Sozialpolitik verstehen würde. Auch hier gilt: Die Kritik an der gegenwärtigen Politik bezieht sich auf das Wie, nicht auf das Was. Hilfsbereitschaft gehört durchaus zum gesellschaftlichen Zusammenleben und zum Wettbewerb dazu. Eine dauerhafte Subventionierung der erwerbslosen Bevölkerung kann darunter aber nicht verstanden werden. Vielmehr muss Hilfe zur Selbsthilfe geleistet werden und es muss erlaubt sein, von den Hilfeempfängern einen angemessenen Beitrag einzufordern.

Auch die Politiker werden in diesem Buch oft kritisiert. Wer schon einmal Verantwortung getragen hat, und sei es „nur" als Inhaber eines

Ehrenamtes, kennt den Undank einer Gesellschaft, die zwar hohe Anforderungen stellt und alles besser weiß, aber selbst oft nichts zum Gelingen der Gesellschaft beitragen will. Es liegt wohl an den Regeln unserer Demokratie, dass Politiker in erster Linie ihre Wiederwahl anstreben und nicht die Umsetzung schwieriger, aber notwendiger Entscheidungen für unser Land. Demokratie setzt aber voraus, dass sich Politiker uneigennützig für das Wohl aller Bürger einsetzen. Schließlich sind es die Bürger, die bestimmen, welche Politiker gewählt werden. Und genau diese Bürger sind es, die nur durch aktives Interesse an der Politik die richtige Wahl treffen können. Desinteresse, Verdrossenheit oder gar Protestwahl führen zu schlechten Wahlergebnissen. Die in diesem Buch skizzierten Kennzahlen zur Bewertung von Politik wären sicherlich ein guter Weg, um zu mehr Transparenz über die erbrachten politischen Leistungen beizutragen. Dies und eine aktive Rolle bei der Eindämmung des schädlichen Lobbyismus würden sicherlich das Vertrauen der Wähler in den demokratischen Prozess stärken und ganz nebenbei unserem Staat und den Politikern eine Richtung im Sinne der Gründerväter geben.

Die Übertragung von Kosten, die durch die Berücksichtigung von Individualinteressen entstehen, auf die Allgemeinheit war ebenfalls ein wiederkehrendes Thema. Dies ist aus zwei Gründen problematisch. Zum einen wird die Verantwortung für das eigene Handeln aufgehoben, was zu verantwortungslosem Handeln verleitet. Zum anderen werden damit häufig Sonderinteressen durch die Allgemeinheit finanziert, was undemokratisch ist und zudem den Wettbewerb aushebelt. Beispiele sind die Tierwohlabgabe, die Elementarpflichtversicherung, die Subventionierung von Elektrofahrzeugen oder des ÖPNV und vieles mehr. Wenn solche Dinge gefördert werden sollen, und hier stellt sich sofort die Frage nach der demokratischen Legitimation solcher Maßnahmen, dann muss die Wettbewerbsfähigkeit gefördert werden. Gleichzeitig müssen Wettbewerbsnachteile der heimischen Unternehmen gegenüber der internationalen Konkurrenz ohne solche Sonderregelungen verhindert werden. Sehr schnell führt dieser Weg jenseits des Wettbewerbs zu einer Kaskade von immer stärkeren Eingriffen in den Wettbewerb, bis dieser schließlich unterbunden und durch staatliche Regulierung ersetzt wird. Letztere hat sich jedoch in der Vergangenheit stets als dem freien Wettbewerb unterlegen erwiesen, und es gibt keinen Grund anzunehmen, dass dies in Zukunft anders sein wird.

Obwohl der Wettbewerb ein mächtiges Instrument für Fortschritt und Wohlstand ist, wissen wir nur wenig darüber. Unsere Universitäten forschen zu den unterschiedlichsten Themen, doch die grundlegenden Prinzipien und Mechanismen, nach denen Wettbewerb funktioniert und mit denen seine

Intensität beeinflusst werden kann, gehören nicht dazu. Wir ertragen den Wettbewerb als etwas Gottgegebenes, das entweder da ist oder nicht. In vielen gesellschaftlichen Bereichen bewegt sich unser Engagement auf dem Niveau eines Hobbys, aber nicht auf dem eines Spitzenreiters. Der Wettbewerb bietet uns eine äußerst leistungsfähige Methode für unsere zukünftige Entwicklung. Sollten wir nicht versuchen, diese Methode besser zu verstehen und sie so effektiv wie möglich für unsere Zwecke zu nutzen? Ein Lehrstuhl für Wettbewerbsforschung könnte unser Wissen schnell voranbringen und effektive Lösungen für unsere vielfältigen Herausforderungen liefern.

Auch wenn dieses Buch den Niedergang Deutschlands behandelt, sind viele Erkenntnisse auch auf andere westliche Demokratien übertragbar. Die historische Entwicklung politischer und gesellschaftlicher Strömungen in Europa und Übersee weist seit dem Zweiten Weltkrieg durchaus Parallelen auf. Allerdings ist die Prioritätensetzung in Europa deutlich stärker vom Wettbewerb abgekoppelt als etwa in den USA. Hier sticht insbesondere das für seine Gründlichkeit bekannte Deutschland hervor, das mit der ihm eigenen Gründlichkeit und Konsequenz die Abkehr vom Wettbewerb vorantreibt und Europa mitzieht. Nicht umsonst versinkt Europa zunehmend in der Bedeutungslosigkeit und droht zwischen den USA und China zerrieben zu werden, eine Gefahr, die von der Politik zwar erkannt wird, die aber ohnmächtig auf ein Wunder zu hoffen scheint.

Über Generationen hat sich in Deutschland die Meinung verfestigt, wir könnten ohne Anstrengung am Wettbewerb, der um uns herum tobt, vorbeileben. Spätestens seit der Trump-Administration hätten Deutschland und Europa aufwachen und erkennen müssen, dass wir an der Nabelschnur der USA hängen. Trump hat uns gezeigt, dass diese Nabelschnur jederzeit durchtrennt werden kann und wir in Europa dann zwischen den Fronten stranden. Wenn wir darauf nicht vorbereitet sind, werden wir unsere Freiheit, unsere Unabhängigkeit und unseren Wohlstand für Generationen verlieren. All die gut gemeinten Ziele zur Verbesserung der Welt werden dann in der Bedeutungslosigkeit versinken, weil wir nur noch ums eigene Überleben kämpfen werden. Unsere fast schon traditionelle Aversion gegen den Wettbewerb wird schon auf die „vorletzte Generation" schmerzhafte Auswirkungen haben, wenn wir nicht sehr schnell erkennen, was wirklich um uns herum passiert.

Geradezu selbstzerstörerisch ist in diesem Zusammenhang unsere gesellschaftliche Naivität in Bezug auf die Wertevermittlung an unsere Kinder. Die reale Welt ist kein Schlaraffenland und kein Paradies, in dem alle friedlich miteinander leben. Die Bedrohung Taiwans durch China, der Einmarsch Russlands in die Ukraine und das Blutbad in Israel und den

Palästinensergebieten sind nur einige Beispiele dafür. Wenn wir unseren Kindern und damit der nächsten Generation nicht das nötige Rüstzeug mitgeben, um in der realen Welt bestehen zu können, sehen die Zukunftsaussichten alles andere als rosig aus. Diese Erkenntnis sollte für uns Europäer sowohl als Bürger als auch als Volksvertreter zu einer neuen Prioritätensetzung führen.

Vielleicht ist das Fazit dieses Buches in guter deutscher Tradition zu pessimistisch, aber die aktuellen Tendenzen in der deutschen und europäischen Politik und Gesellschaft sind mehr als bedrohlich. Ein Umdenken und Umsteuern ist dringend erforderlich, wenn wir die Errungenschaften der letzten Jahrhunderte nicht verspielen wollen.

In eigener Sache:
Wenn Sie „Deutschlands Niedergang" als bereichernd oder anregend empfunden haben, würde ich mich freuen, wenn Sie Ihre Gedanken in einer Rezension auf Amazon teilen und das Buch in Ihrem Bekanntenkreis weiterempfehlen. Ihre Empfehlungen helfen, das Buch und seine Botschaft bekannter zu machen.

Haben Sie Kritik, Ideen oder Verbesserungsvorschläge, teilen Sie mir diese gerne über meine Website mit. Ihre Rückmeldung unterstützt mich dabei, meine Arbeit und zukünftige Projekte weiterzuentwickeln. Herzlichen Dank für Ihre Zeit und Mithilfe!

www.autor-herbert-thomas.de

Über den Autor

Der Autor, gebürtig aus Nordrhein-Westfalen, lebt seit mehreren Jahren im Innovationsland Baden-Württemberg. Nach seinem Studium in Deutschland promovierte er in den USA im Bereich Aerospace Engineering. Seine berufliche Laufbahn ist geprägt von der Analyse und Optimierung komplexer Systeme, die er in leitenden Positionen sowohl in mittelständischen Unternehmen als auch in internationalen Konzernen erfolgreich angewandt hat. Mit „Deutschlands Niedergang" überträgt er seine umfassenden Erfahrungen im Bereich der Systemverbesserung auf die politische und gesellschaftliche Entwicklung Deutschlands.

Literaturverzeichnis

1. **Bundesregierung.** Rede von Bundeskanzler Olaf Scholz zum Haushaltsgesetz 2022 vor dem Deutschen Bundestag am 1. Juni 2022 in Berlin. *https://www.bundesregierung.de/breg-de/suche/rede-von-bundeskanzler-olaf-scholz-2046126.* Bulletin 72-1, 01.06.2022.

2. **Der Paritätische Gesamtverband.** Armut und Grundsicherung. *https://www.der-paritaetische.de/themen/sozial-und-europapolitik/armut-und-grundsicherung/.*

3. **Wikipedia.** Länder nach ihrem nominalen Bruttoinlandsprodukt (BIP), in Millionen US-Dollar. *https://de.wikipedia.org/w/index.php?title=Liste%20der%20L%C3%A4nder%20nach%20historischer%20Entwicklung%20des%20Bruttoinlandsprodukts&oldid=234202042.* 31. Mai 2023 - 21:50 Uhr.

4. **Bundesministserium für wirtschaftliche Zusammenarbeit und Entwicklung.** Armut. *https://www.bmz.de/de/service/lexikon/armut-14038.* November 2023.

5. **Friedrich, Marc.** Der spektakuläre Abstieg Deutschlands geht in die Geschichtsbücher ein. 12.10.2022.

6. **DEUTSCHE WIRTSCHAFTSNACHRICHTEN.** Niedergang Deutschlands: Erstem Top-Manager platzt öffentlich der Kragen. *https://deutsche-wirtschafts-nachrichten.de/705442/niedergang-deutschlands-erstem-top-manager-platzt-oeffentlich-der-kragen.* 15.08.2023.

7. **Spiegel Wirtschaft.** Deutschlands Topkonzerne verlieren Anschluss an Weltspitze. *https://www.spiegel.de/wirtschaft/unternehmen/deutschlands-topkonzerne-verlieren-anschluss-an-weltspitze-sagt-ey-studie-a-1271751.html.* 11.06.2019.

8. **Tagesspiegel Background, Fabian Westerheide.** Europa verliert bei KI den Anschluss an die Weltspitze. *https://background.tagesspiegel.de/digitalisierung/europa-verliert-bei-ki-den-anschluss-an-die-weltspitze.* 10.05.2023.

9. **Bundesministerium für Bildung und Forschung.** PISA 2018: Deutschland stabil über OECS Durchschnitt. *https://www.bmbf.de/bmbf/shareddocs/pressemitteilungen/de/pisa-2018-deutschland-stabil-ueber-oecd-durchschnitt.html.* Pressemitteilung 149/2019, 03.12.2019.

10. **Bundesministerium für Wirtschaft und Energie.** Öffentliche Infrastruktur in Deutschland: Probleme und Reformbedaf. *https://www.bmwk.de/Redaktion/DE/Publikationen/Ministerium/Veroeffentlichung-Wissenschaftlicher-Beirat/gutachten-oeffentliche-infrastruktur-in-deutschland.pdf?__blob=publicationFile&v=1.* Juni 2020.

11. **Welt, Die.** "Sprengt Gesellschaft": Boris Palmer warnt vor Überlastung derSozialsysteme. *https://www.welt.de/politik/deutschland/article244944260/Hohe-Asylzahlen-Sprengt-Gesellschaft-Boris-Palmer-warnt-vor-Ueberlastung-der-Sozialsysteme.html.* 25.04.23.

12. **Statista.** Ausgaben im Bundeshaushalt nach Ressorts im Jahr 2023 Sollwerte. *https://de.statista.com/statistik/daten/studie/449433/umfrage/bundeshaushalt-ausgaben-nach-ressorts/.* Januar 2023.

13. *Weltklassepatente in Zukunftstechnologien.* **Breitinger, Jan C., Dierks, Benjamin und Rausch, Thomas.** https://www.bertelsmann-stiftung.de/fileadmin/files/user_upload/BST_Weltklassepatente_2020_DT.pdf : Stiftung, Bertelsmann, 02.06.2020.

14. **Statistisches Bundesamt.** Entwicklung der Reallöhne, der Nominallöhne und der Verbraucherpreise. *https://www.destatis.de/DE/Themen/Arbeit/Verdienste/Realloehne-Nettoverdienste/_inhalt.html.* 2023.

15. **Bundeszentrale für politische Bildung, Guido Zinke.** Entwicklung der Nominal- und Reallöhne in Deutschland. *https://www.bpb.de/themen/arbeit/arbeitsmarktpolitik/322503/lohnentwicklung-in-deutschland-und-europa/.* 01.10.2020.

16. **Wikipedia.** Bau des Flughafens Berlin Brandenburg. *https://de.wikipedia.org/wiki/Bau_des_Flughafens_Berlin_Brandenburg#:~:text=Di*

e%20Vorplanung%20f%C3%BCr%20den%20Umzug,in%20der%20Nacht%20vom%20
2. 14.Juni 2023 um 16:19 Uhr.

17. **MDR Aktuell - Till Ganswindt.** Warum dauert es so lange, Windkraftanlagen zu bauen. *https://www.mdr.de/nachrichten/deutschland/politik/windkraft-anlagen-planung-dauer-sachsen-100.html.* 14.11.22 15:15 Uhr.

18. **Institut der deutschen Wirtschaft, Christian Rusche.** Investitionen: Geldabflüsse in Deutschland so hoch wie nie. *https://www.iwkoeln.de/presse/pressemitteilungen/christian-rusche-geldabfluesse-in-deutschland-so-hoch-wie-nie.html.* Pressemitteilung, 28.06.2023.

19. **Wikipedia.** Länder nach ihrem kaufkraftbereinigten Bruttoinlandsprodukt (KKB-BIP). *https://de.wikipedia.org/wiki/Liste_der_L%C3%A4nder_nach_historischer_Entwickl ung_des_Bruttoinlandsprodukts.* 31. Mai 2023 um 21:50 Uhr.

20. **Destatis.** G20 in Zahlen. *https://www.destatis.de/DE/Themen/Laender-Regionen/Internationales/Thema/allgemeines-regionales/G20/G20.html.* Juni 2024.

21. **Sarrazin, Thilo.** Deutschland schafft sich ab. *Deutsche Verlags-Anstalt.* 2010, 13te Auflage.

22. **Kepner, Charles H. und Tregoe, Benjamin B.** The new rational manager. 1981.

23. **Forschung, Bundesministerium für Bildung und.** PISA 2018: Deutschland stabil über OECD-Durchschnitt. *https://www.bmbf.de/bmbf/shareddocs/pressemitteilungen/de/pisa-2018-deutschland-stabil-ueber-oecd-durchschnitt.html.* 03.12.2019 PRESSEMITTEILUNG: 149/2019.

24. **Deutsches Schulportal - Florentine Anders.** PISA 2018: Die zehn wichtigsten Ergebnisse der PISA-Studie. *https://deutsches-schulportal.de/bildungswesen/die-zehn-wichtigsten-ergebnisse-der-pisa-studie/.* 03. Dezember 2019 Aktualisiert am 04. Mai 2021.

25. **Statista.** Anzahl der Schüler:innen an allgemeinbildenden Schulen in Deutschland im Schuljahr 2022/2023 nach Schulart. *https://de.statista.com/statistik/daten/studie/3377/umfrage/anzahl-der-schueler-nach-einzelnen-schularten/.* 2023.

26. **Wikipedia.** Abiturientenquote.
https://de.wikipedia.org/wiki/Abiturientenquote. 27.09.2023.

27. **Statista.** Anzahl der Studenten an Hochschulen in der Bundesrepublik Deutschland in den Wintersemestern von 1947/48 bis 1989/90.
https://de.statista.com/statistik/daten/studie/1113491/umfrage/anzahl-der-studenten-an-deutschen-hochschulen/. März 2020.

28. **Forschung & Lehre.** Etwas weniger Studierende als noch vor zwei Jahren.
https://www.forschung-und-lehre.de/politik/etwas-weniger-studierende-als-noch-vor-zwei-jahren-6067. 28.11.2023.

29. **Statista.** Reales Bruttoinlandsprodukt pro Kopf in Deutschland, Italien, Großbritannien und den USA in den Jahren 1870 bis 1992.
https://de.statista.com/statistik/daten/studie/250066/umfrage/bip-pro-kopf-in-ausgewaehlten-laendern-weltweit/. 2023.

30. **Statistisches Bundesamt.** Volkswirtschaftliche Gesamtrechnungen.
https://www.destatis.de/DE/Themen/Wirtschaft/Volkswirtschaftliche-Gesamtrechnungen-Inlandsprodukt/Publikationen/Downloads-Inlandsprodukt/inlandsprodukt-endgueltig-pdf-2180140.pdf?__blob=publicationFile. 05.09.2023.

31. **Bundesamt, Statistisches.**
https://www.destatis.de/DE/Presse/Pressemitteilungen/2023/06/PD23_N036_12.html. *2021 kamen 4,3 Auszubildende auf 10 Studierende, 1950 waren es noch 75,5 Azubis.* 15.06.2023.

32. **Hanna Vock - IHVO Handbuch.** Normalverteilung der Intelligenz.
http://www.ihvo.de/200/normalverteilung-der-intelligenz/. 31.03.2009.

33. **Klein, Hans Peter.** Abitur und Bacherlor für alle - wie Deutschland seine Zukunft verspielt. 2019.

34. **Kühnel, Wolfgang.** Noteninflation am Beispiel mathematischer Abituraufgaben.
http://pnp.mathematik.uni-stuttgart.de/igt/igt2/Kuehnel/Noteninflation.pdf.

35. **Frankfurter Allgemeine.** Das Abitur muss wieder schwerer werden.
https://www.faz.net/aktuell/wirtschaft/lehrerpraesident-heinz-peter-meidinger-kritisiert-inflation-an-guten-noten-15477375.html. 04.03.2018.

36. —. Siemens und Bosch unter Top 20 der KI-Patentanmeldungen. *https://www.faz.net/aktuell/wirtschaft/kuenstliche-intelligenz/siemens-und-bosch-unter-top-20-der-ki-patentanmeldungen-16017623.html.* 31.01.2019.

37. **Deutsches Patent- und Markenamt.** DPMA-Jahresbericht 2022:. *https://www.dpma.de/service/presse/pressemitteilungen/21062023/index.htm.* 21.06.2023.

38. **Schmidt, Dr. Holger.** Deutschland fällt bei Digitalpatenten zurück – und zwar in allen Sparten. *https://www.netzoekonom.de/2023/07/26/deutschland-faellt-bei-digitalpatenten-zurueck-und-zwar-in-allen-sparten/.* 26.07.2023.

39. **iit Perspektive Martin Brüchert, Beatrice Andres und Kristian Döbrich.** Quantentechnologien –. *https://www.iit-berlin.de/iit-docs/5068c5d904b54f889880182fe9c1a1e4_WEB_2019_12_16_iit-perspektive_Nr_48.pdf.* Dezember 2019.

40. **Deutsches Patent- und Markenamt.** Innovationen zur Batterietechnik immens gestiegen. *https://www.dpma.de/service/presse/pressemitteilungen/20230327.html.* 27.03.2023.

41. **Chemie Technik - Nora Menzel.** EU führt weltweit bei Wasserstoffpatenten. *https://www.chemietechnik.de/energie-utilities/wasserstoff/eu-fuehrt-weltweit-bei-wasserstoffpatenten-607.html.* 11.01.2023.

42. **Tagesschau.** FAQ. *https://www.tagesschau.de/inland/wahl-elite-unis-101.html%20Wer%20wird%20Exzellenzuni?%2019.07.2019.* 19.07.2019.

43. **Schmidt, Kersin.** Elite-Unis in Deutschland. *https://monedos.de/erfolg/elite-unis/.* 28. März 2023.

44. **Tagesschau.** Wer wird Exzellenzuni. *https://www.tagesschau.de/inland/wahl-elite-unis-101.html.* 19.07.2019.

45. **Statista, Rudnicka.** Daten und Fakten zum Mindestlohn. *https://de.statista.com/themen/9537/mindestlohn/#topicOverview.* 30.08.2023.

46. **EVG.** DB AG Entgelttabellen. *https://www.evg-online.org/fileadmin/Tarif/Entgelttabellen_DBAG/Interaktiv/2021-12-13_Engelttabellen_2022_Funktionsgruppen.pdf.* Gültig ab 01. Januar 2022.

47. **Handelsblatt.** Brutto-Netto-Rechner 2023. *https://www.handelsblatt.com/brutto-netto-rechner/.* 2023.

48. *Die Grenzen des Wachstums.* **Wikipedia.** https://de.wikipedia.org/wiki/Die_Grenzen_des_Wachstums : s.n., 07.2024.

49. **Landeszentrale für politische Bildung Baden-Württemberg.** Die 60er Jahre. *https://www.politikundunterricht.de/3_99/sechzig3.htm.* 3 1999.

50. **Institut Arbeit und Qualifikation der Universität Duisburg-Essen.** Unbezahlbarer Sozialstaat? Rückläufige Sozialleistungsquote seit 2009. *https://www.sozialpolitik-aktuell.de/files/sozialpolitik-aktuell/_Politikfelder/Finanzierung/Datensammlung/PDF-Dateien/abbII1a_Grafik_Monat_09_2013.pdf.* 2013.

51. **Bundesrat.** Bericht über die 219. Sitzung - Bonn. *https://www.bundesrat.de/SharedDocs/downloads/DE/plenarprotokolle/1960/Plenarprotokoll-219.pdf?__blob=publicationFile&v=2.* 20. Mai 1960.

52. **Deutscher Bundestag - Arbeit und Soziales.** Etat 2023: Bürgergeld sorgt für kräftigen Aufwuchs. *https://www.bundestag.de/presse/hib/kurzmeldungen-920676.* 11.11.2022.

53. **Statista - J. Rudnicka.** Ausgaben des Staates für Pensionen bis 2022. *https://de.statista.com/statistik/daten/studie/160022/umfrage/ausgaben-des-staates-fuer-pensionen/.* 13.03.2023.

54. **Bundeszentrale für poltische Bildung.** Versorgungsempfänger des öffentlichen Dienstes. *https://www.bpb.de/kurz-knapp/zahlen-und-fakten/soziale-situation-in-deutschland/61884/versorgungsempfaenger-des-oeffentlichen-dienstes/.* 13.04.2023.

55. **Bundesministerium für Gesundheit.** Geschichte der gesetzlichen Krankenversicherung. *https://www.bundesgesundheitsministerium.de/themen/krankenversicherung/grundprinzipien/geschichte.* 29.09.2023.

56. **Deutschland, Krankenkassen.** Krankenkassenbeitrag für Arbeitslose und Bezieher von Bürgergeld. *https://www.krankenkassen.de/gesetzliche-krankenkassen/krankenkasse-beitrag/arbeitslose/.* 2024.

57. **Verivox.** Deutschland hat die höchsten Strompreise weltweit. *https://www.verivox.de/strom/verbraucheratlas/strompreise-weltweit/.* Nov 2021.

58. **Science Media Center Germany.** EU-Kommission schlägt neue Grenzwerte für Luftschadstoffe vor. *https://www.sciencemediacenter.de/alle-angebote/rapid-reaction/details/news/eu-kommission-schlaegt-neue-grenzwerte-fuer-luftschadstoffe-vor/.* 26.10.2022.

59. **Corrective - Anna Mayr.** Adventskränze sind nicht schlimmer als Diesel – der Stickoxid-Grenzwert ist trotzdem fragwürdig. *https://correctiv.org/faktencheck/medizin-und-gesundheit/2018/12/18/adventskraenze-sind-nicht-schlimmer-als-diesel-der-stickoxid-grenzwert-ist-trotzdem-fragwuerdig/.* 18. Dezember 2018.

60. **Umweltbundesamt.** Stickstoffdioxid: Gesundheitliche Bedeutung von Grenzwerten. *https://www.umweltbundesamt.de/themen/luft/luftschadstoffe-im-ueberblick/stickstoffoxide/stickstoffdioxid-gesundheitliche-bedeutung-von#fragen-und-antworten.* 30.01.2019.

61. **Deutschlandfunk - Jule Reimer.** Stickoxid-Belastung am Arbeitsplatz nicht mit Straßenverkehr vergleichbar. *https://www.deutschlandfunk.de/arbeitsmediziner-stickoxid-belastung-am-arbeitsplatz-nicht-100.html.* 29-01-2019.

62. **Landesanstalt für Umwelt Baden Würtemberg.** Artensteckbriefe: Zauneidechse - Lacerta agilis Linnaeus, 1758. *https://www.lubw.baden-wuerttemberg.de/-/zauneidechse-lacerta-agilis-linnaeus-1758.* 2023.

63. **Südkurier.** Der Juchtenkäfer am Bahnhof Stuttgart: Wie ein kleiner Sonderling die Deutsche Bahn das Fürchten lehrt. *https://www.suedkurier.de/ueberregional/politik/Der-Juchtenkaefer-am-Bahnhof-Stuttgart-Wie-ein-kleiner-Sonderling-die-Deutsche-Bahn-das-Fuerchten-lehrt;art410924,10313863.* 15.10.2019.

64. **DB Bahnprojekt Stuttgart-Ulm.** Juchtenkäfer. *https://www.bahnprojekt-stuttgart-ulm.de/projekt/umwelt/schutz-von-tieren-und-pflanzen/juchtenkaefer/.* ohne Datum.

65. **Verkehr, Bundesministerium für Digitales und.** FAQ zu HVO 100. *https://bmdv.bund.de/SharedDocs/DE/Artikel/K/faq-zu-hvo-100.html.* 10.04.2024.

66. **Wikipedia.** Kevin Kühnert. *https://de.wikipedia.org/wiki/Kevin_K%C3%BChnert.* 2023.

67. **Bundeszentrale für politische Bildung, Bernd Guggenberger.** Bürgerinitiativen. *https://www.bpb.de/kurz-knapp/lexika/handwoerterbuch-politisches-system/201988/buergerinitiativen/.* 2023.

68. **Gensing, Patrick.** Fakten gegen Fake News. 2019.

69. **Huber, Annika.** Montessori und Waldorf: Alternativen zu Regelschulen? *https://followthevote.com/2022/06/30/montessori-und-waldorf-alternativen-zu-regelschulen/* . 11.07.2022.

70. **Verband Bildung und Erziehung.** WERTEERZIEHUNG: MEHR PRIORITÄT! MEHR GESTALTUNGSFREIRAUM! MEHR ZEIT! *https://www.vbe.de/presse/pressedienste-2018/werteerziehung-mehr-prioritaet-mehr-gestaltungsfreiraum-mehr-zeit.* 09.11.2018.

71. **NDR - Monika Niedzielski.** NDR Info live: Bundesjugendspiele ohne Punkte - eine gute Alternative? *https://www.ndr.de/nachrichten/info/NDR-Info-live-Bundesjugendspiele-ohne-Punkte-eine-gute-Alternative,ndrinfolivestream106.html.* 06.09.2023.

72. **Wkipedia.** Antiautoritäre Erziehung. *https://de.wikipedia.org/wiki/Antiautorit%C3%A4re_Erziehung.* 2024.

73. **Duden.** Wettbewerb. *https://www.duden.de/rechtschreibung/Wettbewerber.* 2023.

74. *Alle Weltrekorde in der Leichtathletik auf einen Blick.* **Watta, Evelyn.** https://olympics.com/de/news/alle-weltrekorde-in-der-leichtathletik : s.n., 05.2024.

75. *Liste der Schwimmweltrekorde über 100 Meter Freistil.* **Wikipedia.** https://de.wikipedia.org/wiki/Liste_der_Schwimmweltrekorde_%C3%BCber_100_Meter_Freistil : s.n., 31.07.2024.

76. *100-Meter-Lauf.* **Wikipedia.** https://de.wikipedia.org/wiki/100-Meter-Lauf : s.n., 14.08.2024.

77. *Hochsprung.* **Wikipedia.** https://de.wikipedia.org/wiki/Hochsprung : s.n., 19.08.2024.

78. *Kugelstoßen.* **Wikipedia.** https://de.wikipedia.org/wiki/Kugelsto%C3%9Fen#M%C3%A4nner_3 : s.n., 16.08.2024.

79. **Transparency International Deutschland e. V.** CPI 2022: Tabellarische Rangliste. *https://www.transparency.de/cpi/cpi-2022/cpi-2022-tabellarische-rangliste.* 2022.

80. **Wikipedia.** Liste der Länder nach Bruttoinlandsprodukt pro Kopf. *https://de.wikipedia.org/wiki/Liste_der_L%C3%A4nder_nach_Bruttoinlandsprodukt_pro_Kopf.* Stand Oktober 2023.

81. —. Arbeitszeit. *https://de.wikipedia.org/wiki/Arbeitszeit.* 01.11.2023.

82. **Deutsche Bundesbank.** Kaufkraftäquivalente historischer Beträge in deutschen Währungen*. *https://www.bundesbank.de/de/statistiken/konjunktur-und-preise/-/kaufkraftaequivalente-historischer-betraege-in-deutschen-waehrungen-615162.* März 2023.

83. **Wissenschaftlicher Dienst des Europäishen Parlaments - Marie Lecerf.** Armut in der Europäischen Union. *https://www.europarl.europa.eu/RegData/etudes/IDAN/2016/579099/EPRS_IDA(2016)579099_DE.pdf.* März 2016.

84. **Stelter, Daniel.** Das Märchen vom reichen Land. 2018.

85. **Der Informationsdienst des Instituts der deutschen Wirtschaft.** Armut in Europa. *https://www.iwd.de/artikel/armut-in-europa-150137/.* 20.04.2023.

86. **Die Freiheitsliebe, Sabine Leidig.** Kooperation statt Wettbewerb und Integration statt Spaltung – Das gilt auch auf der Schiene!

https://diefreiheitsliebe.de/politik/kooperation-statt-wettbewerb-und-integration-statt-spaltung-das-gilt-auch-auf-der-schiene/. 15.02.2021.

87. **Unternehmens demokraten, Andreas Zeuch.** Mythos Wettbewerb. *https://unternehmensdemokraten.de/2019/06/24/mythos-wettbewerb/.* 24.06.2019.

88. **Wikipedia.** Wochenarbeitszeit. *https://de.wikipedia.org/wiki/Wochenarbeitszeit.* 20. April 2023 um 20:19 Uh.

89. **Postbank Presseportal.** POSTBANK JUGEND-DIGITALSTUDIE. *https://www.presseportal.de/pm/6586/5544327.* 27.06.2023 – 11:00.

90. **Zimbardo, Philip G. und Gerrig, Richard J.** *Psychologie.* s.l. : Springer, 1999.

91. **Statista.** Statistiken zum Thema Erwerbstätige. *https://de.statista.com/themen/81/erwerbstaetige/#topicOverview.* 25.08.2023.

92. **Wirtschaftsdienst.** 60 Jahre Einkommensteuertarif in Deutschland – Bestandsaufnahme und Handlungsempfehlungen. *https://www.wirtschaftsdienst.eu/inhalt/jahr/2018/heft/8/beitrag/60-jahre-einkommensteuertarif-in-deutschland-bestandsaufnahme-und-handlungsempfehlungen.html.* 2018 Heft 8.

93. **Handelsblatt.** So hoch ist das Durchschnittsgehalt in Deutschland. *https://www.handelsblatt.com/unternehmen/durchschnittsverdienst-so-hoch-ist-das-durchschnittsgehalt-in-deutschland-/26628226.html.* 2024.

94. **Schwarzmann, Julian.** Wie hoch ist der Spitzensteuersatz in Deutschland und wann muss man ihn zahlen? *https://taxfix.de/ratgeber/allgemein/spitzensteuersatz-in-deutschland/.* 4.7.23 aktualisiert: 17.4.24.

95. **Stelter, Daniel.** Ein Traum von einem Land - Deutschland 2040. 2021.

96. **Bundesministerium der Justiz.** Grundgesetz für die Bundesrepublik Deutschland. *https://www.gesetze-im-internet.de/gg/art_56.html.* 2023.

97. **Wikipedia.** Liste der deutschen Bundesregierungen. *https://de.wikipedia.org/wiki/Liste_der_deutschen_Bundesregierungen.* 18.11.2023.

98. **Markus Balser und Uwe Ritzer.** Lobbykratie. 2016.

99. **Munich Business School.** Lobbyismus - BWL Lexikon. *https://www.munich-business-school.de/l/bwl-lexikon/lobbyismus.* 2023.

100. **Olson, Mancur.** The Logic of Collective Action. 1965.

101. **Redaktionelles Netzwerk Neutschland - Thorsten Fuchs.** Die Macht der Umweltverbände. *https://www.rnd.de/politik/greenpeace-robin-wood-wwf-und-co-die-sechs-groessten-umweltorganisationen-im-ueberblick-4PTQG5NWDVCATNEMGIHN6ALAUU.html.* 2021.

102. **Deutscher Bauernverband.** Leistungen für Umwelt-, Klima- und Tierschutz haben hohen wirtschaftlichen Wert. *https://www.bauernverband.de/themendossiers/eu-agrarfoerderung/themendossier/studie-kosten-landwirtschaft.* 2023.

103. **Bundesumweltamt.** Ausgaben für den Umweltschutz. *https://www.umweltbundesamt.de/daten/umwelt-wirtschaft/ausgaben-fuer-den-umweltschutz#entwicklung-der-umweltschutzausgaben.* 01.11.2023.

104. **Deutschlandfunk Nova.** Alternativen zu Palmöl oft auch nicht besser. *https://www.deutschlandfunknova.de/beitrag/palmoel-alternativen-zu-palm-oel-oft-auch-nicht-besser.* 30.08.2016.

105. **Handelsblatt: Tino Andresen und Catrin Bialek.** Wenn die Empörungswelle durch das Netz schwappt. *https://www.handelsblatt.com/unternehmen/industrie/greenpeace-attackiert-nestle-wenn-die-empoerungswelle-durch-das-netz-schwappt/3408080.html.* 09.04.2010.

106. **Fuchs, Thorsten.** Greenpeace immer häufiger in der Kritik. *https://www.rnd.de/politik/greenpeace-kritik-nach-em-aktion-und-trotzdem-erfolgreicher-denn-je-OVRV6DAPK5AHPEFN7FIWODMTHA.html.* 09.07.2021.

107. **Wikipedia.** Thilo Sarrazin. *https://de.wikipedia.org/wiki/Thilo_Sarrazin.* 29.10.2023.

108. **Neue Deutsche Medienmacher*innen.** NdM Glossar Wörterverzeichnis der neuen deutschen Medienmacher:innen (NdM) mit Formulierungshilfen, Erläuterungen und alternative Begriffen für die Berichterstattung in der Einwanderungsgesellschaft. *https://neuemedienmacher.de/fileadmin/dateien/Glossar_Webversion.pdf.* 01/2022.

109. **Barker, Joel Arthur.** Paradigms - The Business of Discovering the Future. 1992.

110. **Neue Züricher Zeitung.** Die Grünen-Flüsterin: wie eine Ökonomin Munition für den Kampf gegen die Kernkraft lieferte. *https://www.nzz.ch/international/atomausstieg-in-deutschland-die-oekonomin-im-dienst-der-gruenen-ld.1733802.* 13.05.2023.

111. **Berressem, Tim.** Faktencheck zu "maischberger" - Sendung vom 11.07.2023. *https://www.daserste.de/information/talk/maischberger/faktencheck/faktencheck-maischberger-372.html.* 12.07.2023.

112. **Blümm, Florian.** CO2 pro kWh: Welche ist die klimafreundlichste Energiequelle? *https://www.tech-for-future.de/co2-kwh-strom/.* 09.01.2021.

113. **Handelsblatt, Silke Kersting, Klaus Stratmann.** Heizungsgesetz kostet die Bürger jährlich bis zu 9,2 Milliarden Euro. *https://www.handelsblatt.com/politik/deutschland/geg-heizungsgesetz-kostet-die-buerger-jaehrlich-bis-zu-9-2-milliarden-euro/29230350.html.* 29.06.2023.

114. **Deutschlandfunk.** „Das Thema Kernkraft ist in Deutschland ein totes Pferd". *https://www.deutschlandfunk.de/bundeskanzler-olaf-scholz-kernkraft-brics-industriestrompreis-100.html.* 02.09.2023.

115. **Statista.** Fahrleistung von Kraftfahrzeugen auf Autobahnen in Deutschland von 1970 bis 2021. *https://de.statista.com/statistik/daten/studie/155732/umfrage/fahrleistung-auf-autobahnen-in-deutschland/.* 12.04.2023.

116. **AUTO Zeitung.** Tempolimit spart laut Studie 950 Millionen Euro ein. *https://www.autozeitung.de/tempolimit-120-autobahn-195623.html.* 09.05.2023.

117. **Tagesschau.de.** Die Deutschen haben immer mehr Autos. *https://www.tagesschau.de/wirtschaft/verbraucher/pkw-deutschland-statistisches-bundesamt-100.html.* 05.09.2023.

118. **Bundesministerium der Justiz.** Grundgesetz für die Bundesrepublik Deutschland. *https://www.gesetze-im-internet.de/gg/art_20.html.*

119. **Ingrid König, Matthias Bischoff.** *Schule vor dem Kollaps.* München : Penguin Verlag, 2019.

120. **MDR.DE.** Esken will Schuldenbremse für 2023 und 2024 aussetzen. *https://www.mdr.de/nachrichten/deutschland/politik/urteil-klimafonds-spd-schuldenbremse-100.html.* 18.11.2023.

121. **Die Bundesregierung.** CO2-Preis steigt auf 45 Euro pro Tonne. *https://www.bundesregierung.de/breg-de/aktuelles/co2-preis-kohle-abfallbrennstoffe-2061622.* 18.12.2023.

122. **ZDF heute - Lars Bohnsack.** Warum Beamtenpensionen unangetastet bleiben. *https://www.zdf.de/nachrichten/politik/deutschland/beamten-pensionen-ampel-100.html.* 24.09.2023.

123. **Bundesamt, Statistisches.** Gender Pension Gap 2023: Alterseinkünfte von Frauen 27,1 % niedriger als die von Männern. *https://www.destatis.de/DE/Presse/Pressemitteilungen/2024/04/PD24_N016_12_6 3.html.* 24. April 2024.

124. **Deutschlandfunk.** Aus der Not geboren, aber immer noch entscheidend. *https://www.deutschlandfunk.de/hintergrund-50-jahre-numerus-clausus-an-universitaeten-100.html.* 29.12.2023.

125. **StudySmarter, Alicia.** Liste und Ranking der schwersten Studiengänge. *https://www.studysmarter.de/magazine/schwerste-studiengaenge-liste/.* 2023.

126. **Wikipedia.** Liste von Todesopfern der Nuklearkatastrophe von Tschernobyl. *https://de.wikipedia.org/wiki/Liste_von_Todesopfern_der_Nuklearkatastrophe_von _Tschernobyl.* 10.11.2023.

127. **Deutschlandfunk - Philip Banse,.** Mediziner vermuten 1,4 Millionen Tote als Tschernobyl-Folge. *https://www.deutschlandfunk.de/mediziner-vermuten-1-4-millionen-tote-als-tschernobyl-folge-100.html.* 07.04.2011.

128. **Wikipedia.** Liste der schwersten Katastrophen der Schifffahrt. *https://de.wikipedia.org/wiki/Liste_der_schwersten_Katastrophen_der_Schifffahrt.* 19.10.2023.

129. **Yahoo!Finanzen Otte, Romanus.** OECD: Deutschland stürzt beim Wachstum an das Ende aller Industrieländer ab – fast auf eine Stufe mit Putins Russland. *https://de.finance.yahoo.com/nachrichten/oecd-deutschland-st%C3%BCrzt-beim-wachstum-062606938.html.* 08.Juni 2023.

9 798300 673949